BASTEI LÜBBE

Über die Autorin:

Ouarda Saillo, geboren 1974 im Lehmhaus ihrer Großmutter am Rande der marokkanischen Sahara, wuchs mit sechs Geschwistern in armen Verhältnissen in der Hafenstadt Agadir auf. Nach der École Secondaire schlug sie sich als Kellnerin und Verkäuferin durch, bis sie mit neunzehn Jahren Marokko verließ und nach Deutschland ging. Heute lebt sie mit ihrer Familie in München und arbeitet dort als Kindergärtnerin.

Die von der Autorin ins Leben gerufene Hilfsorganisation für die *petites bonnes,* die kleinen Sklavinnen, finden Sie im Internet unter: *www.traenenmond.de.*

Ouarda Saillo

TRÄNENMOND

Ich war fünf, als meine Kindheit starb

BASTEI LÜBBE

BASTEI LÜBBE TASCHENBUCH
Band 61580

1. + 2. Auflage: Januar 2006
3. Auflage: Februar 2006

Vollständige Taschenbuchausgabe
der im Ehrenwirth Verlag erschienenen Hardcoverausgabe

Bastei Lübbe Taschenbücher und Ehrenwirth Verlag
in der Verlagsgruppe Lübbe

Textredaktion: Christiane Landgrebe, Berlin
Stammbaum und Landkarte: Reinhard Borner, Hückeswagen
Sämtliche in diesem Band veröffentlichten Fotos stammen aus dem
Privatarchiv von Ouarda Saillo, München (© Ouarda Saillo Kneissler)
Umschlaggestaltung: Tanja Østlyngen
Titelbild: © Ralf Baumgarten, Köln
Satz: Dörlemann Satz, Lemförde
Druck und Verarbeitung: Ebner & Spiegel, Ulm
Printed in Germany
ISBN-13: 978-3-404-61580-3 (ab 01.01.2007)
ISBN-10: 3-404-61580-8

Sie finden uns im Internet unter
www.luebbe.de

Der Preis dieses Bandes versteht sich einschließlich
der gesetzlichen Mehrwertsteuer.

Inhalt

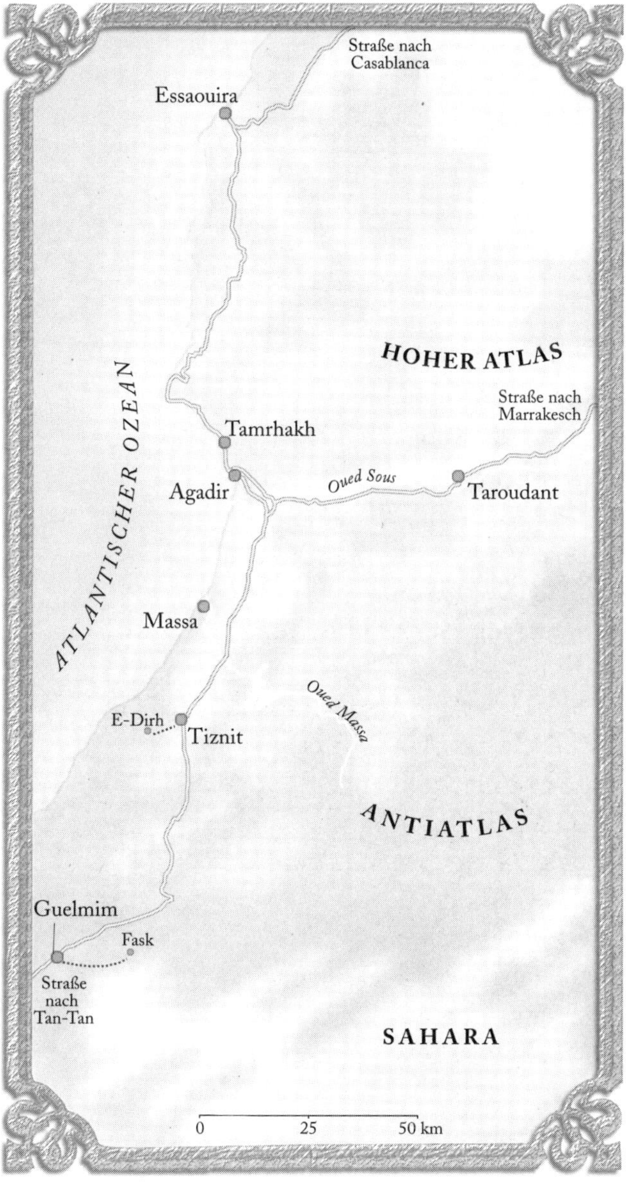

Straße nach
Casablanca
Essaouira
HOHER ATLAS
Straße nach
Marrakesch
ATLANTISCHER OZEAN
Tamrhakh
Agadir
Oued Sous
Taroudant
Massa
Oued Massa
E-Dirh
Tiznit
ANTIATLAS
Guelmim
Fask
Straße
nach
Tan-Tan
SAHARA
0
25
50 km

»Im Namen Gottes, des sich Erbarmenden,
des Barmherzigen. Lobpreis sei Gott, dem Herrn der
Welten. Dem sich Erbarmenden, dem
Barmherzigen. Dem Herrscher am Tage des
Gerichts. Dir allein dienen wir, und Dich allein
bitten wir um Hilfe. Führe uns den geraden Weg,
den Weg derer, denen Du Gnade erwiesen hast,
die nicht Deinem Zorn verfallen sind und die nicht
irregehen. Amen.«

Sure 1, *Al-Fatiha*, »Die Eröffnung«*

* Ein Glossar mit den wichtigsten arabischen und berberischen Begriffen befindet sich am Schluss dieses Buches.

سورة الفاتحة مكية 1

بسم الله الرحمن الرحيم 1
الحمد لله رب العالمين 2 الرحمن
الرحيم 3 ملك يوم الدين 4
إياك نعبد وإياك نستعين 5 اهدنا
الصراط المستقيم 6 صراط
الذين أنعمت عليهم غير المغضوب
عليهم ولا الضالين 7

وآياتها سبع

Vorwort
Die Spur der Tränen

Als ich mich in den ersten Tagen des Jahres 2000 entschied, über das Schicksal meiner Familie nicht mehr zu schweigen, wusste ich, dass ich einen schwierigen Weg zu gehen hatte. Ich ahnte nicht, wie viele Tränen ich auf diesem Weg vergießen, wie viele Tränen ich trocknen und wie sich mein Leben verändern würde. Begonnen habe ich dies alles nur, weil ich damals schon viele Jahre in Deutschland lebte und in der Beziehung mit meinem jetzigen Mann so viel Sicherheit gefunden hatte, dass ich es wagen konnte, mich mit einem düsteren Ereignis meiner Vergangenheit zu beschäftigen: der Tötung meiner Mutter durch meinen Vater.

Jahrelang haben meine sechs Geschwister und ich dieses Thema totgeschwiegen, obwohl es uns alle aus der Bahn geworfen und uns eine furchtbare Kindheit beschert hat. Vieles von dem, was damals geschah, kommt mir heute geradezu unglaublich vor. Wie konnten alle wegschauen, als unser Vater immer gefährlicher und unberechenbarer wurde? Wie konnten unsere eigenen Verwandten uns nach dem Tod unserer Mutter jahrelang so quälen, misshandeln und demütigen? Wie haben wir es überhaupt geschafft zu überleben?

Wir alle leben noch. Mouna-Rachida, die Älteste, hat kaum noch Kontakt zu uns; sie wohnt in Belgien. Die wunderbare und starke Rabiaa ist in den Vereinigten Emiraten mit einem Ägypter verheiratet und hat zwei Kinder. Jaber, der einzige Bruder, lebt mit seiner jungen Frau und seinem kleinen Sohn in Agadir und arbeitet als Kellner in einem Touristenrestaurant. Jamila pendelt mit ihrem Mann zwischen Marokko und Paris, wo er arbeitet. Sie hat drei Kinder. Ouafa ist Lehrerin in einem Wüstendorf bei Tiznit. Meine kleine Schwester Asia betreibt eine Sprachenschule in Agadir. Ich bin nach Deutschland gegangen, um Kinderpflegerin zu werden und mich dann weiterzuqualifizieren.

Meine Reise in die schreckliche Vergangenheit meiner Familie begann in E-Dirh, im Lehmhaus meiner Großmutter mütterlicherseits in der Wüste. Dort wurde ich am 24. Januar 1974 geboren. Meine Großmutter ist gestorben, aber das Haus steht noch. In Tiznit traf ich meinen hundert Jahre alten Großvater väterlicherseits, der einst ein wohlhabender Großgrundbesitzer war, dann ein Bettler wurde, weil er alles Geld verloren hatte, und im Jahr 2002 starb. Ich sprach mit meiner Tante mütterlicherseits, die nichts hat außer einem Esel, einer Ziege und einem blitzblanken Lehmhaus im Nachbarort von E-Dirh.

Und ich redete mit meinen Schwestern. Wir gingen zusammen in den Hamam, schwitzten und schrubbten unsere Körper und redeten. Dann bauten wir uns Matratzenlager in der Wohnung von Jamila und redeten und weinten und lachten die ganze Nacht. Viele Nächte lang.

Zunächst war es nicht leicht, über die Vergangenheit zu sprechen. Nachdem wir damit aber erst einmal begonnen hatten, brachen alle Dämme. Wir redeten und redeten und fanden kein Ende. Wir schliefen nur wenig, und manchmal redeten wir noch, wenn im Osten von Agadir die Sonne über der Wüste aufging, und immer noch, wenn sie im Westen im Atlantik versank.

Zuletzt besuchte ich sogar meinen Vater im Gefängnis von Essaouira. Das war der schwierigste Schritt auf meinem Weg in die Vergangenheit: die Konfrontation mit dem Mörder meiner Mutter, der mein Vater war.

Meine Schwester Asia und ich hatten uns einen kleinen Fiat gemietet und waren von Agadir aus über die Landstraße durch das Küstengebirge nach Norden gefahren. Es ist eine der schönsten Straßen der Welt, sie führt am Meer entlang, windet sich dann durch ein Wüstengebiet in die Berge, führt durch kleine Orte und später wieder hinunter zum malerischen Hafenstädtchen Essaouira.

Aber wir beide waren so nervös, dass wir weder für die Schönheit der Landschaft noch für die Menschen am Straßenrand mit Fläschchen des wertvollen Argan-Öls oder die Ziegenherden, die in den Kronen der Argan-Bäume weideten, einen Blick hatten. Asia wurde übel, und sie musste sich alle paar Kilometer übergeben.

Als wir ankamen und vor dem Gefängnistor warteten, krampfte sich auch mein Magen zusammen. Wollte ich diesem Mann wirklich begegnen? Würde ich ihm in die Augen schauen können? War ich dafür schon stark genug?

Doch dann öffneten sich die Gefängnistore, und Soldaten führten mich hinein. Mein Vater stand in einer Art Gefängniskantine neben einem wackeligen Plastikstuhl: ein alter Mann mit kraftlosem Blick. Er trat einen Schritt auf mich zu und nahm mich in die Arme, und in diesem Moment spürte ich, dass sein Blut auch in meinen Adern fließt. Ich wollte ihm sagen, wie wütend ich sei, wie traurig, ich wollte ihm verzeihen, ich wollte so viel … Aber dann ließ er mich los, und die Magie des Augenblicks war verflogen. Ich konnte nicht mehr sprechen. Ich saß da und sah diesen alten Mann an, der meine Mutter getötet hatte. Und ich hatte weder Mitleid für ihn noch Hass. Ich war einfach nur traurig.

Wir trennten uns, ohne wirklich miteinander geredet zu haben. Drei Monate später war mein Vater tot. Er starb am 17. Dezember 2001 in Taroudant. Ich weiß nicht, wie er dorthin gekommen war. Ich weiß nicht, was er dort wollte. Dieser Ort hat mit ihm und mit uns nichts zu tun. Sein letzter Wunsch war es, dort beerdigt zu werden. Weit weg von seiner Familie.

Jetzt, da alle tot sind außer uns Kindern, fühle ich mich frei genug aufzuschreiben, was in jener fernen Zeit geschehen ist, die meine Jugend war und die mir dennoch näher ist als alles andere auf der Welt.

Ich widme dieses Buch meinen Geschwistern Mouna-Rachida, Rabiaa, Jamila, Jaber, Ouafa, Asia, die mich auf dem Weg durch das Tal der Tränen begleitet haben. Ich widme es aber auch meinem Sohn Samuel, durch den ich begonnen habe, über die Rolle meiner Mutter und aller Mütter nachzudenken. Ich widme es Beate von Stebut, einer großartigen Frau, die nicht nur mir geholfen hat, in dem fremden Land Fuß zu fassen, das Deutschland heißt. Und ich widme es meinem Mann Michael Kneissler, der mir die Kraft gab, so tief in meine Vergangenheit einzutauchen, wie ich es allein nie gewagt hätte. Außerdem hat er als Co-Autor mein Manuskript in vernünftiges Deutsch gebracht. Wichtige Übersetzungen aus dem Arabischen hat Dr. Rawhia Riad erledigt. Sie übertrug das detaillierte Polizeiprotokoll vom Tod meiner Mutter in die deutsche Sprache. Dazu hätte ich nicht den Mut gehabt.

Teil 1

Agadir, Marokko

19. September 1979

Der Tod

Am 19. September 1979 um zehn Uhr starb meine Mutter. Mein Vater tötete sie auf dem Dach unseres Hauses in Agadir. Er stach ihr ein Messer in den Leib, zerrte sie die Treppe hinauf, fesselte sie an eine Leiter, stopfte Sand in ihren Mund, übergoss sie mit Benzin und zündete sie an. Sie war neunundzwanzig Jahre alt und im siebten Monat schwanger, als sie starb.

Ich war fünf.

Jetzt bin ich neunundzwanzig Jahre alt, und Tränen verwischen die Tinte auf dem Blatt Papier, das vor mir liegt. Ich weine laut wie ein Kind. Ich weine wie das Kind, das ich damals war, als meine Mutter starb. Ich will mich beruhigen, indem ich versuche, mich an die Blicke meiner Mutter zu erinnern. Doch es gelingt mir nicht.

Meine Mutter hieß Safia. Sie war siebzehn, als sie von ihren Eltern mit meinem Vater verheiratet wurde. Mein Vater, damals achtundzwanzig, hieß Houssein Ben Mohammed Ben Abdallah: Houssein, der Sohn Mohammeds, der der Sohn des Abdallah ist. Am Tag, als meine Mutter getötet wurde, waren wir sieben Kinder. Mouna-Rachida, Rabiaa, Jaber und Jamila gingen schon in die Schule; sie waren die Großen. Ich war die Größte der Kleinen. Mit Asia, ein Jahr, Ouafa, drei, und meinen Eltern saßen wir beim Frühstück.

Die Stimmung war ruhig, doch ich spürte, dass etwas nicht stimmte. Aber das schien mir ganz normal. Bei uns stimmte meistens irgendetwas nicht. Wahrscheinlich hatte Mama Papa widersprochen. Das war gefährlich. Papa kochte vor Wut. Gleich würde er zu uns Kindern sagen, wir sollten auf die Straße rausgehen und spielen. Und dann würde er Mama verprügeln. Das machte er immer so. Einmal hatte er Mama bereits halb totgeschlagen, nur weil sie vor der Haustür nach uns gerufen hatte. Das Rufen war nicht schlimm. Schlimm war, dass sie das Haus verlassen hatte. Das war verboten.

Papa sagte: »Geht raus auf die Straße und spielt.«

»Natürlich, Papa.«

Ich stand auf, setzte Asia auf meine linke Hüfte und nahm Ouafa an die Hand. Wir hatten gerade die Tür erreicht, als Mama sagte: »Ouarda-ti, meine Blume, dein Papa will mich umbringen. Bitte sag es den Nachbarn.«

Mama sagte das in aller Ruhe. Es war keine Panik in ihrer Stimme. Papa sagte gar nichts dazu. Er leugnete es nicht und schimpfte auch nicht mit Mama, dass sie dummes Zeug rede. Er saß mit ihr am Frühstückstisch, wie viele Ehepaare am Frühstückstisch sitzen. Mir kam es irgendwie normal vor.

So normal, dass ich durch die Worte meiner Mutter nicht beunruhigt war. Was mich beunruhigte, war Asia. Sie weinte und wollte unbedingt zurück zu Mama. Das durfte sie aber auf gar keinen Fall, denn das hätte Papa wütend machen können. Davor hatte ich Angst. Wenn Papa wütend war, war das ganz schrecklich.

»Komm, Asia. Draußen scheint die Sonne. Wir spielen *haba*, Fangen.«

»Nein«, weinte sie, »ich will zu Mama.«

»Das geht jetzt nicht, Asia. Wir müssen raus.«

Ich nahm Asia fest bei der Hand und ging mit den Kleinen auf die Straße und dachte nicht mehr an das, was Mama gesagt hatte, bis ich die Flammen auf dem Dach unseres Hauses sah. Ich erinnere mich nicht daran, irgendetwas gehört zu haben. Keine Schreie. Keine Hilferufe. Ich erinnere mich nur an das Feuer auf dem Dach unseres Hauses.

Und ich erinnere mich an die Worte meiner Mutter: »Ouarda-ti, meine Blume, dein Papa will mich umbringen. Bitte sag es den Nachbarn.« Ich trage die Schuld am Tod meiner Mutter, weil ich ihre Worte nicht ernst genommen habe. Weil ich mit meinen Schwestern beschäftigt war, als Mama ihr Leben in meine Hände gelegt hat. Weil ich nicht zu den Nachbarn gerannt bin.

Aber was hätten die Nachbarn tun können?

Nichts. Sie hätten vor Papa Angst gehabt, wie sie schon immer Angst vor ihm hatten. Sie hätten nichts für eine Frau getan, die von ihrem Ehemann gedemütigt, eingesperrt, geprügelt wurde. In Marokko unternimmt niemand etwas für Ehefrauen, die von ihren

Männern misshandelt werden. Ich jedenfalls kenne niemanden, der etwas dagegen tun würde.

Als die Großen aus der Schule und wir von der Straße zurückkamen, hatte Papa das Feuer, in dem meine Mutter verbrannt war, schon wieder gelöscht. Er stand an der Tür und ließ uns nicht ins Haus.

»Eure Mutter ist im Krankenhaus. Sie bekommt ihr Baby«, sagte er.

Wir rannten, so schnell wir konnten, zum Krankenhaus und hofften, unsere Mutter dort zu finden. Aber ich wusste, dass sie dort nicht war. Mit jedem Schritt auf dem Weg zum Krankenhaus ging ein wenig Hoffnung verloren. Als uns die Leute an der Pforte sagten, es gebe keine Patientin mit dem Namen Safia el Fakhir, war die Hoffnung verschwunden.

Wir gingen wieder nach Hause. Wir rannten nicht, wir schlichen. Wir schlichen an unserer Schule vorbei, am Kolonialwarenladen, am Schneider. Und wir machten ganz langsam, weil wir Angst vor dem hatten, was uns erwartete.

Als wir zu Hause ankamen, war Papa verschwunden. Die Polizei war da, und in unserer Straße stand ein Leichenwagen. Darum herum standen alle Nachbarn, sodass die Polizisten Mühe hatten, die Menschen zurückzuhalten. Dann haben sie Mama die Treppe hinuntergetragen. Ihr Körper war nicht ganz bedeckt, und ich sah ihre Füße. Sie waren nicht schwarz verbrannt, sondern ganz weiß. Ich war glücklich, dass Mamas Füße weiß waren, und rief ganz laut: »Seht ihr, Mama ist gar nicht ganz verbrannt, seht ihr das Weiße, seht ihr es?« Dann wurde ihr Körper in das Auto geladen und weggefahren.

Wir Kinder drängten uns dicht aneinander, weinten und warteten. Niemand kümmerte sich um uns. Wir waren verloren. Rabiaa und Mouna mussten die Leiche identifizieren.

Am Nachmittag kam Papa zurück. Er trug einen großen Sack über der Schulter. Vielleicht wollte er Mama einpacken und wegwerfen. Die Polizei verhaftete ihn sofort. Wir durften nicht mit ihm sprechen.

Teil 2

Sous-Region, Marokko

1974 bis 1979

Die Flucht

Als meine Mutter an einem Freitag im Januar 1974 in E-Dirh, ihrem Heimatdorf, ankam, war sie hochschwanger. Sie hatte Jaber, meinen älteren Bruder, mitgenommen, sonst niemanden. Das lag daran, dass sie von zu Hause fliehen musste. Vater hatte sie wieder einmal bedroht und geschlagen.

Mutter hatte Jaber geschnappt und war, so schnell sie mit ihrem dicken Bauch konnte, zur Bushaltestelle an der großen Straße hinter unserem Haus gerannt. Der Bus brachte sie nach Süden in die Provinzhauptstadt Tiznit mitten im Berbergebiet.

Auf dem Marktplatz suchten Mutter und Jaber nach dem Busfahrer aus E-Dirh namens Bouhous, der einen alten weißen VW-Bus hatte. Alle nannten ihn »Autobus«.

»Habt ihr ›Autobus‹ gesehen?«, fragte meine Mutter die Händler im Souk.

»Er sitzt im Café«, sagten die Händler.

»Autobus« saß immer im Café, bis genügend Passagiere da waren, dass sich die Fahrt lohnte.

»Komm mit«, sagte »Autobus« zu meiner Mutter. »Dir geht es nicht gut, das sehe ich, du bist schwanger, das sehe ich, ich fahre dich nach Hause. Allah beschütze dich.«

Von Tiznit aus führt die Straße schnurgerade durch die Wüste in Richtung Antiatlas. Nur einmal gibt es eine Kurve, dann muss »Autobus« in den ersten Gang schalten, und der VW-Bus wühlt sich durch den Sand eines ausgetrockneten Flussbettes. Das ist bis heute so, und bis heute sitzt »Autobus« in Tiznit im Café und wartet darauf, dass jemand nach E-Dirh fahren will.

E-Dirh liegt hinter dem ausgetrockneten Flussbett rechts am Fuße der Berge. Es gibt keine Straße nach E-Dirh, nur eine staubige Piste.

Die Häuser sind aus trockenen Ästen und Lehm gebaut und haben in den Außenwänden keine Fenster. Alle Zimmer gehen auf den Innenhof hinaus. Wenn es regnet, löst sich der Lehm, und die Häuser müssen repariert werden.

Meine Großmutter Rahma hatte das größte Haus in E-Dirh, weil sie eine *sherifa* war, eine Heilige, die Heilerin des Dorfes. Den Titel und die Fähigkeit, anderen Menschen zu helfen, hatte sie von ihrem Vater geerbt, dem *sherif.* Großmutters Haus war rot wie der Sand der Wüste, die beiden Innenhöfe hatte sie mit Kalk geweißt. Es stand gleich neben der Moschee, die aussah wie eine graue, staubige Garage.

»Autobus« stoppte seinen VW vor der schweren Holztür, die Großmutter abends mit einem großen Schlüssel abzuschließen pflegte. Großmutter wartete schon. In der Wüste verbreiten sich Nachrichten schneller, als ein Volkswagen fahren kann.

»*Salam aleikum*, willkommen im Haus deiner Eltern, Tochter«, sagte Großmutter und neigte den Kopf, damit Mutter sie auf die Stirn küssen konnte.

»*Salam aleikum*, Jaber, mein Enkel.«

Dann führte Großmutter ihre Tochter in die kühlen, schattigen Räume am ersten Innenhof. Großmutter stellte keine Fragen, sie wusste ohnehin alles.

Mutter legte sich zurück in die Kissen, und Großmutter kochte den bitter-süßen Tee ihres Stammes, der nach alten Regeln aus Schwarz-Tee, Nana-Minze und Zucker hergestellt wird. Die Kanne war rußgeschwärzt vom Feuer aus dürren Ästen, und Großmutter schenkte den Tee mit einem feinen Strahl in hohem Bogen ein. Grünlich funkelte die Flüssigkeit in den schlichten Gläsern. Ein feiner Schaum hatte sich gebildet, so, wie es sich gehört.

»Du wirst dein Kind hier bekommen, in der Wüste«, sagte Großmutter, »wo schon so viel Leben entstanden und vergangen ist. Hier bist du sicher vor dem Bösen, das deinen Mann in Besitz genommen hat. Allah schütze dich.«

Vater hatte sich in den letzten Jahren verändert, seit er abends immer öfter das bittere Hanfgras aus dem nördlichen Rif-Gebirge in seine Zigaretten drehte. Er sah Dämonen, fühlte sich verfolgt, wurde aggressiv. Mutter hatte ein schweres Leben mit diesem Mann.

Als er sie heiratete, war sie elf Jahre jünger als er. Vater war ein Saharouis, ein Mann aus der Wüste, stolz, unbeugsam und furchtlos. Seine Familie stammte aus der südlichen Stadt Guelmim, die für ihre Kamelmärkte berühmt ist. Großvater hatte seine Kamele verkauft und war in Agadir sesshaft geworden. Er hatte so viele Kamele besessen, dass er ein wohlhabender Mann wurde und sich zahlreiche Häuser und große Ländereien leisten konnte.

Er wurde hundert Jahre alt und war am Ende völlig verarmt. Nachdem seine Frau 1960 bei dem schweren Erdbeben in der Hafenstadt ums Leben gekommen war, hatte er Agadir verlassen und war als Geschäftsmann nach Tiznit gegangen; er besaß Fisch- und Fleischmärkte. Dort verlor er seinen gesamten Besitz beim Kartenspielen in den düsteren

Kaffeehäusern am Rande der Souks und bei den glutäugigen Jungs, die alte Männer für ein paar hundert Dirham glücklich machen.

Für seinen Sohn Houssein suchte Großvater damals eine gute Frau, und die Töchter einer *sherifa* sind besser als alle anderen. So kam es dazu, dass Großvaters Heiratsvermittler nach E-Dirh reisten und die Hochzeit zwischen meinen Eltern vorbereiteten.

Vater war sehr klug und politisch aktiv. Er kämpfte für Gerechtigkeit und Demokratie und war Mitglied einer geheimen Oppositionspartei gegen den König. Er lebte mit einer emanzipierten Frau zusammen, die heute Rechtsanwältin in den USA ist. Weil sie kein Kind bekommen konnte, adoptierten die beiden ein kleines Mädchen, meine Schwester Mouna-Rachida, von der niemand weiß, warum sie so blondes Haar und grüne Augen hat.

Irgendwann kam die Polizei meinem Vater wegen seiner politischen Arbeit auf die Spur, und er musste zwei Jahre nach Frankreich ins Exil. Als er zurückkam, war die Ehe mit der Rechtsanwältin gescheitert.

Das war, bevor er um die Hand meiner Mutter anhielt. Mutter war fasziniert von diesem Mann, der schon so viel von der Welt gesehen hatte, während sie nie weiter gekommen war als in die nahe Provinzhauptstadt Tiznit.

Nach der Hochzeit brachte Vater meine Mutter in sein Haus nach Agadir im Stadtteil Nouveau Talborjt und stellte ihr das kleine blonde Mädchen mit den grünen Augen vor, das von nun an ihre Tochter war.

Am Abend des dritten Tages im Haus meiner Großmutter fühlte Mutter das Ziehen unter den Rippen, das die Geburt ankündigt.

»*Imie*«, sagte sie zu meiner Großmutter. »Ich glaube, mein Kind möchte in dieser Nacht zur Welt kommen.«

Es war eine kalte, klare Nacht, und der vor Sternen glitzernde Himmel über E-Dirh reichte von den dunklen Konturen der Berge im Osten bis zum Meer im Westen, das man nicht sehen, nur ahnen konnte.

Großmutter stellte die Kerzen und die Petroleumlampe in der Küche bereit und schürte den Ofen mit den dürren Dornenzweigen, die sie in der Wüste gesammelt hatte. Auf dem Boden breitete sie die Teppiche, die sie aus Kamelwolle gewebt hatte, als Lager für meine Mutter aus. Auf dem Küchentisch lagen saubere Tücher und die Heilkräuter, die man braucht, wenn es Komplikationen gibt. In einem kleinen Fläschchen mit Korkverschluss standen ein paar Tropfen des ungemein teuren und heilkräftigen Argan-Öls bereit, das aus Früchten des Eisenbaums gewonnen wird, der nur hier wächst.

Viele Menschen wohnten in Großmutters Haus: ihr Sohn Khali Ibrahim mit seiner Frau Fatima und den drei Kindern und Großmutters jüngste Tochter Kelthoum, die noch unverheiratet war.

Alle Männer und Kinder mussten die Küche verlassen, die Geburt ist Frauensache. Als die Wehen stärker wurden, bettete Großmutter meine Mutter auf die weichen Teppiche, erhitzte das Wasser und stellte die Kerzen ans Fußende der Lagerstätte.

Die Geburt verlief ohne Zwischenfälle. Um ein Uhr in der Nacht des 24. Januar 1974 kam ich zur Welt. Großmutter entzündete Weihrauch in einer Schale und sprach die traditionellen Schutz-Suren über mich.

Sie begann mit der ersten Sure, die *Al-Fatiha*, »Die Eröffnung«, genannt wird:

»Im Namen Gottes, des sich Erbarmenden, des Barmherzigen. Lobpreis sei Gott, dem Herrn der Welten. Dem sich Erbarmenden, dem Barmherzigen. Dem Herrscher am Tage des Gerichts. Dir allein dienen wir, und Dich allein bitten wir um Hilfe. Führe uns den geraden Weg, den Weg derer, denen Du Gnade erwiesen hast, die nicht Deinem Zorn verfallen sind und die nicht irregehen. Amen.«

Al-Fatiha ist die Sure des Korans, die am häufigsten aufgesagt wird. Sie steht vor jedem Kapitel unseres heiligen Buches, und jeder gläubige Moslem spricht sie mehrmals am Tag. Ich sage *Al-Fatiha* auch heute noch leise vor mich hin, wenn zum Beispiel der

Autoverkehr unübersichtlich wird. Ich glaube fest daran, dass Allah mir hilft, wenn ich ihn mit diesen heiligen Worten darum bitte. In Zeiten des Zweifels und der Sorge gibt mir diese Sure Ruhe und Geborgenheit.

Danach rezitierte Großmutter den Thronvers *Ayat al-Kursi*:

»Allah – es gibt keinen Gott außer Ihm, dem Lebendigen, dem alles Erhaltenden. Müdigkeit und Schlaf erfasst Ihn nicht. Ihm gehört, was in den Himmeln und was auf der Erde ist. Wer ist es, der bei Ihm fürbitten wollte, es sei denn mit Seiner Erlaubnis? Er weiß, was vor ihnen ist und was hinter ihnen ist, aber sie begreifen nur das von Seinem Wissen, was Ihm recht ist. Sein Thron umfasst die Himmel und die Erde, und es ist Ihm nicht schwer, beides zu erhalten, und Er ist der Erhabene, der Mächtige.«

Großmutter sagte die Suren auswendig, wie sie es in der Koran-Schule gelernt hatte. Sie konnte weder lesen noch schreiben, weil nur männliche Kinder die Schule besuchen durften, als sie noch jung war.

Als die letzte Sure gesprochen war, ging die Sonne hinter den Bergen im Osten auf und färbte die Wüste so rot wie das Blut, das Mutter verlor, als sie mich gebar.

Ich lag an ihrer Brust, stramm gewickelt in weiße Tücher, die verhindern sollten, dass mein Rückgrat sich krümmt. Wie eine Mumie hatte mich Großmutter verpackt, denn so ist es Brauch im Land der Amazigh, der »freien Männer«, wie sich Großmutters

Berberstamm nannte. Mutter schlief. Großmutter hielt Wacht über die Tochter und ihre jüngste Enkelin, als die Bienen in den Stöcken hinter der Küche ihren Tanz begannen und in die Morgenröte flogen, um Honig zu sammeln.

Später kamen die Frauen und Männer des Dorfes und brachten ihre Geschenke: Tee, Salz und Zucker, lebende Hähnchen und selbst gestrickte Mützen, die mich vor dem kalten Wind aus den Schneebergen schützen sollten.

Großmutter wollte mir ihren Namen geben, Rahma, die Gnadenvolle. Aber Mutter flehte sie an: »Sprich diesen Namen niemals aus. Mein Mann muss dem Kind den Namen schenken, sonst wird er mich töten, weil ich ihm dieses Recht nicht gewährt habe.«

Großmutter nickte und schwieg. Sie kannte die wilden Männer aus dem Süden, und sie ahnte das Böse, das meinen Vater verändert hatte. So kam es, dass ich ohne Namen blieb, bis Vater uns holte.

Die Rückkehr

Vater kam mit seinem alten Auto. Es war groß und rund und schnell. Vater liebte alles, was mit Technik zu tun hatte, und hatte das Auto liebevoll restauriert. Die Stoßfänger glänzten im gleißenden Licht der Sonne, und die Hupe blökte lauter als eine ganze Herde Schafe, wenn er sie betätigte. Er liebte es, andere Autofahrer mit dieser Hupe zu erschrecken, wenn er mit großem Tempo an ihnen vorbeiflitzte.

Er fuhr die Asphaltstraße nach Süden, fuhr durch das Stadttor in den rosafarbenen Mauern von Tiznit, verließ den Ort durch das Tor des Ostens, passierte die Furt durch den Fluss, der zu dieser Jahreszeit Wasser führte, und bog dann rechts auf die Piste nach E-Dirh ab.

Schon von weitem sahen Mutter und Großmutter die Wolke aus Staub, die Vaters Auto aufwirbelte. Er fuhr schnell, schneller als die anderen Autos, die durch die Wüste fuhren, und die Staubwolke war so groß wie einer der bösen Geister, die nachts aus den Bergen in die Wüste kommen und im Schutz der Dunkelheit verlorene Seelen jagen.

Großmutter sagte: »Geht in den zweiten Hof,

meine Kinder. Ich werde den Vater meiner Enkelin begrüßen, wie es ihm gebührt. Allah beschütze uns.«

Mutter nahm mich in die Arme und drückte mich an ihr Herz. Khalti Kelthoum ging in ihr Zimmer, hinter dessen Wand es von den Bienen summte, die Großmutter den Honig brachten. Und Onkel Ibrahim schickte seine Frau und die Kinder in den kleinen Raum mit der Truhe, in der Großmutter ihre Schätze aufbewahrte: ein vergilbtes Foto ihres verstorbenen Mannes, die wertvollen Tücher, in die sie sich an Festtagen hüllte, Kaftane für die Rituale, mit denen sie die Menschen aus dem Dorf heilte, und ihren silbernen Berberschmuck.

Großmutter öffnete die schwere Holztür, die das Haus vor der Glut der Sonne und vor ungebetenen Gästen schützte, als Vater sein Auto auf der Felsenplatte rechts vom Eingang des Hauses zum Stehen brachte.

Vater war aufgebracht. Das merkte man daran, wie er die Tür des Autos zuschlug. Aber Großmutter blieb ruhig. Sie stand in der Tür ihres Hauses, würdig, wie es ihrem Amt als *sherifa* entspricht, und sagte mit ihrer dunklen Stimme im Berberdialekt ihres Stammes: »*Salam aleikum*, mein Sohn, ich freue mich, dass du gekommen bist, um deine Tochter zu sehen. Aber bevor das geschieht, wirst du mit mir einen Tee trinken, den ich dir zubereite, und ich werde mit dir über das reden, was Allah über das Zusammenleben von Frauen und Männern sagt.«

Vater verbeugte sich vor Großmutter und küsste

ihr die Hand. Dann antwortete er auf Arabisch: »Lala Rahma, verehrte Rahma, verzeihe mir, wenn ich unhöflich bin, aber ich möchte auf der Stelle meine Tochter sehen.«

Großmutter war eine sehr starke alte Frau und vielleicht die Einzige, die Vater als ebenbürtig respektierte.

Sie sagte: »Dies ist mein Haus, du bist ein gern gesehener Gast, mein Sohn. Aber bevor du meine Enkelin siehst, wirst du erst einen Tee trinken. So wahr mir Allah helfe.«

Großmutter führte Vater in den ersten Innenhof, wo der Tee auf der Feuerstelle bereitstand. Dann setzte sie sich und gab ihm ein Zeichen, sich ebenfalls niederzulassen.

»Mein Sohn«, sagte sie, »ich weiß, dass es nicht leicht ist, in diesen Zeiten eine Familie zu ernähren, und ich weiß, dass du Sorgen hast. Aber das gibt dir kein Recht, deine Frau, meine geliebte Tochter, zu schlagen. Du trägst die Verantwortung für sie, wie Allah die Verantwortung für dich trägt, denn im Koran heißt es: ›Und es gehört zu Seinen Zeichen, dass Er euch als Partner schuf, auf dass ihr Frieden beieinander fändet; und Er hat Zuneigung und Barmherzigkeit zwischen euch gesetzt.‹«

Vater rutschte unruhig auf seinem Kissen hin und her. Er hasste es, mit Großmutter zu diskutieren.

»Wie willst du wissen, was im Koran steht?«, fragte er. »Du kannst doch noch nicht einmal lesen.«

Großmutter blieb ganz ruhig. Sie führte das Glas

mit dem bitteren Tee an ihren Mund und nippte daran. »Mein Sohn, du bist klug, und du bist stark. Es stimmt, ich kann nicht lesen. Als ich ein Mädchen war, durften nur Knaben die Schule besuchen. Aber vergiss nicht, ich bin eine *sherifa*. Was du in Büchern liest, um es zu wissen, das weiß ich in meinem Herzen. Die Bildung des Herzens ist ebenso wichtig wie die Bildung des Kopfes.«

Vater schluckte. »Aber im Koran steht auch dies, Lala Rahma: ›Und jene, deren Widerspenstigkeit ihr befürchtet: Ermahnt sie, meidet sie im Ehebett und schlagt sie!‹ Lala Rahma, deine Tochter ist nicht der Mensch, den du zu kennen glaubst. Deine Tochter ist jetzt meine Frau. Ich schlage sie, wann ich es will. Weil ich ihr Mann bin.«

Großmutter blickte Vater an. Ihre Augen waren voll Trauer. Sie sah das Böse in ihm. Und sie sah das Gute in ihm. Und sie ahnte, dass das Böse gewinnen würde.

»Lese den Koran, sooft es geht«, sagte sie. »Er soll deine Seele reinigen. Allah möge dich und meine geliebte Tochter schützen.« Dabei kreuzte sie heimlich die Finger der linken Hand gegen den bösen Blick.

Vater sprang auf und rief: »Frau, wo bist du? Zeige mir meine Tochter!« Dann stürmte er in den zweiten Innenhof und fand mich, in Tücher gewickelt, an der Brust meiner Mutter. Grob riss er mich aus ihren Armen und drückte mich an seinen Körper. Seine Augen wurden feucht, sein Gesicht ganz weich.

»Meine Blume«, flüsterte er, »meine Blume aus

der Wüste. Ouarda, die Blume, das soll dein Name sein.«

Am selben Tag noch packte er meine Mutter, meinen Bruder Jaber und mich in sein Auto und fuhr mit uns zurück nach Agadir.

Die Stadt am Atlantik

In der Stadt am Atlantik konnte Vater es kaum erwarten, mich bei den Behörden zu melden. »Saillo, Ouarda« steht seitdem in meinen Papieren, »geboren in Agadir, Marokko, am 24. Januar 1974.«

Vater hasste das Land, er hasste meine Großmutter, er hasste E-Dirh. Deshalb wollte er nicht, dass dieser Ort als Platz meiner Geburt in den Urkunden stand.

Unser Haus befand sich in einer Sackgasse im Stadtteil Nouveau Talborjt, dem Zentrum des Ortes. Vor dem Haus stand ein Olivenbaum. Wenn die Früchte herunterfielen, liefen die Mädchen schnell auf die Straße, bevor die Männer von der Stadt mit ihren großen Lastwagen kamen, und sammelten sie in ihren Schürzen. Zu Hause schnitten die Frauen die derbe Schale der Oliven mit einem scharfen Messer ein und legten sie in gesalzenes Wasser, damit sie den bitteren Geschmack verloren.

Ich lag, eingepackt in meine Tücher, auf dicken Polstern aus Schafwolle im Bett meiner Eltern. Mutter stillte mich, wenn ich Hunger hatte, und sie reinigte meine Windeln, wenn ich schmutzig war.

Unser Haus kam mir sehr groß vor, als ich ein Kind war. Heute weiß ich, dass das nicht stimmt. Es war ein kleines Häuschen wie fast alle Häuser in Nouveau Talborjt. Vater hatte es billig vom Staat gekauft, nachdem das große Erdbeben im Jahr 1960 die Stadt zerstört hatte.

Hinter der blau gestrichenen Eingangstür befand sich ein langer Gang, dessen Boden mit einem schwarz-weißen Mosaik verziert war. Ich fand das Mosaik sehr schön, obwohl es nur ein schlichtes Muster hatte. Im Sommer schütteten wir Wasser auf die kühlen Steine und rutschten nackt auf dem Bauch oder auf dem Popo hin und her.

Auf der rechten Seite des Gangs führte eine Tür ins Wohnzimmer. Aber es war kein Wohnzimmer mehr, weil Vater hier seine Werkstatt hatte, seitdem sein kleiner Laden bei der großen Moschee Pleite gegangen war. Er reparierte Radiogeräte, Fernsehapparate, Schreibmaschinen und Telefone. In sein ehemaliges Geschäft war ein Restaurant eingezogen, in dem es gegrillte Hähnchen gab. Manchmal, wenn wir Geld übrig und viel Hunger hatten, gingen wir dorthin und kauften uns drei gegrillte Hähnchen. Eines davon aß mein Bruder Jaber ganz allein. Wenn er kein Hähnchen bekam, weinte er und wollte gar nichts essen.

Vater schimpfte mit ihm: »Jaber, mein Sohn, du bist ein Fleischfresser wie dein Großvater. Pass auf, dass du nicht bald anfängst zu gackern wie ein Huhn.«

Wir Kinder warteten stets darauf, dass Jaber endlich einmal wie ein Huhn gackerte. Er hat es aber nie getan.

Vater war so gut in seiner Arbeit, dass sogar Leute aus der Umgebung von Agadir ihre elektrischen Geräte zu uns in die Rue el Ghazoua Nummer 23 brachten. Unser ehemaliges Wohnzimmer war voll mit Radiogeräten, Fernsehapparaten und kaputten Telefonen.

Der schönste Radioapparat gehörte uns. Er war so groß wie ein Schrank, braun und mit beigefarbenem Stoff vor den Lautsprechern. Der Apparat stand oben im ersten Stock, und Vater schaltete ihn morgens ein. Nur er durfte den Apparat bedienen. Den ganzen Tag gab es wunderschöne arabische Musik in unserem Haus. Manchmal tanzte Mutter zu den Melodien von Om Kalthoum.

Om Kalthoum kam aus Ägypten. Sie war die erste Frau, die ebenso selbstbewusst sang wie die Männer und trotzdem im Radio zu hören war. Für Mutter war Om Kalthoum eine Heldin. Für mich ist sie es heute noch. Mutter kannte alle Texte auswendig und sang die Lieder mit ihrer tiefen Stimme mit. Ihr Lieblingslied war *Amel Hayati*:

»Der Wunsch meines Lebens ist die treue Liebe,
sie endet nie.
Dir, schönes Liedchen, hat mein Herz gehört,
das endet auch nie.
Nimm mein ganzes Leben mit,
aber heute, an diesem Tag,
lass mich leben.
Lass mich an deiner Seite,
lass mich in deinen Armen,

lass mich an deinem Herzen,
lass mich!
Und lass mich träumen.
Lass mich!
Ich wünschte, die Gegenwart würde mich nicht
aus den süßen Träumen reißen.
Traum!
Leben!
Meine Augen!
Du bist mir teurer
als meine Augen.
Du, mein Liebster von gestern
und von heute,
von morgen und für alle Ewigkeit…
Deine Liebe war groß genug für die ganze Welt.
Deine Nähe berührte jedes Herz.
Wenn du an meiner Seite bist,
kann ich die Augen nicht für eine Sekunde
schließen.
Ich habe Angst, dass dein Zauber schwindet…«

Manchmal weinte Mutter, wenn sie dieses Lied sang. Vater weinte nie. Er sang das Lied mit. Wir alle sangen diese Lieder mit. Meine Geschwister sangen den ganzen Tag, und als ich groß genug war, um mitzusingen, sang auch ich diese Lieder von Liebe, Trauer und Hoffnung. Ich singe sie heute noch.

Hinter Vaters Werkstatt war die Toilette und eine Wasserleitung. Es war nur ein Loch im Boden wie in allen Häusern, die nach dem Erdbeben gebaut worden waren.

Der Gang führte an der Toilette vorbei bis zum Innenhof. Wenn man dort den Kopf in den Nacken legte, sah man den Himmel, die Sonne, die Wolken und nachts die Sterne. Als ich größer war, saß ich viele Stunden im Dunkeln auf dem grauen Zement, das Gesicht zum Himmel gerichtet, und betrachtete die Gestirne. Manchmal sah ich Sternschnuppen.

Mutter sagte: »Das ist die Seele eines Menschen, der gestorben ist, meine kleine Blume. Sie fährt hinunter auf sein Grab.«

Ich stellte mir vor, wie dieses helle Licht den tristen Friedhof erhellte, der jenseits der großen Moschee am Hang der Kasbah liegt, und bekam eine Gänsehaut.

Mutter nahm mich in ihre Arme, wiegte mich und sagte: »Ouarda-ti, nun ist es Zeit, ins Bett zu gehen, bevor du dir noch das Genick brichst.« Dann nahm sie mich an die Hand, und wir gingen in unser Kinderzimmer.

Vom Innenhof ging es rechts in die Küche. Sie war weiß gefliest, und wir hatten eine große Spüle mit fließendem kaltem Wasser. Mutter kochte auf einem vierflammigen Gasherd. Die Gasflaschen standen unter der Spüle. Wenn sie leer waren, ging man zum Laden an der Ecke und kaufte eine neue. Dann fuhr der Lehrling die große blaue Gasflasche auf einem Karren bis vor die Haustür.

Der niedrige, runde Esstisch stand im Innenhof unter der Treppe, die nach oben führte. Um den Tisch hatte Mutter Schilfmatten und Kissen ausgelegt. Wir saßen auf dem Boden und aßen mit den Fingern.

Hinter der Treppe gab es eine einfache Dusche mit einem riesigen weißen Gasboiler. Früh am Morgen heizte Mutter den Boiler ein, weil Vater jeden Tag frisch geduscht seine Arbeit beginnen wollte. Er war ein sehr reinlicher Mann. Nach dem Duschen zog er einen dicken Baumwollpullover an, auch wenn draußen die Sonne brannte. Ich glaubte, Vater fröre im Inneren seines Körpers, aber ich wagte es nicht, ihn danach zu fragen.

Wir Kinder duschten nur, wenn wir schmutzig waren, vielleicht ein- oder zweimal in der Woche. Mutter schnupperte an uns und sagte: »Kinder, ich glaube, es ist wieder so weit. Ab unter die Dusche!«

Dann rubbelte sie uns mit ihren weichen Händen, bis sich die dunkle, oberste Schicht der Haut löste.

»Siehst du, Ouarda-ti«, pflegte Mutter dann zu sagen, »wie schmutzig du warst.« Ouarda-ti bedeutet: meine Blume.

Neben der Duschc war unser Kinderzimmer. Mir kam es klein und dunkel vor. Ich hatte immer Angst in diesem Zimmer, vor allem in der Nacht. Die Dschellabas an dem Haken neben der Tür kamen mir nachts vor wie ein dunkler fremder Mann. Ich habe nie jemandem davon erzählt, dass nachts, im Dunkeln, ein fremder Mann an der Tür stand und uns beobachtete. Es war mein Geheimnis.

Am Boden war ein Lager aus dünnen Matratzen gebaut. Nachts kuschelten wir Kinder uns dort unter den großen Decken zusammen. Es gab kein Spielzeug in diesem Zimmer. Wenn wir spielen wollten, gingen wir hinaus in den Hof oder auf die Straße. Am schönsten war das Spielen im Hof, denn dort hörten wir, wie unsere Mutter in der Küche mit den Blechtöpfen hantierte und die traurigen arabischen Lieder aus dem Radio mitsang.

Im Obergeschoss gab es drei Zimmer. In dem einen schliefen unsere Eltern, es war das größte Zimmer in unserem Haus. Ich liebte das große Bett. Einmal saßen wir alle in diesem Bett, als Vater mit einem weißen Karton hereinkam, der so schön war, dass wir es kaum wagten, ihn zu öffnen. Mutter löste die Schleife und legte das Paket auf das Bett. Wir kamen ganz nahe und wollten sehen, was darin verborgen sei.

»Vater«, sagte Jamila, »das ist so schön. Darf ich den Deckel aufmachen?«

Mouna sagte gar nichts, sie sagte nie etwas.

Vater schaute streng. »Das geht euch gar nichts an, das ist nur für mich und eure Mutter.« Aber seine Augen lachten.

Schließlich öffnete Mutter den Karton, und darin war das Schönste, was ich jemals gesehen hatte: feine Wäsche, ganz in Weiß aus einem zarten Stoff – ein Höschen, ein Hemdchen, ein Büstenhalter, ein Nachthemd. Es war so weiß und strahlend, dass ich mir nur vorstellen konnte, dass es für eine Braut gedacht war.

»Mama«, fragte ich, »heiratest du bald?«

Jamila gab mir einen Stoß in die Seite: »Dummerchen, Mama ist doch schon verheiratet. Mit Papa. Das ist für mich, wenn ich groß bin.«

»Ich will auch groß sein und heiraten«, rief ich,

»und zwar Jaber, meinen Bruder. Morgen bin ich bestimmt schon so groß, dass ich heiraten kann.«

Alle mussten lachen. Dann zog Mutter die wunderschönen Dinge an, die Vater ihr geschenkt hatte, und ich war ganz sicher, dass es keine Frau auf der Welt gab, die so schön war wie meine Mutter Safia.

Sie war groß wie keine andere Frau in unserer Straße. Ihre Haut war so weiß wie Milch, ihr Haar schwarz wie Ebenholz, und ihre Augen waren so groß wie die einer Königin. Wenn sie mich ansah, konnten diese Augen tief in mein kleines Herz gucken, und wenn ich mich auf die Zehenspitzen stellte, konnte ich in ihren Augen ihr Herz sehen. Ihre Stimme war sehr weich, und sie konnte so schön singen, dass selbst böse Menschen ganz sanft wurden.

Die bösesten Menschen in unserer Straße waren die *darbo-shi-faal*, dicke Weiber mit fetten Hinterteilen und großen Kopftüchern, die durch unser Viertel gingen und brüllten: »Wahrsagen, Kartenlegen, Handlesen – wollt ihr wissen, was euch die Zukunft bringt? Wollt ihr euer Glück machen?«

Ich hatte große Angst vor diesen Frauen. Wenn ich ihre Stimmen hörte, rannte ich ganz schnell nach Hause, warf die blaue Eingangstür heftig ins Schloss und bat Mutter: »Mama, bitte sing ein Lied für mich, damit ich die bösen *darbo-shi-faal* nicht hören muss.«

Dann sang Mutter ihr Lied, strich mir mit der Hand über das Haar, und die Angst war verschwunden. Ich schnupperte an ihren leichten Sommerkleidchen, durch die der Duft ihrer Haut zu riechen war.

Diese Kleider durfte sie niemals außerhalb der Wohnung tragen, das hätte zu einem Skandal geführt. Draußen musste sie sich in die schweren Dschellabas hüllen, die den ganzen Körper bedecken. Mutter hatte nur schwarze Dschellabas, das fand sie elegant, aber darunter trug sie manchmal Vaters weiße Unterwäsche. Ihre vollen Lippen waren geschminkt, das konnte man aber nur ahnen, weil sie auf der Straße immer einen seidenen Schleier trug.

Vater liebte die Schönheit meiner Mutter, aber er war sehr eifersüchtig. Einmal saß er gegenüber unserem Haus beim Schneider und rauchte Haschisch, als ich auf der Straße eine bunte Tablette fand. Mutter sah vom Fenster aus, wie ich die Tablette in den Mund steckte.

»Ouarda-ti«, rief sie, »nimm das aus dem Mund. Es ist gefährlich.«

Ich hörte nicht auf sie, sondern spielte mit der Tablette im Mund. Ich schob sie mit der Zunge nach vorn durch die zusammengepressten Lippen, dass Mutter sie sehen konnte.

Mutter wurde immer verzweifelter. »Das ist giftig«, schrie sie, »spuck es aus!«

Jetzt sprach sie berberisch, in der Sprache ihres Volkes, wie sie es immer tat, wenn sie wütend war. Ich hatte schon die ganze Farbe von der Tablette abgelutscht, als Mutter aus dem Haus stürmte, ohne Kopftuch, ohne Schleier, mich packte, mir einen Klaps gab und mich ins Haus zerrte. Ich schrie, weil ich ihre Wut und ihre Angst um mich spürte, und spuckte die Tablette sofort in den Dreck.

Später kam Vater nach Hause. Er sagte nichts, kein Wort. Er war bekifft. Erst abends, als wir im Bett waren, schlug er Mutter. Wir lagen auf unseren Matratzen und hörten die Schläge, ihre unterdrückten Schreie, ihr Wimmern.

»Geh nie wieder so auf die Straße, Weib!«, schrie Vater.

Und wir weinten uns in den Schlaf, eng aneinander geschmiegt, mit tränenfeuchten Gesichtern.

Am nächsten Morgen hatte Mutter ein großes blaues Auge. »Da ist gar nichts, Kinder«, sagte sie, »vergesst es einfach.« Aber ich konnte es nicht vergessen. Dieses schöne Gesicht, entstellt durch die Verletzung. Durch meine Schuld. Es ist ein Bild, das ich heute noch sehe, so klar, so realistisch, als stünde meine Mutter vor mir.

Im Schlafzimmer stand Vaters Fernseher. Er war groß und hatte nur ein Schwarz-Weiß-Bild. Aber weil Vater ein fortschrittlicher Fernsehtechniker war, hatte er eine Wunderfolie, die man vor den Fernsehapparat schnallte. Dann war das Bild nicht mehr schwarz-weiß, sondern türkisblau. Ich fand die türkisblauen Bilder so aufregend, dass ich manchmal heimlich die Folie nahm, zum Fenster ging und die graubeige Straße im Sonnenschein türkisblau machte. Lala Sahra von nebenan hatte plötzlich nicht nur einen dicken Bauch, sondern einen türkisfarbenen dicken Bauch. Ich guckte mir das an und musste so lange lachen, bis Mutter mir die Folie wieder wegnahm, in die Küche ging und meine Fingerabdrücke sorgfältig abwischte, damit Vater nichts merkte. Über dem Fernseher lag immer eine große Häkeldecke, damit die wertvolle Folie nicht staubig wurde. Nur wenn Vater bestimmte, dass das Gerät eingeschaltet werden sollte, nahm Mutter die Häkeldecke von dem großen Apparat, und Vater drückte den Knopf, der die türkisblauen Bilder zum Laufen brachte.

Die beiden anderen Zimmer im Obergeschoss waren eine Kammer, in der Mutter ihre Kleider aufbewahrte, und das neue Wohnzimmer. Das Fenster des Wohnzimmers ging zum Hof der Grundschule auf dem Nachbargrundstück. Als Mouna, Rabiaa und Jamila dort zur Schule gingen, warfen Jaber und ich ihnen das Pausenbrot vom Fenster aus in den Hof. In der Schule gab es meistens kein Wasser, und an heißen Nachmittagen standen viele Schüler vor unserem Wohnzimmerfenster und riefen: »Ouarda, Jaber, seid ihr da?«

»Ja, was wollt ihr?«

»Wir brauchen Wasser, werft uns Wasser herunter.«

Dann gingen wir in die Küche, füllten Wasser in Plastikflaschen und warfen sie in den Schulhof. Überall war Wasser in der Wohnung verschüttet, und Mutter schimpfte ein wenig, aber das war nicht ernst gemeint. Nur wenn auch unsere Wasserleitung versiegte und wir unsere letzten Vorräte an Wasserflaschen zur Schule hinüberschleuderten, war Mutter richtig sauer.

»Das könnt ihr mir doch nicht antun!«, rief sie. »Womit sollen wir denn morgen kochen?«

Dann rannten wir schnell hinaus auf die Straße

und spielten mit dem Sand und den Steinen, bis Mutter sich wieder beruhigt hatte.

Vom Obergeschoss ging eine primitive Leiter, aus krummen Ästen zusammengenagelt, hinauf auf das flache Dach. Nachts wurde die Leiter abgenommen, damit keine Diebe von oben in unser Haus eindringen konnten. Auf dem Dach gab es nichts als Vaters Fernsehantenne und Mutters Wäscheleine.

Wir Kinder durften nicht aufs Dach. Das war zu gefährlich, da es kein Geländer gab.

An dieses Dach habe ich keine guten Erinnerungen. Hier hat Vater meine Mutter verbrannt. Aber schon vorher, einige Zeit vor ihrem Tod, passierte etwas Schreckliches auf diesem Dach.

Vater war zu jenem Zeitpunkt schon sehr seltsam. Die Geschäfte liefen schlecht, und er saß tagelang gegenüber beim Schneider und rauchte Haschisch, als meine kleine Schwester Ouafa krank wurde und das Baby Asia ansteckte. Vater nahm die Kinder und schleppte sie auf das Dach.

»Die Sonne«, murmelte er, »die Sonne wird sie heilen.«

Dann legte er die Kinder auf die Steine, setzte sich daneben und starrte in die gleißende Sonnenscheibe, bis Tränen aus seinen Augen traten.

Die Kinder schrien zunächst, aber ihre Schreie wurden in der glühenden Hitze immer schwächer. Schließlich verstummten sie.

Mutter kletterte die Leiter hinauf und rief meinem Vater zu: »Bitte, Houssein, gib mir die Kinder zurück. Sie sterben. Sie müssen ins Krankenhaus.«

Aber Vater reagierte nicht. Mutter weinte und legte sich auf den Boden vor der Leiter. Sie hatte nicht mehr die Kraft und den Mut, um das Leben ihrer Töchter zu kämpfen.

Später schaute ich ganz vorsichtig nach. Ich sah Vater dort sitzen, mit dem Rücken zu mir, er starrte noch immer in die Sonne. Meine Schwestern lagen neben ihm und bewegten sich nicht. Der Speichel, der aus ihrem Mund getropft war, war zu weißen Spuren auf ihrem Gesicht eingetrocknet.

Ich legte mich neben Mutter und weinte mit ihr. Erst nach zwei Tagen gelang es meiner großen Schwester Rabiaa, Vater zu bewegen, vom Dach herunterzukommen.

Er sah sie an, als sei nichts geschehen. »Ich werde die Kleinen besser mal ins Krankenhaus bringen, oder?«

Im Hôpital Hassan II, direkt gegenüber dem großen Friedhof, wurde ihr Leben im letzten Augenblick gerettet.

Wenn ich heute an meinen Vater denke, sehe ich den alten, gebrochenen Mann in dem blauen Jogginganzug mit dem roten Muster, den ich ihm zehn Jahre vor seinem Tod in das Gefängniskrankenhaus von Safi am Atlantik gebracht hatte. Er wurde dort auf Diabetes behandelt, und seine Augen waren so leer, wie seine Stimme schwach war.

Safi war ein schreckliches Gefängnis. Die Männer schliefen in Sälen auf dem Boden. Es gab Wasser aus Eimern zu trinken, und die Latrinen waren so Ekel erregend wie die Linsensuppe, die ich einige Männer im Hof aus Blechnäpfen schlürfen sah. Mit dünnen Fingern fischten sie die Linsen aus der Brühe, als seien sie am Verhungern.

Den Anzug hatte ich Vater im Souk gekauft, bevor ich Agadir verließ und nach Deutschland ging. Zu dem Anzug hatte ich eine große Flasche Eau de Toilette erstanden und einen Kassettenrekorder mit einer Kassette von Om Kalthoum, der Sängerin meiner Kindheit. Außerdem Socken, Badeschlappen und Unterhosen. Und die billigen Casa-Zigaretten zum Tauschen und Zahncreme für den eigenen Bedarf.

Es war nicht leicht für mich, meinem eigenen Vater Unterwäsche zu schenken. In Marokko kaufen nur Ehefrauen Unterhosen für ihre Männer.

»Rabiaa«, fragte ich meine Schwester im Souk, »kann ich Vater Unterwäsche kaufen?«

»Natürlich«, sagte Rabiaa, »wenn wir es nicht machen, wer soll das sonst tun?«

»Aber ist das nicht peinlich für Vater?«, fragte ich.

»Peinlicher ist es, wenn er keine Unterhosen mehr hat«, sagte Rabiaa, die ein sehr praktischer Mensch ist.

Wir mussten die Sachen für Vater an der Pforte abgeben. Dabei wusste man nie, ob die Aufseher nicht klauten. Deshalb gaben wir Vater eine Liste mit allen Einkäufen, die wir gemacht hatten, damit er überprüfen konnte, ob ihm auch alle Gegenstände ausgehändigt worden waren. Vater überflog das Blatt und tat so, als hätte er das Wort »Unterhose« auf der Liste nicht gesehen.

Er sagte: »Meine Töchter, ich danke euch. Aber falls ihr mich jemals wieder besucht, bringt mir nichts außer Zigaretten, dagegen kann ich hier im Gefängnis alles eintauschen, was ich brauche. Und ein paar frisch gegrillte Sardinen. Sie bringen den Duft des Meeres in meine Zelle. Das sind meine Wünsche: Zigaretten und Sardinen. Mehr erwarte ich nicht von euch, meine Töchter.«

Bevor wir das Gefängnis in Safi verließen, sagte Vater mit seiner schwachen Stimme zu mir: »Ouarda, mein Mädchen, ich möchte, dass du etwas von mir annimmst. Ich kann nichts mehr entscheiden, ich bin ein Gefangener, aber ich kann dir einen Rat geben, der aus meinem Herzen kommt: Lies, mein Kind, lies alle Bücher, die du bekommst, lies, so viel du kannst. Wenn ich nicht lesen würde, wäre ich schon längst aus diesem Leben geschieden.«

Als ich klein war, hatte Vater eine Bibliothek. Im Regal standen Bücher mit farbigen Einbänden und französischen Titeln. Wenn Vater Zeit hatte, saß er mit einem Buch auf dem Boden in seinem Zimmer und las im Licht der elektrischen Birne in seinen Büchern. Mutter nahm niemals ein Buch in die Hand, sie war ein Mädchen vom Land und konnte nicht lesen.

Ich wusste, wenn ich groß wäre, wollte ich nicht so sein wie Mutter. Ich wollte alles wissen, wollte die Welt kennen lernen und lesen können. Und ich wollte eine Bibliothek mit schweren Büchern und farbigen Einbänden haben.

Ich wollte sein wie Vater.

Bevor er sich veränderte, war er ein selbstbewusster, starker Mann. Sein Elektrogeschäft an der Hauptstraße gegenüber der Tankstelle war das größte und schönste in ganz Nouveau Talborjt. Vater hatte ein Motorrad und trug moderne Kleidung und den schicksten Bart in unserem Viertel. Immer wieder änderte er den Schnitt. Einmal standen die Spitzen seines Schnäuzers frech nach oben. Dann wieder hatte er sich borstenkurz rasiert. Er ging abends mit Freunden in die Kaffeehäuser, trank französischen Rotwein und genoss den würzigen Rauch aus einer Meerschaumpfeife. Heute noch denke ich an Vater, wenn ich Pfeifentabak rieche.

Zu Hause bestimmte Vater alles. Er entschied, was wir Kinder anziehen sollten, er kaufte ein, und er bestimmte, was Mutter mit uns zu unternehmen hatte.

»Safia«, sagte er, »die Kinder sollen das Meer erleben. Geh mit ihnen hinunter an den Strand.«

Dann nahm Mutter uns an die Hand und ging die Hauptstraße hinunter, vorbei an der heutigen Konditorei Jacut und am Krankenhaus. Wir passierten das einzige Hochhaus der Stadt, das nur zehn Stockwerke hatte, und dann spürte man schon die Kühle des Ozeans in der flirrenden Sommerhitze.

Ich liebte dieses Hochhaus. Als ich etwas größer war, schlich ich mich ins Innere und fuhr mit dem Lift ganz hinauf bis zum Dach. Von dort aus schaute ich hinunter auf die Straße, wo die Menschen und Autos ganz klein waren. Ich kam mir sehr groß und mächtig vor, bis ich eine derbe Hand auf der Schulter fühlte. Es war der Hausmeister.

»Was machst du denn hier?«, wollte er wissen.

Ich antwortete nicht, sondern sah ihn nur mit großen Augen an.

Der Mann ließ meine Schulter nicht los, sondern schubste mich die Treppen hinunter und drohte damit, mich zur Polizei zu bringen.

Ich weinte und zeterte, bis er mich im Erdgeschoss endlich laufen ließ. Danach wagte ich es einige Wochen nicht mehr, mit dem Lift auf das Dach zu fahren. Schließlich war die Faszination der Höhe aber so groß, dass ich es wieder versuchte.

Doch jetzt war ich vorsichtiger: Ich ließ mich nicht erwischen.

Der Strand von Agadir ist lang und sehr breit. Als ich klein war, hatte ich immer Angst, er sei für meine kurzen Beine viel zu breit und ich würde das Meer nie erreichen.

Ich liebte das Meer. Stundenlang saß ich im Sand und schaute hinaus über die Brandung bis zum Horizont. Und dann schloss ich die Augen und sah noch weiter bis zu den fernen Ländern, die hinter dem Ozean lagen.

»Mama«, fragte ich, »leben auf der anderen Seite des Meeres auch Menschen?«

»Ich glaube schon, Ouarda-ti«, antwortete sie, »aber ich bin ein Mädchen vom Lande. Viele Dinge weiß ich nur, weil Vater sie mir erzählt hat.«

Mutter saß in ihrer Dschellaba im Schatten der Bäume hinter den Dünen. Sie breitete eine Kamelhaardecke aus und stellte ein Schälchen Olivenöl darauf. Dazu gab es eines der Fladenbrote, die sie zu Hause gebacken hatte. Wir brachen sie mit den Händen und tunkten die Brocken in das gelb schimmernde Öl. Dazu tranken wir Wasser oder, wenn wir lange genug gebettelt hatten, Cola aus den großen, schweren Glasflaschen, die es in den Buden am Strand gab.

Mutter ging nie ins Wasser. Sie konnte nicht schwimmen. Und sie mochte es auch nicht, wenn wir in die Wellen hüpften.

»Kommt zurück, Mädchen!«, rief sie. »Das Wasser ist gefährlich. Da wohnt ein böser Geist drin.«

Wir glaubten ihr nicht und tobten weiter im Wasser herum. Wenn wir an den Strand zurückkamen, bauten wir Kasbahs und Häuser, Städte und Straßen aus Sand und spielten *haba*, Fangen.

Mutter spielte mit. Sie war eher eine Freundin für uns als eine Mutter. Blitzschnell, mit hochgeraffter Dschellaba und ohne Schuhe, rannte sie durch den Sand und rief *»haba«*, wenn sie uns erwischte: »Gefangen!« Und dann wurde sie von uns Kindern gejagt, bis wir alle keine Luft mehr bekamen und uns im Schatten der Bäume ausruhen mussten.

In der ersten Zeit, als Mutter aus E-Dirh nach Agadir gekommen war, hatte sie sich in der Stadt fremd gefühlt. Die Menschen, der Verkehr, der Lärm und der Schmutz machten sie unsicher. Sie konnte die Nachbarn nicht leiden, vor allem nicht die Familie links von unserem Haus.

Dort lebte Monsieur Sahmi mit seiner Frau und den Kindern. Monsieur Sahmi arbeitete im Hotel und war anscheinend sehr wichtig. Zumindest behauptete das seine Frau, Madame Sahmi. Sie schminkte sich und trug Miniröcke und Handtaschen, die zu den Schuhen passten. Alle vier Wochen ließ sie sich die dunklen Haare blondieren, und außerdem fuhr sie Auto. Nachts gab es bei den Nachbarn Partys mit Alkohol und lachenden Menschen.

Mutter erklärte uns: »So etwas machen nur ungläubige Leute. Davon gibt es sehr viele in den fremden Ländern, von denen Vater mir erzählt hat. Aber es gehört sich nicht, denn es ist eine Sünde. Allah würde das nicht gefallen.«

Mutter fand Madame Sahmi unmöglich. Zu Hause machte sie ihre Bewegungen nach. Geziert spreizte sie den kleinen Finger ab, schwenkte ein imaginäres Täschchen und sprach mit exaltierter Stimme: »Monsieur, möchten Sie vielleicht noch ein Gläschen Wein? Oder darf es Champagner sein?«

Das klang lustig in ihrer Berbersprache. Wir Kinder mussten dabei so sehr lachen, dass wir Tränen in den Augen hatten.

Meine Schwester Jamila stritt sich oft mit den Kindern der Familie Sahmi. Dann kam sie weinend nach Hause, und Mutter wurde sehr böse.

»Mouna-Rachida«, rief sie, »komm her! Du bist die Größte, geh hinunter und verteidige deine kleine Schwester. Das ist deine Aufgabe.«

Aber Mouna-Rachida war so schüchtern, dass sie nicht mit anderen Kindern, sondern nur mit ihren Geschwistern spielen wollte. Folgsam ging sie hinaus auf die Straße. Aber sie versuchte dabei, unsichtbar zu sein. Eng drückte sie sich an die Hauswand, und wenn sie aus Versehen einem der Sahmi-Kinder begegnete, war das Gemeinste, was ihr einfiel: »Du bist zu meiner Schwester nicht nett gewesen. Mach das nicht noch mal.« Dann rannte sie ganz schnell wieder nach Hause.

Einmal war der Streit unter uns Kindern so eskaliert, dass Madame Sahmi vor unserem Haus auftauchte. Sie klopfte herrisch an die blaue Tür und rief: »Madame Saillo, machen Sie auf, ich muss mit Ihnen reden. Ihre Kinder sind freche Ratzen, die gehören mal ordentlich erzogen.«

Mutter tat so, als sei sie gar nicht da. »Psst«, flüsterte sie, »seid ganz still!«

Mutter wollte nicht mit Madame Sahmi sprechen, vermutlich weil sie nicht arabisch reden konnte, nur berberisch. Sie verstand zwar alles, aber die seltsamen arabischen Wörter kamen ihr nicht über die Lippen.

»Ich weiß, dass Sie da sind!«, rief Madame Sahmi vor der Tür. »Wo soll ein primitives Berbermädchen vom Land sonst sein? Wenn Sie nicht aufmachen, warte ich, bis Monsieur Saillo nach Hause kommt.«

»Hört ihr das«, flüsterte Mutter, »dieses ordinäre Weibsbild würde sogar mit einem fremden Ehemann sprechen. Die hat wohl gar keine Scham. Aber ich werde ihr zeigen, was sich die Berberfrauen trauen.«

Wir machten keinen Mucks und saßen mit großen Augen da, als Mutter einen Plastikeimer mit Wasser füllte und in den ersten Stock hinaufschleppte. Vorsichtig schlichen wir hinter ihr her. Und dann nahm Mutter den Eimer und kippte ihn aus dem Fenster auf den frisch blondierten Kopf von Madame Sahmi.

Madame Sahmi kam nie mehr an unsere Haustür, aber wir mussten umziehen, eine Straße weiter, in ein Haus mit besseren Nachbarn.

Der Umzug lief nicht gerade problemlos ab. Unser neues Haus gehörte uns zwar schon, aber es war noch vermietet. Der Mieter wollte nicht ausziehen. Vater verhandelte mit ihm, aber es brachte nichts.

»Safia«, sagte er beim Abendessen, »wir haben ein Problem. Wir müssen morgen hier ausziehen, weil ich das Haus verkauft habe. Aber in unser neues Haus können wir nicht einziehen, da wohnen noch Menschen drin, die ihren Platz nicht räumen wollen.«

»Was sollen wir denn machen, Houssein?«, fragte Mutter erschrocken. »Werden wir auf der Straße leben müssen?«

»Nein«, sagte Vater, »da habe ich eine bessere Idee. Lass dich überraschen. Bereite morgen früh alles für den Umzug vor. Wir ziehen am Nachmittag um.«

Gegen Mittag kamen die Männer mit dem Leiterwagen und schleppten unsere Diwane hinaus, die Betten, die Schränkchen und die Kisten mit unseren Kleidern. Dann zogen sie den Karren eine Straße weiter zu unserem neuen Haus. Die Tür war verschlossen.

»Und nun?«, fragten die Männer mit dem Umzugswagen.

»Abladen!«, rief Vater. »Wir bauen unser Wohnzimmer hier auf der Straße auf, direkt vor der Eingangstür.«

Die Männer wuchteten unsere Diwane vom Wagen. Es war eine der großen Sitzgruppen, die in jedem marokkanischen Wohnzimmer mindestens zwanzig Leuten Platz bieten. Die Polster waren mit wertvollem rotem Samt bezogen. Jetzt standen sie im Staub der Rue el Ghazoua.

Mutter machte sich Sorgen, dass die schönen Stoffe schmutzig würden, und legte Tücher darüber, um sie vor Staub und Sonne zu schützen.

Aber Vater machte eine herrische Geste: »Nimm

die Tücher weg! Wir leben hier. Das ist unser Wohnzimmer. Ich möchte nicht auf Tüchern sitzen.«

Die Umzugsleute rollten unseren Teppich aus, holten die Tischchen vom Wagen, und Mutter stellte die Wasserkaraffe bereit.

Vater klopfte an den Haustüren der Nachbarschaft und stellte sich vor: »*Salam aleikum*, mein Name ist Houssein Saillo, und dies ist meine Familie. Wir sind Ihre neuen Nachbarn und müssen nur noch warten, bis die Leute ausziehen, die unser Haus besetzt halten.«

Rund um unser Wohnzimmer gab es einen Menschenauflauf. Alle, die in der Straße wohnten, kamen vorbei, um das Spektakel zu sehen. Einige kamen sogar aus anderen Straßen des Viertels. Die Kinder drängten sich um unsere Sitzgruppe. Frauen brachten Tee und Gebäck. Mutter und Mouna-Rachida war das unangenehm. Doch Vater schien die Situation zu genießen.

Die Umzugsleute hatten unterdessen unseren gesamten Hausstand auf die Straße gestellt. Sie kassierten ihren Lohn und verabschiedeten sich.

»Mama«, fragte Rabiaa, »wohnen wir jetzt wirklich auf der Straße?«

»Ich weiß es nicht«, flüsterte Mutter.

Mouna-Rachida weinte ein wenig. Aber dann ging die Haustür auf, und der Mieter stand vor uns mit seinem Koffer in der Hand.

»Es ist euer Haus«, sagte er, »ihr habt gewonnen. Allah beschütze euch. Morgen sind meine Möbel weg.«

Am nächsten Tag zogen wir in das neue Haus. Es hatte nur eine Etage: das Erdgeschoss. Vater wollte ein weiteres Stockwerk ausbauen, damit wir alle genug Platz hatten. Von dem Geld, das er mit seiner Werkstatt verdiente, kaufte er Zement, Moniereisen, Farbe und heuerte Handwerker an.

Die Handwerker bauten und bauten, und dann kamen sie zu Vater und sagten: »Sidi Saillo, wir brauchen mehr Geld. Wir brauchen mehr Zement und mehr Arbeiter.«

Vater gab ihnen Geld. Eine Woche später kamen sie wieder: »Sidi Saillo, Allah möge uns vergeben, aber das Geld reicht noch immer nicht.«

Vater gab ihnen wieder Geld. Als sie jedoch zum dritten Mal mehr forderten, warf er sie hinaus.

»Safia«, sagte er zu Mutter, »die *al khadama*, die Handwerker, haben uns betrogen. Ich baue unser Haus selbst.«

Vater hatte noch nie ein Haus gebaut. Aber jetzt rührte er Zement an und zog Mauern hoch, und obwohl alles schief und krumm war, wollte er ein Dach über dem neuen Stockwerk errichten. Aber dafür fehlte ihm das Geld.

»Safia«, sagte er zu Mutter, »ich werde in die Wüste nach Fask fahren. Dort hat meine Familie Ländereien. Ich werde sie verkaufen, und mit dem Geld werden wir ein Dach über unser Haus bauen.«

Mutter war erschrocken.

»Fask?«, fragte sie. »Fahr nicht nach Fask. Du weißt, dass es dort für euch Saillos gefährlich ist.

Denk daran, was deinem Vater geschehen ist, als er dort war. Ich bitte dich, bleib hier.«

Aber Vater ließ sich nicht umstimmen. Im Februar 1975 packte er eine Reisetasche, setzte sich in sein Auto und verließ Agadir in Richtung Süden, wo die Wüste lag.

Als er zurückkam, war er nicht mehr derselbe.

Der Ort Fask liegt in der Sahara südlich des Antiatlas. Eine Asphaltstraße führt von Guelmim nach Fask, und seit einiger Zeit gibt es dort Strom, eine Tankstelle und einen Kolonialwarenladen mit lauwarmer Coca-Cola. Aber in Wahrheit ist Fask, was es schon immer war: ein staubiges Wüstendorf am Ende der Welt.

Im Sommer 2002 war ich zum ersten Mal dort. Ich hatte ein seltsames Gefühl. Fask war kein guter Ort für unsere Familie. Böse Legenden rankten sich um diese einsame Gegend, aus der meine Vorfahren väterlicherseits stammten.

Großvater hatte vor vielen Jahren versucht, seine großen Ländereien von den entfernten Verwandten zurückzubekommen, die sie für ihn verwalteten und nicht mehr hergeben wollten. Er entkam damals nur knapp dem Tod.

Die Legende in unserer Familie sagt, die Verwandten hätten versucht, ihn zu töten. Großvater übernachtete in einem Raum seines ehemaligen Anwesens. Neben seinem kargen Lager auf dem Lehmboden des Hauses hatte er die Tabletten gegen seine

Magenbeschwerden auf einem Schemel bereitgelegt. Wenn nachts der Schmerz kam, pflegte er im Dunkeln nach der Arznei zu tasten und dann die Pillen mit einem Schluck Wasser aus dem Krug zu nehmen.

In jener Nacht spürte er etwas Ungewöhnliches, als er die Tabletten berührte. Eine Art Pulver oder Staub. Er schaltete seine Taschenlampe an, die er stets mit sich führte, wenn er sein Haus in Tiznit verließ. Die Tabletten waren mit einer schwarzen Schicht bedeckt. Großvater rief den Hund des Gastgebers und ließ ihn die Tabletten fressen. Zwei Stunden später wand sich der Hund in tödlichen Krämpfen.

Großvater verließ Fask und kehrte nie wieder zu seinen Ländereien zurück.

Im Jahr 2002 fuhren meine Schwester Asia, mein Mann Michael, die Kinder und ich auf der langen geraden Straße durch die Wüste. Auf halber Strecke stand ein alter Peugeot am Straßenrand. In dem Auto saßen vier tief verschleierte Frauen. Neben dem Wagen stand ein Mann mit einem Kanister. Wir hielten an.

»Können wir Ihnen helfen?«, fragte ich.

»Allah sei Dank«, sagte er, »könnt ihr mich bis zur nächsten Tankstelle mitnehmen? Ich habe kein Benzin mehr.«

Der Mann stieg mit seinem Kanister in unser Auto, und wir fuhren ihn bis nach Fask zur Tankstelle.

Ich fragte den Besitzer: »Allah behüte Sie, Sidi, könnten Sie mir bitte sagen, wo hier Familie Saillo wohnt?«

Der Besitzer sagte: »Familie Saillo lebt schon lange nicht mehr hier. Keiner von denen. Die sind alle nach Tiznit und nach Agadir weggegangen.«

»Und gibt es keine anderen Verwandten dieser Familie?«

»Doch, einer ist noch da, Sidi Mohammed, er wohnt am Ende des Dorfes in einem großen Anwesen.«

Der Tankstellenbesitzer winkte einen der Jungen heran, die vor der Garage im Staub herumlungerten: »Setz dich zu diesen Leuten ins Auto, und zeig ihnen den Weg zu Sidi Mohammed.«

»Allah möge Ihren Eltern gnädig sein«, sagte ich, das ist die traditionelle Dankesfloskel in der Wüste. Und dann fuhren wir mit dem Jungen auf der Staubpiste ans Ende des Dorfes.

Eine lange rotbraune Mauer trennte das Anwesen vom gelben Sand der Wüste. Es gab drei hölzerne Tore. Hinter der Mauer sah ich die Wipfel von Palmen. Sidi Mohammed schien ein wohlhabender Mann zu sein.

Ich klopfte an der linken Tür. Dumpf hallten die Schläge durch die Wüste. Aber es dauerte lange, bis sie sich einen Spalt öffnete.

»Was wollt ihr?«, fragte eine Mädchenstimme.

»Wir möchten den Sidi Mohammed sprechen.«

»Ihr müsst an der nächsten Tür klopfen«, sagte das Mädchen.

Dort öffnete ein kleiner Junge. »Wartet hier«, sagte er, »ich hole den Sidi.«

Lange ließ uns Sidi Mohammed in der Hitze warten, dann stand er in der Tür: ein kleiner dunkler Mann in einer staubigen Dschellaba, ein Tuch lose über den Kopf geworfen, wie es Sitte ist, wenn man überraschend Gäste empfangen muss.

Mein Magen verkrampfte sich: War dies der Mann, der versucht hatte, Großvater zu töten? War er verantwortlich für die Verwandlung meines Vaters? Trug er Schuld am Tod meiner Mutter? Am Schicksal meiner Familie?

Unhörbar murmelte ich die Sure aus dem Koran, die mich vor Neid schützt, seit ich ein kleines Mädchen war. Es ist die Sure 113 mit dem Namen *Al-Falaq*, »Die Morgendämmerung«:

»Ich nehme meine Zuflucht beim Herrn des Frühlichts vor dem Übel dessen, was Er erschaffen hat, und vor dem Übel der Dunkelheit, wenn sie hereinbricht, und vor dem Übel der Knotenanbläserinnen und vor dem Übel eines jeden Neiders.«

Sidi Mohammed führte uns durch zwei Innenhöfe in einen hohen Raum. Offenbar bestand das Anwesen aus mehreren Gebäuden. Sidi Mohammed schien mehrere Frauen zu haben. Mit der Hauptfrau lebte er im mittleren Haus. Die Nebenfrauen wohnten rechts und links davon. Wir trafen sie später.

Der Boden des Raums, in dem wir uns niederließen, war aus Lehm gestampft und mit Teppichen bedeckt, und einige Teppiche hingen an der Wand. Sidi Mohammed bereitete Tee zu, zerstieß Zucker mit einem Stein. Er schickte den Jungen in die Küche. Mit frischem Brot, Olivenöl und hart gekochten Eiern kehrte er zurück. Eier sind ein Zeichen größter Gastfreundschaft. Ich hasse hart gekochte Eier.

»Was führt euch her?«, fragte Sidi Mohammed.

»Ich bin Ouarda, die Tochter von Houssein Saillo. Mein Vater war hier vor über zwanzig Jahren.«

»Ja«, sagte er, »ich erinnere mich. Dein Vater war ein stolzer, unbeugsamer Mann. Er hat sich keine Freunde gemacht, als er hierher kam. Hier saß er, in diesem Raum, an der Stelle, an der du jetzt sitzt.«

Das hatte ich nicht erwartet. Meine Haltung veränderte sich, mein Körper wurde aufmerksam, meine Muskeln spannten sich, meine Nerven vibrierten. Ich spürte plötzlich den harten Lehm unter dem dünnen Teppich, die Bitternis des Tees brannte auf meiner Zunge, der Geruch der Eier stieg beißend in meine Nase. Hier war der Ort, an dem mein Vater sich so verändert hatte, von hier war er mit Wahnvorstellungen zurückgekehrt, und drei Jahre nach seinem Besuch in Fask war meine Mutter gestorben. Hier hatte all das seinen Anfang genommen.

»Was habt ihr besprochen, Ammi Mohammed?«, fragte ich. Ammi ist die respektvolle Anrede für einen Onkel. Es fiel mir schwer, diese persönliche Form zu wählen. Ich kannte diesen Mann nicht. Aber es war notwendig, um ihm zu zeigen, dass ich eine gute Erziehung hatte.

»Warum willst du das wissen?«, fragte er zurück.

»Weil ich die Tochter bin«, sagte ich.

Sidi Mohammed nippte an seinem Tee. Er brach

das Brot und tauchte es in das Öl. Langsam kaute er den Bissen.

Dann sagte er im Dämmerlicht des fensterlosen Raumes: »Dein Vater war kein netter Mensch, mein Kind, er drohte uns mit Anwälten. Er wollte uns das Land wieder wegnehmen, das wir vom Vater deines Vaters gekauft hatten.«

»Ihr habt es nicht gekauft«, sagte ich, »ihr habt es für Großvater verwaltet, als er in die Stadt ging.«

»Das stimmt, mein Kind«, sagte Sidi Mohammed, »aber das Verwalten so großer Ländereien ist eine schwierige Angelegenheit und kostet Geld. Niemand aus deiner Familie hat sich darum gekümmert, bis dein Vater kam und alles zurückhaben wollte. Wir haben uns gestritten, und dann fuhr er weg und kam nicht wieder an diesen Ort. Unterdessen haben fremde Menschen eure Ländereien besetzt. Ich habe davon nur behalten, was mir zusteht.«

Dann fuhr er mit uns hinaus in die Wüste. Weit reichten die Handbewegungen, mit denen er bis zu den Palmen im Dunst des Horizonts wies.

»Das ist alles dein Land, Ouarda, du musst es von den Menschen zurückholen, die es dir gestohlen haben. Dir gehört die Wüste, und dir gehört das Wasser, das von den Bergen kommt.«

»Ich will das Land nicht, Ammi«, sagte ich, »ich will wissen, was mit meinem Vater geschehen ist.«

»Ich kann es dir nicht sagen, mein Kind«, antwortete Sidi Mohammed, »ich kann dir nur sagen, dass wir den Dorfältesten geholt haben, als dein Vater hier war und mit den Anwälten drohte. In der Wüste kennen wir keine Anwälte. Das erklärte auch der alte Mann deinem Vater. Er sagte, wir sollten es unter uns klären. Aber dein Vater wollte zum Gericht gehen. Er stritt sich mit dem alten Mann.«

»Und dann?«, fragte ich, obwohl ich schon wusste, was Sidi Mohammed nun sagen würde.

»Und dann«, sagte Sidi Mohammed, »dann hat der alte Mann deinen Vater verflucht.«

»Was hat er gesagt?«

»Er sagte: ›Allah möge dich verfluchen dafür, dass du die Regeln der Saharouis nicht einhältst, dass du fremde Männer von fremden Gerichten einschalten willst. Dass du von Anwälten sprichst, dass du einem alten Mann drohst. Dein Weg nach Agadir im Norden möge nicht von Allah beschützt werden.‹«

Sidi Mohammed machte eine Pause.

Er sah mich nicht an. »Dein Vater stieg ins Auto und fuhr weg. Danach habe ich ihn nie mehr gesehen.«

Sidi Mohammed stand am Straßenrand, als er das sagte. Hinter ihm lag die Wüste, so weit das Auge reichte. Die Sonne brannte. Aber für mich war der Himmel dunkel geworden. In meinen Ohren dröhnte dieser eine Satz: »Allah möge dich verfluchen.« Immer wieder: »Allah möge dich verfluchen. Allah möge dich verfluchen. Allah möge dich verfluchen.«

Ich wandte mich von Sidi Mohammed ab, und die Sonne trocknete meine Tränen, bevor sie meine Augen verlassen konnten.

Als Vater nach Agadir zurückkam, parkte er sein Auto vor unserem Haus, das noch eine Baustelle war, und sagte kein Wort. Er trug die *gandura*, das blaue Gewand der Männer aus der Wüste, und ein schwarzes Tuch über dem Kopf, das nur die Augen frei ließ.

Ich hatte Angst vor diesem Mann, so hatte ich Vater noch nie gesehen.

»Mama«, fragte Rabiaa, »was ist mit Papa geschehen?«

»Ich weiß es nicht«, flüsterte Mutter, »hoffentlich ist es nicht der Fluch der Wüste, der seine Seele umklammert. Ihr wisst, dass der Ort Fask für die Familie der Saillos nicht gut ist. Wir wollen zu Allah beten, dass er seine schützende Hand über Vater hält.«

Dann nahm sie uns Kinder in den Arm, und ihr süßer Duft beruhigte uns wie ihre leise Stimme, die auswendig die Sure 114 *An-Nas*, »Die Menschen«, rezitierte:

»Im Namen Allahs, des Allerbarmers, des Barmherzigen: Ich nehme meine Zuflucht beim Herrn der Menschen, dem König der Menschen, dem Gott der Menschen, vor dem Übel des Einflüsterers, der entweicht und wiederkehrt, der den Menschen in die Herzen einflüstert, von den Dschinn und den Menschen. Amen.«

Die Dschinn sind Geistwesen, von Allah aus dem Feuer geboren, denen man niemals trauen darf. Heute noch sage ich *bism'illah*, »im Namen Allahs, des Barmherzigen«, wenn ich heißes Wasser in den Ausguss gieße: Dschinn könnten dort wohnen und sehr ärgerlich werden, wenn ich sie verbrühe. Aber wenn Mutter mit ihrer weichen Stimme Suren aus dem Koran sprach, verflog auch die Angst vor den Dschinn.

Vater hatte sich schlafen gelegt. Es war sein letzter ungestörter Schlaf für viele Jahre. Als er am nächsten Morgen aufwachte, war er ein anderer Mensch. Er sprach nicht mehr mit uns, sondern nur noch mit sich selbst. Anstatt sich nachts neben Mutter in das Bett der Eltern zu legen, saß er im Dunkeln auf dem Dach und beobachtete die Sterne. Dabei rauchte er die süßen Drogen aus dem Rif-Gebirge, und der Schwindel erregende Duft zog hinunter bis in unsere Zimmer.

Uns Kinder machte das nervös. »Glaubt ihr, dass Vater von den Dschinn besessen ist?«, flüsterten meine Schwestern.

»Nein, es ist bestimmt der Teufel«, sagte mein

Bruder, »vielleicht wurde er in der Wüste von einem gebissen.«

»Teufel beißen nicht«, sagten meine Schwestern, »wenn jemand beißt, dann sind es Dämonen.«

Am nächsten Tag löste Vater selbst das Rätsel seiner Verwandlung: »Ich muss euch etwas Wichtiges sagen. Safia, meine Frau, und ihr, meine Kinder, hört gut zu: Als ich in Fask war, ist etwas Besonderes mit mir geschehen. Ich wurde vom Propheten selbst erleuchtet. Jetzt bin ich sein Schatten, der Schatten des Propheten. Mein Leben wird sich ändern. Und euer Leben auch.«

Danach fiel Vater wieder in sein Schweigen. Reparaturaufträge nahm er nicht mehr an, und wenn Kunden ihre Geräte wieder abholten, verlangte er kein Geld von ihnen.

Wir wurden immer ärmer, aber Vater machte das nichts aus. Wenn wir mit leerem Magen ins Bett gegangen waren und endlich Schlaf gefunden hatten, riss er uns oft aus unseren Träumen.

»Kinder«, rief Vater, »es ist Zeit zum Beten!«

Wir Mädchen und Mutter mussten uns den Kopf mit Tüchern verhüllen, und Vater wandte sich mit meinem Bruder Jaber gen Mekka. Wir standen im Hintergrund, wie es sich für moslemische Frauen ziemt. Vater und Jaber begannen ihr Gebet mit einem vernehmlichen *allah'u akbar*, »Allah ist groß«. Wir murmelten den Satz schlaftrunken mit, weil Frauen ihre Stimme beim Gebet nicht erheben sollen. Am Schluss wandten wir den Kopf nach rechts und küssten symbolisch die guten Engel, dann drehten wir den Kopf nach links und küssten die schlechten Engel. So verlangten es Vaters Regeln.

»Warum küssen wir auch die schlechten Engel?«, fragte ich Vater.

»Weil sie da sind«, sagte er, »und ebenfalls unseren Respekt verdienen.«

Am Ende des Jahres verlor Vater seinen Laden. Ihn kümmerte das nicht. Uns schon. Wir mussten oft viele Tage hungern. Vater hielt nichts mehr von weltlicher Nahrung.

Manchmal durfte Mutter uns nichts zu essen geben, dann fütterte sie uns heimlich, wenn Vater außer Haus war.

Wir saßen in der Küche auf dem Boden. Mutter hatte Weizenkörner mit etwas Salz und Olivenöl in Wasser gekocht und in eine hölzerne Schüssel gegeben. Es war ein billiges Gericht, das Mutter auf Pump in dem kleinen Laden an der Ecke bekam, obwohl Vater damals schon das ganze Geld für Haschisch-Zigaretten ausgab.

Rabiaa nahm unser Anschreibheftchen mit, wenn sie den Weizen und das Öl holte.

»Si Hussein«, sagte sie zu dem Ladenbesitzer, »meine Mutter schickt mich. Wir haben Hunger. Bitte gib uns etwas zu essen.«

Dann maß Herr Hussein einen Scheffel Weizen ab und ein Maß Öl und trug alles sorgsam mit einem Bleistift in das Heftchen ein. »Allah behüte euch«, sagte er, und Rabiaa rannte schnell nach Hause, damit Vater sie nicht sah.

Am Ende des Monats gelang es Mutter meistens,

ein paar Dirham aufzutreiben, um Herrn Hussein zu bezahlen. Manchmal gab auch Onkel Ibrahim, Mutters Bruder, dem Ladenbesitzer das Geld. Er musste es heimlich tun, da Vater davon nichts wissen durfte.

Wenn er bezahlt worden war, strich Si Hussein die Liste der Einkäufe aus dem Heft und legte eine neue Spalte mit den Schulden für den nächsten Monat an.

Wir aßen mit den Fingern in der Abenddämmerung, als Mutter Vaters Schlüssel im Schloss hörte.

»Wir müssen aufhören«, flüsterte sie, und ihre Stimme zitterte wie ihre Hände. Schnell wischte sie unsere Finger sauber und versteckte die Schüssel unter der Spüle. Ich glaube, sie hatte Angst, den Stolz meines Vaters zu verletzen und seine Wut herauszufordern, weil er seine Familie nicht mehr versorgen konnte.

Vater war zu diesem Zeitpunkt schon krank. Sein Zustand wechselte jeden Tag. Wir konnten uns nie auf ihn verlassen. Er arbeitete überhaupt nicht mehr, er verdiente nichts, er gab sich dem Rausch der Drogen aus dem nördlichen Gebirge hin, bis er das Elend vergaß, das ihn und uns erfasst hatte.

Eine Zeit lang stand er jeden Morgen um vier Uhr auf, nahm eine Schubkarre und schob sie durch die Stadt, von Bäcker zu Bäcker, von Hotel zu Hotel.

»Ich bin Houssein, der Fernsehmechaniker, und meine sieben Kinder müssen hungern, wenn ihr uns nichts zu essen gebt«, sagte er. »Allah möge euch ein langes Leben schenken, wenn ihr verhindert, dass meine Kinder nach einem viel zu kurzen Leben sterben müssen.«

Noch bevor die Sonne aufging, kam er mit Croissants vom Vortag zurück, die die Touristen nicht mehr essen wollten, mit Milch, die noch nicht ganz sauer war, und mit Butter, Sahne und Kuchen, Schokolade, Brot und seltsamerweise auch mit silbernem Besteck.

Es waren Messer, die ich noch nie gesehen hatte. Erst später, als ich begann, in Restaurants zu arbeiten, erfuhr ich, um was es sich handelte: Fischmesser. Wir schmierten damit die geschenkte Butter auf die erbettelten Brote und wagten nicht zu fragen, woher diese Messer kamen und für was man sie eigentlich benutzte.

Später verbot er uns, berberisch zu sprechen, die Sprache meiner Mutter, und wenn uns nur ein falsches Wort herausrutschte, dann setzte es Schläge.

»Euer Vater ist verzaubert mit schwarzer Magie«, flüsterte Mutter uns zu, »sprecht arabisch, sonst wird er euch töten. Ich muss mit meiner Mutter, der *sherifa*, reden. Vielleicht weiß sie einen Gegenzauber.«

Aber Mutter hatte keine Möglichkeit mehr, Großmutter zu besuchen. Vater sperrte sie im Haus ein und untersagte ihr, das Gebäude zu verlassen. Er vergitterte sogar die Fenster zur Straße, um Mutter an der Flucht zu hindern. Unser Haus war zu einem Gefängnis für die Familie geworden.

Einmal, als wir gar kein Geld mehr hatten, arbeitete Vater für einen anderen Radiohändler in unserer Stadt. Von seinem Lohn kaufte er einen Schafbock für das Opferfest Eid al-Adha. Es ist das größte Fest im Islam und dauert mindestens vier Tage. Jeder Familienvater, der es sich leisten kann, muss ein männliches Schaf schlachten und schächten. Ein Drittel des Fleisches grillt die Familie selbst. Zwei Drittel müssen an arme Familien gegeben werden, die sich kein Opfertier leisten können.

Als Vater mit dem meckernden Schaf an einem Bindfaden in unsere Straße einbog, lachten wir Kinder. So ein fettes Tier, das würde ein Festmahl werden! Vielleicht war Vater wieder normal geworden?

Er band das fette Schaf in unserem Innenhof unter der Treppe fest. In dieser Nacht mussten wir nicht beten. Wir fanden trotzdem keinen Schlaf. Jaber schlich sich zweimal in den Hof und meldete flüsternd: »Das Schaf ist noch ein bisschen gewachsen, obwohl es sogar gekackt hat.«

Das mussten wir Mädchen natürlich überprüfen. Ganz leise schauten wir in den Innenhof: Tatsächlich, das Schaf sah riesig aus, und der Schatten, den es im Mondlicht an die Hauswand warf, war geradezu Furcht erregend.

Am nächsten Morgen war das Schaf leider wieder etwas kleiner geworden, und Vater musste es füttern. Er füllte eine Schüssel mit Weizen und ließ sich auch von Mutter nicht beirren, die ihn warnte: »Houssein, Schafe können Weizen nicht gut verdauen. Das Tier wird Blähungen bekommen.«

»Schweig, Weib«, sagte Vater, »was weißt du von Schafen? Ich bin ein Mann aus der Wüste, ich weiß, was diese Tiere brauchen. Vertraue mir.«

Mutter vertraute ihm nicht, aber sie schwieg.

Das Schaf fraß die ganze Schüssel leer. Am nächsten Morgen lag es auf der Seite, hatte einen ganz dicken Bauch, und eine gelbgrüne Flüssigkeit lief aus seinem Maul. Mutter sagte nichts. Vater lief zu Si Hussein, dem Ladenbesitzer, und kaufte eine große Flasche Schweppes Tonic Water. So eine schöne gelbe Flasche hatte es bei uns zu Hause noch nie gegeben.

»Wozu ist das?«, fragte ich Vater.

»Das ist für unser Schaf«, sagte er. »Man nennt es Schweppes. Es ist eine mächtige Medizin gegen Blähungen. Du wirst sehen, das Schaf wird wieder gesund, und dann schlachten und essen wir es.«

Das Schaf lag still auf der Seite, als Vater ihm die ganze Flasche mit der Schweppes-Medizin einflößte. Wir beobachteten, was dann geschah.

Vater stand neben dem Schaf. Jaber stand neben Vater. Mutter stand neben Jaber, und wir Mädchen drängten uns an Mutter. Das Schaf begann mit den Beinen zu zucken.

»Vater«, fragte ich, »wirkt die Medizin schon?«

»Das siehst du doch, mein Kind«, sagte er, »wir Männer aus der Wüste wissen eben, was wir tun.«

Fünf Minuten später erbrach das Schaf das Tonic Water und bekam starken Durchfall. Fünfzehn Minuten später war es tot. Mutter brachte die Schweinerei im Innenhof in Ordnung. Vater entsorgte die Leiche auf dem Brachgelände hinter dem Krankenhaus und kam mit einem winzigen Lamm zurück. Es war kaum größer als der Kopf unseres toten

Schafs, und nachdem wir es geschlachtet hatten, gab es nicht einmal genug Fleisch für unsere Familie. Wir behielten das ganze Lamm und gaben nichts an die Armen ab.

Danach ging Vater nie mehr arbeiten.

Seit Vater sich erleuchtet fühlte und glaubte, er sei der Schatten des Propheten, war in unserem Leben nichts mehr sicher. Mal war Vater guter Laune, und wir aßen leckere französische Croissants, die er bei seinen Betteltouren erbeutet hatte. Mal war er in einem Zustand, in dem jedes Wort zum Risiko wurde, auch wenn es nur geflüstert war.

Unser Haus war nie fertig gebaut worden, es war immer noch ein Rohbau. Wir hatten kein Geld mehr für das Dach, für Farben, für Fenster. Vater war mit anderen Dingen beschäftigt, er hielt sich als Schatten des Propheten auch für den Sonnenbeauftragten Allahs. Jetzt saß er nicht nur nachts auf unserem Dach, sondern auch tagsüber. Wie ein Fakir hatte er seine Beine gekreuzt, die Hände lagen in seinem Schoß, und sein Gesicht war zum Himmel gerichtet. Mit offenen Augen fixierte er die gleißende Sonnenscheibe über Agadir. Seine Haut trocknete zu einer harten Borke, aber aus seinen Augen floss ein Strom von Tränen. Tagelang saß Vater dort und beobachtete das Sonnengeflirr.

»Was machst du, Vater?«, fragten wir ihn. Er antwortete nicht. Er war beschäftigt. Als die Dämmerung hereinbrach, murmelte er: »Allah ist groß, er hat den Tag und die Nacht geschaffen. Ich trage wichtige Verantwortung. Ich bin der Tag. Denn nur im Sonnenlicht kann der Mensch den Schatten des Propheten sehen.«

Am nächsten Morgen besorgte sich Vater schwarze, glänzende Farbe. Er hatte das blaue Gewand der Wüstenbewohner abgelegt und trug nur noch Schwarz: dünne schwarze Hosen, einen schwarzen Kaftan, schwarze Schuhe, ein schwarzes Tuch um das Haar. Sein Bart war schwarz, seine Augen waren schwarz, und in der Erinnerung glaube ich gespürt zu haben, dass das Herz hinter seiner Brust auch schwarz und düster war.

Sidi Hussein hatte den Schuldbetrag für die Farbe und einen dicken Pinsel in seine Kladde eingetragen. Vater trug die Einkäufe in den Raum mit dem Fenster zur Schule, durch das das Sonnenlicht am Morgen als Erstes fiel. Kaum berührte der erste Strahl die weiße Zimmerwand, malte Vater einen glänzenden schwarzen Kreis, der das Sonnenlicht schluckte. Während die Sonne über das Firmament wanderte, ging Vater durch das Zimmer und hinterließ eine tropfende schwarze Spur an der Wand.

»Vater, was bedeutet das?«, fragte Jamila, meine vorlaute Schwester, die sich als Einzige von uns traute, Vater solche Fragen zu stellen.

»Siehst du das nicht, dummes Kind?«, fuhr Vater sie an. »Ich zwinge die Sonne, über den Himmel zu wandern. Wenn ich aufhöre, ihr Licht mit dem Pinsel zu schlucken, bleibt sie stehen. Dann verbrennt unsere Seite der Erde, und auf der anderen Seite beginnt die Eiszeit. Willst du das?«

»Nein«, sagte sie, »natürlich will ich das nicht, weil Mama und Mouna und Rabiaa und Jaber und Ouarda und Ouafa und Asia dann verbrennen müssen.«

»Siehst du«, sagte Vater, »deshalb ist meine Arbeit für uns Menschen so wichtig. Also geh zu den anderen und sage ihnen, dass ich essen möchte, wenn es dunkel wird. Bis dahin bin ich sehr beschäftigt.«

Jamila kam zu uns. Sie blickte sehr wichtig drein.

»Hast du ihn gefragt?«, wollte Jaber wissen.

Jamila nickte hoheitsvoll.

»Und was hat er gesagt?«

Jamila schwieg. Dann sagte sie in bedeutungsvollem Ton: »Papa rettet die ganze Welt.«

»Wie denn?«

»Er malt schwarze Farbe auf die Wand«, sagte Jamila.

»*Damit* kann man die Welt retten?«, meinte Jaber erstaunt.

»Natürlich, du dummer Junge«, sagte Jamila. »Es ist sogar die einzige Möglichkeit, um die Welt zu retten. Wenn Vater keine schwarze Farbe an die Wand malt, bleibt die Sonne stehen, und wir verbrennen, und auf der anderen Seite von der Welt ist alles Eis.«

»Eis?«, sagte Jaber. »Eis ist fast so lecker wie Hühnchen.« Noch immer liebte Jaber Hühnchen über alles.

»Dieses Eis meinen Vater und ich nicht«, sagte

Jamila oberlehrerhaft. »Wir meinen das böse Eis. Das ist ganz blau und grün und kalt, wie wenn es im Dezember regnet, aber dreimal so kalt.«

Wir waren sehr beeindruckt.

Vaters Herz und Vaters Gedanken wurden immer schwärzer. Alle anderen Farben waren plötzlich verboten. Vor allem Gelb.

Vater begann damit, gelbe Farbe aus Zeitschriften herauszuschneiden. Dann machte er sich an den Kleiderschränken zu schaffen und riss alle gelben Kleider von den Bügeln, warf sie in den Hof und verbrannte sie.

Wir spielten draußen auf der Straße, als wir die Rauchwolke aufsteigen sahen.

»Schau mal«, sagte Jamila. Sie trug ihr schönstes gelbes Kleid. Ein Traum von einem Kleid, alle Kinder in der Straße beneideten sie darum. Wenn die Sonne schien, leuchtete es wie eine Blume. Es war ein teures Kleid, ein Kleid aus der Zeit, als Vater noch arbeitete und Geld verdiente.

»Da ist ein Feuer!«, rief Rabiaa.

»Das Feuer ist bei uns im Hof«, sagte Jaber.

Ich sagte nichts, ich war noch zu klein.

»Lass uns mal gucken, was da los ist«, sagte Rabiaa.

Wir schlichen uns nach Hause, durch die blaue Tür, durch den kühlen, gefliesten Gang, in den Hof. An den Wänden waren Spuren von Vaters schwarzer Farbe. Mitten im Hof brannte ein Feuer. In seiner Hitze verzischten gelbe Blusen, gelbe Bücher warfen Blasen, gelbe Papierfetzen wurden von der Hitze in die Höhe gerissen und segelten an der Hofwand entlang wieder zurück zur Erde.

Mutter saß in der Küche und rezitierte Verse aus dem Koran.

»Er ist verrückt geworden«, murmelte sie, »er wird uns alle töten, Allah beschütze uns.«

Jamila drängelte sich nach vorn, um besser zu sehen. Dabei erweckte sie Vaters Aufmerksamkeit. Seine schwarzen Augen fixierten Jamila, die versuchte, sich in den Schatten des Ganges zurückzuziehen. Aber es war schon zu spät.

»Meine arme Tochter«, rief Vater, »dein Kleid ist des Teufels, ich werde dich befreien. Allah sei gnädig mit dir.«

Jamila war überrascht, sie wusste nicht, wie schlimm es um ihr Kleid stand. Vater nutzte die Überraschung aus, packte Jamila, riss ihr das Kleid vom Leib und warf es in die Flammen.

Von da an glaubte Jamila nicht mehr, dass Vater die Welt retten würde.

»Er hat mein Lieblingskleid verbrannt«, flüsterte sie nachts empört, als wir uns auf unseren Matten unter dünnen Decken zusammenkuschelten. Die Betten hatte Vater längst verkauft.

»Aber damit rettet er die Welt«, sagte Jaber.

»Papperlapapp«, erwiderte Jamila, »du darfst nicht alles glauben, was man dir erzählt.«

»Aber das hast du selbst gesagt«, murrte Jaber.

»Eben«, sagte Jamila. Und damit war das Gespräch beendet. Wir weinten noch ein wenig, weil Jamilas schönes Kleid verbrannt war und Vater die Welt doch nicht retten würde. Dann schlief ich an der Seite von Rabiaa ein. Fest drückte ich meinen kleinen Körper an ihren und atmete im Rhythmus ihres Herzschlags. Das beruhigte mich.

Rabiaa war meine Lieblingsschwester. Sie war so klug, dass sie schon mit fünf in die Schule kam. Ich bewunderte sie, weil sie alles wusste und weil sie so wichtige Bücher hatte. Ihr Lieblingsbuch war ein Schulbuch mit einem wunderbaren gelben Umschlag. Nach der Sache mit Jamilas Kleid war Rabiaa vorsichtig. Sie trug das gelbe Buch stets an ihrem Körper, und wenn sie es einmal zurücklassen musste, versteckte sie es im Haus.

»Du darfst nichts verraten«, sagte Rabiaa zu mir, als ich sie einmal dabei erwischte, wie sie das Buch im Kinderzimmer unter Kissen vergrub.

»Warum?«, fragte ich.

»Weil es gelb ist«, sagte Rabiaa.

»Aha«, erwiderte ich.

Eines Tages kam Rabiaa von Sidi Hussein zurück, wo sie etwas Brot gekauft hatte, und kontrollierte das Versteck ihres Buches.

Ihre Hand fuhr unter die Kissen – und ihr Gesicht erstarrte zu einer Fratze des Entsetzens.

»Das Buch«, stöhnte sie. »Es ist verschwunden.«

Dann nahm ihr Gesicht einen sehr entschlossenen und wütenden Ausdruck an. Ich mochte es nicht, wenn meine Schwester so böse aussah. Sie war zehn Jahre alt, ich war vier. Rabiaa war meine Beschützerin. Ich wollte, dass sie fröhlich war und mich zum Lachen brachte.

Aber jetzt war Rabiaa ganz anders. Sie war sauer. Sie stampfte aus dem Raum und suchte Vater.

Der war auf dem Dach. Im Hof glimmte das Feuer mit gelben Dingen, die Vater noch irgendwo im Haus gefunden hatte.

»Vater«, sagte Rabiaa, »Vater, wo ist mein Buch?« Ihre Stimme war scharf wie die Schneide des Messers, mit dem Mutter Fleisch zu zerteilen pflegte und das wir nie anfassen durften, weil es so gefährlich war.

»Ich weiß es nicht, meine Tochter.«

»Vater, du hast mein Buch verbrannt«, sagte Rabiaa – und jetzt klang ihre Stimme fast ein wenig hysterisch. Ich drückte mich in den Schatten der Treppe, von der aus ich Rabiaa und Vater beobachtete.

Er sagte nichts.

»Du hast mein Lieblingsbuch verbrannt.« Rabiaa schrie jetzt. Sie schlug mit den Fäusten auf Vater ein. »Du hast mein Buch verbrannt. Mein gelbes Buch. Mein Schulbuch. Du bist verrückt, Vater, das sagen auch die Leute in der Straße.«

Rabiaa weinte. Ich war ganz traurig, als ich sie so sah. Vater war sehr ruhig. Dann holte er aus und gab Rabiaa eine Ohrfeige. Es klatschte so laut, dass ich erschrocken die Luft durch die Zähne zog.

Klatsch! Es war wie ein Schock. Es war das erste Mal, dass Vater eines von uns Kindern schlug. Wir wussten, dass er Mutter nachts verprügelte, wenn er dachte, dass wir schliefen. Es waren stille, heimliche Schläge. Aber jetzt schlug er Rabiaa. Sein Kind. Meine Schwester. Das war neu.

Rabiaa hörte auf zu weinen. Ich glaube, sie hörte sogar auf zu atmen. Sie war ganz bleich und still.

Vater sagte: »Ich habe dein Buch nicht verbrannt. Es liegt auf dem Kühlschrank. Ich habe es im Kinderzimmer gefunden. Sag deiner Mutter, sie soll dir das gelbe Buch geben. Und jetzt, jetzt lass mich in Ruhe, Tochter.«

Ich weiß bis heute nicht, warum Rabiaas Buch der einzige gelbe Gegenstand in unserem Haus war, der Vaters Vernichtungsaktion überstand. Ich wollte ihn fragen. Aber als ich dazu in der Lage war, war es bereits zu spät. Da war Vater schon gestorben.

Vater wurde immer seltsamer. Einmal verlor er beim Angeln beide Schuhe. Barfuß kam er in schnellem Lauf zurück nach Hause. Als er bei unserem Haus ankam, stoppte er aber nicht, sondern rannte weiter, als werde er verfolgt.

Wir spielten vor der Haustür und sahen, wie Vater angelaufen kam. Ich weiß noch, wie wir uns freuten: Vater ist zurück! Umso enttäuschter waren wir, als er an uns vorbeiflitzte, ohne uns zu erkennen oder anzuhalten.

Rabiaa rannte Vater hinterher und zupfte ihn am Hemd: »Papa, wo gehst du hin?«

Vater blieb stehen und schaute sich verwirrt um.

»Papa, du hast keine Schuhe an«, sagte Rabiaa.

Vater betrachtete seine nackten, zerschundenen Füße.

»Weißt du, meine Tochter«, sagte er und strich Rabiaa liebevoll über das Haar, »die Schuhe habe ich beim Angeln verloren. Aber das macht nichts. Barfuß zu gehen ist ohnehin viel gesünder, als in Schuhen zu laufen.«

»Aber Papa«, sagte Rabiaa, »du bist an uns vorbeigerannt.«

»Ich weiß«, entgegnete Vater, »aber ich dachte, ich sollte mal ein bisschen Sport machen. Laufen soll sehr gesund sein. Deshalb bin ich hier so schnell vorbeigerannt.«

Rabiaa zog Vater zurück in unser Haus, und später entdeckte ich ihn, wie er in unserem Hof saß. Ein Häufchen Elend mit hängenden Schultern. Über seine Wangen liefen Tränen, und sein Schluchzen war so verzweifelt, dass ich es nicht wagte, zu ihm zu gehen und mich an ihn zu kuscheln.

Ganz allein saß Vater in unserem Hof. Allein mit seiner Verzweiflung. Allein mit seinem Wahnsinn. Es gab niemanden, der ihm helfen konnte. Und es gab keinen, der uns helfen wollte.

Auf der Straße begann Vater Selbstgespräche zu führen. »Ich bin der Schatten des Propheten, ich bewege die Sonne, haltet mich nicht auf!«

Barfuß schlurfte er über den glühenden Asphalt, ohne den Schmerz zu spüren. Wenn unsere Nachbarn ihm nahe kamen, spuckte er sie an. Die Kinder verhöhnten ihn.

»Herr Saillo ist verrückt geworden«, sangen sie und streckten ihm die Zunge heraus. Vater verfolgte sie und warf mit Steinen nach ihnen.

Eines Tages kam die Polizei. Die Beamten klopften an unsere Tür. »Sidi Saillo«, sagten sie, »die Menschen beschweren sich über Sie.«

Aber Vater konnte die Polizisten beruhigen. »Mit mir ist alles in Ordnung«, sagte er.

Die Polizisten hatten kein Interesse, der Sache weiter nachzugehen.

Dann begann Vater, sich zu bewaffnen. Er hatte ein riesiges, scharfes *jenoui*, das er nicht mehr aus der Hand legte. Mit diesem Messer schnitt er das Gras, das er rauchte. Nachts saß er in seinem Zimmer und warf das Messer gegen die Wand, dass es stecken blieb. Mutter musste zur Wand gehen und ihm das Messer zurückbringen.

Wenn wir Kinder uns auf unseren Matten aneinander kuschelten, hörten wir das dumpfe, aggressive Geräusch, wenn sich die Messerschneide in die Wand bohrte. Manchmal hörten wir seine Stimme; sie war so böse und kalt wie der Stahl des *jenoui*.

»Safia«, zischte Vater, »ich weiß genau, was hier gespielt wird. Glaubst du, ich sehe den Mann nicht, mit dem du mich betrügst? Er klettert über unser Dach und denkt, ich bemerke ihn nicht in der Dunkelheit, weil er so schwarz ist. Aber ich werde ihn erwischen, und ich werde ihn töten.«

»Houssein«, flehte Mutter, »werde vernünftig. Ich betrüge dich nicht. Ich darf das Haus ja gar nicht verlassen. Es gibt keinen schwarzen Mann. Du bist krank. Du musst zum Arzt gehen.«

Vater nahm sein *jenoui* und setzte es an Mutters Hals.

»Weib«, sagte er, »ich bin nicht krank. Ich bin der Schatten des Propheten. Ich habe eine Aufgabe zu erfüllen. Wer mich daran hindern will, wird sterben.«

Dann zog er die Klinge quer über Mutters Kehle. Es war kein tiefer Schnitt, aber Mutter blutete, dass ihr weißes Kleid rote Flecken bekam. Am nächsten Tag trug sie ein Tuch um den Hals, aber wir Kinder entdeckten die Wunde.

»Mama«, weinten wir, »was ist dir passiert?«

»Es ist nichts, meine geliebten Kinder«, sagte Mutter, »gar nichts, außer dass Vater uns alle töten wird.«

Unsere Nachbarn und die Polizei wussten, was bei uns los war. Aber niemand unternahm etwas. In Marokko denken die Menschen, dass Ehemänner über ihre Frauen und Kinder bestimmen können. Manchmal müssen Ehefrauen eben sterben. Hatte Allah nicht bestimmt, dass Männer über Frauen stehen? War der Prophet nicht ein Mann? Wenn Gott gewollt hätte, dass die Frauen Bedeutung haben, hätte er sich einer Frau geoffenbart. So dachten auch die Menschen in unserer Straße.

Eines Tages, ich war damals vier Jahre alt, hatte Vater einen offiziellen Brief dabei. »Safia«, sagte er, »das ist die Scheidung. Wir sind nicht mehr Frau und Mann. Ich bleibe hier mit den Kindern, dich schicke ich zurück in das Dorf deiner Eltern.«

In Marokko dürfen sich Männer dreimal scheiden lassen. Das ist noch heute so. Sie gehen zum Kadi, dem Richter, und er stellt die Scheidungsurkunde aus. Dann schicken sie ihre Frau zurück zu den Eltern. Und wenn sie wollen, holen sie die Ehefrau wieder zurück. Nach der dritten Scheidung, die der Kadi bestätigen muss, gibt es kein Zurück mehr. Die Kinder bleiben beim Vater. Nur Babys, die noch gestillt werden, dürfen bei der Mutter bleiben.

Mutter nahm ihre jüngste Tochter auf den Arm, meine Schwester Asia. Sie war erst ein paar Monate alt und in weiße Tücher gewickelt. Dann stieg sie in den Bus nach Süden. Mutter trug eine schwarze Dschellaba und den Schleier. Über der Schulter hatte sie ein weißes Tuch, in das sie ihre Habseligkeiten gebunden hatte.

Die Stufen des Busses waren sehr hoch. Mutter stand auf der obersten Stufe und ich im Staub der Straße an der untersten Stufe. Meine rechte Hand klammerte sich um Ouafas linke Hand.

»Mama, wo fährst du hin?«, rief ich.

»Ich fahre aufs Land«, flüsterte Mutter.

»Bitte nimm uns mit!«

»Das geht nicht. Geht nach Hause, meine Kinder. Bitte geht nach Hause.«

»Du sollst nicht weggehen!«

»Ich muss«, sagte sie. »Weint nicht. Ich bringe euch etwas Süßes mit, wenn ich zurückkomme. Aber geht jetzt. Ouarda-ti, nimm deine Schwester Ouafa an die Hand. Lass sie nicht mehr los. Bring sie nach Hause.«

»Ich lasse Ouafa nicht mehr los, Mama«, sagte ich. »Wenn du willst, halte ich sie immer fest und beschütze sie. Das verspreche ich dir beim Namen des Propheten.«

Sie winkte aus dem Busfenster. Ich stand mit Ouafa an der Straße hinter unserem Haus, als der Bus abfuhr. Ich sah nicht mehr, wie das Fahrzeug am Ende der Straße abbog, denn die Tränen verschleierten mir die Sicht.

Ich weinte, bis es dunkel wurde und meine Augen keine Tränen mehr hatten. Ich hielt Ouafa an der Hand, als wir nach Hause gingen. Das Haus war leer ohne Mutter. Und ich wusste, dass ich nun für meine kleine Schwester verantwortlich war. Für immer.

Seit diesem Tag habe ich Ouafa nicht mehr losgelassen. Ich hielt ihre kleine Hand in meiner kleinen Hand. Tagelang. Niemand konnte uns trennen. Unsere Finger verkrampften sich ineinander. Mein ganzer Arm tat weh. Aber ich ließ die zweijährige Ouafa nicht mehr los. Ich hatte es Mutter versprochen.

Ich weinte meine Tränen in den Fluss von Ouafas Tränen. Wir schliefen ein, unsere mageren Körper aneinander gepresst.

Mein Herz tat mir weh, wenn ich ihr schmutziges Gesicht sah, in dem Tränen ihre Spuren gezogen hatten.

Vater kümmerte sich nicht mehr um uns. Er war selten zu Hause. Manchmal übernachtete er auf der Straße. Manchmal ging er zu Fuß die achtzig Kilometer bis Tiznit, wo sein Vater wohnte. Dann kam er wieder, voll mit Drogen, mit roten Augen, erschöpft, verdreckt und stinkend.

Wir waren allein. Sechs Kinder zwischen zwei und zwölf Jahren.

»Warum kommt Mama nicht mehr zu uns zurück?«, fragte ich. »Liebt sie uns nicht mehr?«

»Natürlich liebt sie uns«, sagte Rabiaa, die Klügste von uns Kindern. »Aber sie musste gehen, weil Papa die Scheidung wollte.«

»Was ist die Scheidung?«, fragte ich.

»Scheidung ist, wenn ein Mann seine Frau nicht mehr will.«

»Will Papa Mama nicht mehr?«

»Nein. Er ist verrückt geworden, das weißt du doch.«

Ich sagte nichts. Ich weinte. Meine Mutter: verschwunden, unerreichbar. Mein Vater: verrückt geworden, unerreichbar. Ich fühlte mich verloren in einer Welt des Unglücks.

Das Haus war eine Baustelle. Im Hof roch es nach Feuer, weil keiner den Scheiterhaufen beseitigte, den Vater angelegt hatte. Wasser und Strom waren abgestellt. Die Haustür ließ sich nicht mehr schließen. Wir waren schmutzig, unsere Kleider stanken, unsere Haare waren weiß von den Nissen der Läuse, die uns quälten. Nachts schliefen wir auf Pappkartons, die Rabiaa irgendwo organisiert hatte. Vater hatte alle Möbel verkauft. Auch die Matratzen, Teppiche und Decken.

Die Verkünderin

Ich weiß noch genau, wie ich ausgesehen habe: ein kleines, schmutziges Mädchen mit aufgeschlagenen Knien in einem dreckigen, zerrissenen Kleidchen. Ich hatte keine Schuhe, und dicke Hornhaut bildete tiefe Schrunden. Meine Nase lief, meine Augen waren riesig in dem abgemagerten Gesicht. Meine Haut war dunkel von den Stunden in der Sonne, in denen ich für meine Geschwister und mich auf der Straße nach etwas Essbarem suchte. Wir aßen den Müll, den andere weggeworfen hatten.

Manchmal kletterten Nachbarn auf unser Dach, wenn sie sahen, dass Vater das Haus verlassen hatte, und warfen Brot in unser Treppenhaus. Heimlich brachen wir es in Stücke und schluckten es schnell.

Am schönsten war es, wenn wir unsere Nachbarin Fatima Marrakschia, Fatima aus Marrakesch, besuchen durften. Sie war die Mutter von Hayat, meiner besten Freundin. Ich mochte die Marrakschia gern, obwohl sie seltsame Dinge tat.

Sie hatte im Erdgeschoss ihres Hauses einen Raum eingerichtet, in dem sie arbeitete. Lala Fatima war Wahrsagerin. Auf einem Tischchen lagen Karten bereit, daneben stand eine Schüssel mit Wasser, in das sie geschmolzenes Blei träufelte. Aus den Karten und dem erstarrten Blei konnte sie die Zukunft vorhersagen.

Wenn eine der Frauen aus unserer Nachbarschaft ein Problem hatte, steckte sie ein paar Dirham und ein Fläschchen Olivenöl ein und ging zur Marrakschia. Diese saß in ihrem Zimmer und legte sich schnell ein Bein um den Hals, um zu zeigen, wie außerordentlich beweglich sie war.

Ich fand das komisch und sagte: »Lala Fatima, bitte mach das Bein wieder runter.«

Dann nahm die Marrakschia das Bein wieder herunter. Danach spreizte sie die Finger auf dem Tisch und stieß mit rasender Geschwindigkeit ein Messer zwischen die Finger. Mir erschien das sehr gefährlich, und vor lauter Ehrfurcht sagte ich kein Wort und hoffte nur, dass sie bald mit dieser Sache aufhören würde.

Wenn die Frauen aus der Nachbarschaft ihr etwas Geld gegeben hatten, damit die übersinnlichen Kräfte ihr auch tatsächlich zur Verfügung standen, gab sie den Frauen ein Stück Blei in die Hand, und die Frauen mussten es unter großen Verrenkungen um ihren ganzen Körper führen: eine Runde um den Kopf, über die Schultern, den Oberkörper, rund um die Hüften und Oberschenkel und hinunter bis zu den Füßen. Dazu rezitierten sie leise Verse aus dem Koran:

»Unser Herr, strafe uns nicht für Vergesslichkeit oder Sünde! Unser Herr, lege uns nicht eine Last auf, wie Du sie den Früheren auflegtest! Unser Herr, lass uns nicht tragen, wozu unsere Kraft nicht ausreicht; und vergib uns und verzeihe uns und erbarme Dich unser. Amen.«

Wenn sie damit fertig waren, legte die Marrakschia das Blei in eine Schüssel mit lauter Kerzenstummeln, die sie anzündete und in der Schüssel kokeln ließ, bis Blei und Wachs zu einem Brei geschmolzen waren.

Unterdessen hatten sich ihre Kundinnen eine Decke über den Kopf gelegt, und die Marrakschia stellte die Schüssel mit kaltem Wasser auf den Kopf. Das fand ich sehr komisch: dicke Frauen mit einem Tuch über dem Kopf, auf dem eine Wasserschüssel steht. Einmal kicherte ich so laut, als ich durch den Türspalt linste, dass die Marrakschia ganz böse wurde und mich mit einer Verwünschung verscheuchte.

Wenn ihre Kundinnen die Wasserschüssel auf dem verhüllten Kopf balancierten, rief die Marrakschia laut: *bism'illah*, »im Namen Allahs, des Barmherzigen« – und kippte den Bleibrei in die Wasserschüssel.

Es zischte und gurgelte in der Schüssel, und die Frauen unter der Decke sagten inbrünstig: *al hamdu li-ilahi*, »Lobpreis sei Allah«. Erst dann durften sie unter der Decke hervorkommen.

Die Marrakschia hielt inzwischen schon das erste Bleistück in der Hand. Ihr Blick wurde wild, ihre

Stimme auch, sie entdeckte fast immer Katastrophen, Kummer, Chaos.

»Beim Namen des Propheten«, rief sie, »das sieht nicht gut aus. Unheil! Krankheit! Gebrechen!«

Oder: »Siehst du das, meine Liebe: Zwei Männer kämpfen um dein Herz. Das wird böse enden. Ich sehe Blut. Viel Blut.«

Oder düster: »In unserer Straße wird noch ein großes Unglück geschehen. Ich sehe ein Messer, Flammen, Rauch.«

Das sagte sie einmal zu Mutter. Aber Mutter glaubte nicht an Wahrsagerei. Als *sherifa*, einer direkten Nachkommin des Propheten, musste sie über solchem Hokuspokus stehen.

Nachdem die Marrakschia ihre Katastrophen verkündet hatte, präsentierte sie die Lösung: Kräuter gegen Liebesleid, Alaun gegen böse Geister, Koran-Suren gegen alles. Die Frauen, die zur Marrakschia gingen, verließen sie mit einem guten Gefühl. Sie ersetzte in unserer Straße den Sozialarbeiter, Psychologen und auch den Arzt.

Mir war das Zimmer im Erdgeschoss der Marrakschia ein bisschen unheimlich. Ich wagte nur, durch den Türspalt zu spitzen. Aber uns Kindern sagte sie nicht die Zukunft voraus. Sie gab uns zu essen. Sie träufelte Olivenöl auf ein altes Stück Brot. Das war in diesen schlechten Tagen ein Festmahl für uns.

In jener Zeit begann etwas, was mir sehr unangenehm war. Meine Kaumuskeln gehorchten mir nicht mehr. Wenn ich in das Brot biss, knirschten meine Zähne, dass alle erschraken.

»Bitte«, flüsterte ich, »macht keine Geräusche.«

Es nützte nichts. Meine Zähne rieben mit einem schrecklichen Knirschen aufeinander, wenn ich in Fatimas Brot biss. Alle guckten mich an, aber niemand sagte etwas. Später hörte das Knirschen beim Essen von allein wieder auf.

Zu Hause hatte Rabiaa Mutters Rolle übernommen, obwohl sie erst zehn Jahre alt war. Sie sagte: »Habt keine Angst, ich kann alles, was Mutter konnte. Ich habe ihr so viel bei der Hausarbeit geholfen, dass ich fast so gut bin wie sie.«

Ich glaubte ihr nicht, aber es beruhigte mich trotzdem sehr.

Rabiaa nahm ihre neue Rolle sehr ernst. Sie stand schon um sechs Uhr auf, machte sich fertig, buk Brot für uns, wenn wir Mehl hatten, und ging zur Schule. In der Pause um zehn Uhr flitzte sie zurück zu unserem Haus, weckte Mouna und Jamila, gab ihnen etwas Brot und schickte sie ebenfalls zur Schule.

Das Brot von Rabiaa war allerdings ganz anders als das Brot, das wir von Mutter gewohnt waren. Es war außen hart wie Stein, innen aber teigig. Wir aßen es trotzdem mit Genuss. Das hatte einen einfachen Grund: Es gab nichts anderes.

Wir Mädchen ließen uns nichts anmerken. Meine Zähne knirschten so laut, wenn ich in Rabiaas hartes Brot biss, dass man es bestimmt bis zur Kreuzung hören konnte. Aber ich sagte: »Mmh, Rabiaa, dein Brot ist so lecker.«

Alle anderen lobten Rabiaa auch, nur Jaber meckerte: »Immer nur Brot. Ich will wieder Hühnchen haben wie früher. Und außerdem ist das Brot innen ganz schleimig.«

Dann weinte Rabiaa, und wir streichelten und küssten sie. Dass wir uns so nahe waren, gab uns die Kraft, den Tag zu überstehen und auch die Nacht.

Wie stark wir unter Druck standen, zeigt eine andere unangenehme Eigenschaft, die wir alle annahmen: Wir machten ins Bett. Wenn wir uns nachts auf den Pappkartons zusammenkuschelten, wurde es uns erst ganz warm vor lauter Pipi – und später kalt und klamm. Am nächsten Morgen legten wir einfach die Pappe in den Hof, und die Sonne trocknete den Urin unserer Verzweiflung, mit dem sie getränkt war.

Der Fluch des Messers

Im Frühjahr 1979 entschloss sich Vater, Mutter und Asia zurückzuholen. Weil er das Auto schon längst verkauft hatte, machte er sich zu Fuß auf den Weg nach E-Dirh. Er trug wieder das blaue Gewand der Männer aus der Sahara, unter dem er sein großes Messer verbergen konnte, ohne das er seit einiger Zeit keinen Schritt mehr tat.

Selbst zu Hause hatte er das *jenoui* immer bei sich. Er warf es gegen die Wand, die schon ganz verkratzt war, er schärfte es mit einem Stein, er fuhr vorsichtig mit dem Daumen über die Schneide, um zu prüfen, in welchem Zustand es war.

Ich mochte das Messer nicht, weil Vater damit Mutter verletzt hatte. Ich konnte nicht vergessen, wie Mutters weißes Kleid mit ihrem Blut verschmiert war, nachdem Vater ihr mit dem *jenoui* einen Schnitt am Hals beigebracht und wie er sie dann aus dem Haus gejagt hatte.

Vater erreichte Tiznit, die Stadt im Süden, nach drei Tagen. Von dort wanderte er die Landstraße entlang bis zum ausgetrockneten Oued Oudou. Dann bog er rechts ab in die Wüste, passierte die Brunnen an der Piste und erreichte E-Dirh in der Glut der Mittagshitze.

Er klopfte an die Haustür meiner Großmutter, bei der Mutter mit Asia Unterkunft gefunden hatte.

»Macht auf!«, rief Vater. »Ich bin Houssein Saillo. Ich möchte meine Tochter Asia sehen.«

Mutter und Großmutter besprachen sich flüsternd mit Mutters Bruder Ibrahim, der nach Großvaters Tod der Mann im Hause war.

»Ich möchte ihm Asia nicht geben«, sagte Mutter. »Er ist wahnsinnig.«

»Aber er ist der Vater deines Kindes«, sagte Khali Ibrahim, »er hat ein Recht, seine Tochter zu sehen.«

Vater trommelte mit den Fäusten gegen die Tür. Großmutter versuchte, ihn vom Fenster über der Tür aus zu sehen. Aber er stand zu nahe an der Hauswand.

»Tochter«, sagte Großmutter schließlich, »ich glaube, Ibrahim hat Recht. Du musst ihm Asia geben. Er wird ihr nichts tun. Dein Mann liebt seine Kinder. Sonst hätte er den anderen Kindern, die mit ihm in Agadir sind, längst etwas angetan.«

Schließlich nahm Onkel Ibrahim Asia an die Hand und ging mit ihr vom ersten Innenhof durch den kühlen Gang zur Haustür.

»Houssein«, sagte Khali Ibrahim, »du darfst unser Haus nicht betreten, Safia hat Angst vor dir, du hast Leid über unsere Familie gebracht. Aber wir vertrauen dir Asia an. Für drei Stunden. Du musst sie pünktlich zurückbringen, sonst wirst du deine jüngste Tochter nie wiedersehen.«

Asia war keine zwei Jahre alt. Ein kleines Mädchen mit dunklen Augen, hellen Haaren und heller Haut. Sie kannte den fremden Mann in dem blauen Gewand kaum, der ihr Vater war.

Ängstlich nahm sie seine Hand. Zärtlich streichelte er ihr über den Kopf. Dann stieg er den Berg hinter dem Dorf hinauf bis zu dem Kamm, von wo aus man ins nächste Tal schauen konnte. Dort setzte er sich mit Asia auf einen großen Stein.

»Wie geht es deiner Mama?«, fragte er immer wieder. Daran erinnert sich Asia noch. Dabei schärfte er das *jenoui* an dem Stein, auf dem sie saßen.

Asia fragte: »Papa, was ist das für ein Messer?«

An die Antwort kann sie sich nicht mehr erinnern. Sie weiß nur noch, dass Vater die ganze Zeit, in der er mit ihr auf dem Stein saß, das *jenoui* in der Hand hielt.

Nach drei Stunden brachte Vater Asia zum Haus meiner Großmutter zurück.

Am nächsten Tag lauerte er Onkel Ibrahim vor der Schule in Tiznit auf, in der dieser unterrichtete.

»Ich möchte meine Frau nach Hause holen«, sagte Vater.

»Ich glaube, das ist nicht möglich. Sie möchte nicht mehr zu dir zurückkehren«, sagte Khali Ibrahim.

»Aber sie ist meine Frau, und du bist ihr Bruder. Befiehl es ihr!«, forderte Vater.

»Ich kann es ihr nicht befehlen«, antwortete Khali Ibrahim, »weil ich selbst dagegen bin. Du bist kein guter Mann für meine Schwester. Du bist gefährlich. Vielleicht bist du verrückt. Du hast versucht, sie zu töten. Ich habe die Narbe an ihrem Hals gesehen. Bitte verlass diesen Ort. Allah beschütze dich.«

Vater brauchte ein paar Sekunden, um diese Nachricht zu verarbeiten. Er atmete flach, seine Augen verengten sich, sein Gesicht veränderte sich. Jetzt war es eine Fratze der Wut, der Verzweiflung, des Wahnsinns.

Onkel Ibrahim trat einen Schritt zurück. Denn plötzlich hatte Vater sein *jenoui* in der Hand. Die lange, scharfe Klinge blitzte im Licht der Sonne.

Er zischte: »Du wirst mir meine Frau geben. Oder du musst sterben.«

Onkel Ibrahim war vor Schreck zunächst wie erstarrt. Als sich Vater aber auf ihn zubewegte, begann Onkel Ibrahim zu rennen. Er rannte um sein Leben. Er rannte durch den Schulhof hinaus auf die Straße und die Straße entlang, über die Kreuzung und auf die nächste Straße und immer weiter. Vater verfolgte ihn mit seinem *jenoui*.

Er fluchte und bedrohte ihn: »Ich werde dich töten, ich werde euch alle töten. Ich werde deine Familie auslöschen.«

Die Leute auf der Straße wichen zurück, und Onkel Ibrahim rannte in seiner Lehrer-Dschellaba durch den halben Ort, Vater in seinem wehenden blauen Wüstengewand hinterher. Dabei fuchtelte er so wild mit dem großen Messer, dass er manchmal ins Straucheln geriet.

Noch heute erzählen die alten Männer auf dem Marktplatz von dieser Verfolgungsjagd. Der Name Saillo hat in Tiznit keinen guten Ruf.

Schließlich gab Vater auf. Onkel Ibrahim war schneller und hatte sich in den engen Gassen hinter dem Souk versteckt.

Anscheinend beruhigte sich Vater wieder, denn er verließ Tiznit, ohne E-Dirh noch einmal zu besuchen. Ohne Mutter und ohne Asia kehrte er nach Agadir zurück.

Er blieb nicht lange bei uns. Er nahm Jaber, der damals sechs war, und verließ unser Haus. Er sagte uns nicht, wohin er gehen wollte. Er sagte uns nicht *bislama*, auf Wiedersehen. Er verschwand einfach mit seinem Sohn. Wir Mädchen blieben allein in Agadir.

Die Nachbarn halfen uns zu überleben. Sie gaben uns Brot und Wasser und manchmal auch ein Kännchen Olivenöl oder Milch für die Kleinen. Weil Vater weg war, wagten sie es, an unsere Tür zu kommen. Soweit ich mich erinnern kann, scheuten sich aber alle, unser Haus zu betreten, in dem wir zunehmend verwahrlosten.

Sechs Wochen später kamen Vater und Jaber zurück. Wir erkannten sie kaum. Vater trug einen Krankenhaus-Pyjama und war völlig abgemagert. Jaber war so dünn, dass die Enden seiner Rippen fast die Haut durchstießen.

Vater war unansprechbar. Jaber erzählte uns, was passiert war.

Zu Fuß und als Mitfahrer in Lastwagen hatten sich die beiden auf den Weg nach Algerien gemacht. Vater hatte beschlossen, sich der Frente Polisario anzuschließen, der Befreiungsfront für die Westsahara. Jaber wusste alles über die Frente Polisario, Vater hatte ihm auf der langen Reise unaufhörlich davon erzählt.

Die Frente Polisario wurde 1975 von Saharouis gegründet, den stolzen Männern der Wüste, wie mein Vater einer war. Zunächst kämpften sie gegen die spanische Kolonialherrschaft, dann gegen Marokko und Mauretanien um die Unabhängigkeit ihres Volkes. Etwa zehntausend Männer hatten sich ihren Truppen angeschlossen. Und Vater wollte dazugehören.

Vater und Jaber erreichten die Grenze nach Algerien, wo die Frente Polisario ihr Hauptquartier aufgeschlagen hatte. Aber den Grenzpolizisten fiel das ungleiche Paar auf. Sie verhörten Vater und brachten ihn dann sofort in ein Krankenhaus für psychisch gestörte Menschen. Jaber wurde bei einer Pflegefamilie untergebracht.

In der Klinik wurde Vater mit Medikamenten ruhig gestellt. Offenbar hatten die Ärzte aber nicht darauf geachtet, ob er seine Arznei auch wirklich einnahm. Jedenfalls gelang ihm nach ein paar Wochen die Flucht aus der geschlossenen Anstalt. Mitten in der Nacht drang er in die Wohnung der Pflegefamilie ein, schnappte sich Jaber und reiste mit ihm zurück nach Agadir.

Das Frente-Polisario-Abenteuer war für Vater zu Ende. Aber es half ihm zu erkennen, dass er schwer krank war. Doch dadurch änderte sich für uns nichts; es wurde eher schlimmer. Als er zurückkam, fand er uns verschmutzt und verzweifelt zusammengekauert in einer Ecke des Schlafzimmers im Erdgeschoss.

Am nächsten Tag stand er hohlwangig vor uns und verkündete mit fiebrig glänzenden Augen: »Kinder, ich werde den Kühlschrank verkaufen.«

Uns war das egal. Der Kühlschrank funktionierte schon lange nicht mehr, weil wir keinen Strom hatten. Und selbst wenn wir Strom gehabt hätten, wir hätten nichts gehabt, was in den Kühlschrank gehörte.

»Und wenn der Kühlschrank verkauft ist«, sagte Vater, »nehmen wir das Geld und fahren damit alle zusammen nach E-Dirh. Wir werden Mutter nach Agadir zurückholen. Das verspreche ich euch, so wahr mir Allah helfe.«

Als wir uns in dieser Nacht auf unseren Pappkartons aneinander kuschelten, weinten wir. Aber zum ersten Mal seit langer Zeit flossen unsere Tränen nicht aus Verzweiflung, Angst und Trauer, sondern aus Erleichterung. Wir weinten, weil Vater versprochen hatte, Mutter zurückzuholen. Wir weinten, weil wir wieder Hoffnung schöpften. Hoffnung auf ein ganz normales Leben.

Am nächsten Tag stieg Vater mit uns in den Bus. Er saß mit Jaber auf einer Bank. Ich nahm Ouafa auf den Schoß und drückte mich an Rabiaa. Mouna und Jamila saßen auf der anderen Seite des Gangs. In Tiznit stiegen wir in den kleinen Bus von Monsieur »Autobus« um, der uns nach E-Dirh brachte.

Der felsige Weg vom Tal hinauf zum Haus meiner Großmutter kam uns endlos vor. Vater ging voraus, wir folgten ihm in der Reihenfolge unserer Körpergröße. Vor Großmutters Haustür hielt unsere Prozession.

»Setzt euch hin«, sagte Vater, »sagt nichts. Ich kümmere mich um alles.«

Wir setzten uns in den Staub vor Großmutters Tür. Vater kam mir sehr groß und stark vor, als er zur Tür ging, seine Faust erhob und dreimal laut und deutlich gegen das Holz schlug. Mein Herz klopfte fast so laut wie seine Schläge. Hinter dieser Tür war meine Mutter. Vater würde sie holen. Wir würden ihr in die Arme fallen, sie würde uns küssen und leise mit uns reden, dann würde sie ihre Sachen packen, Asia auf den Arm nehmen und mit uns in den Bus steigen. Nach Agadir. Nach Hause. Eine ganz normale Familie. Eine glückliche Familie.

Aber die Tür öffnete sich nicht. Wir saßen im Staub und warteten. Wir warteten fünf Minuten, die mir wie eine Stunde vorkamen. Wir warteten zehn Minuten, für mich war es ein halber Tag. Wir warteten fünfzehn Minuten, und es kam mir unendlich lange vor. Ich wollte nicht weinen, aber die Tränen hielten sich nicht an meine Wünsche. Sie zeichneten Spuren in den Staub auf meinen Wangen. Ich schluchzte. Und nachdem es mir einen kurzen Moment gelungen war, das Schluchzen zu unterdrücken, liefen die Tränen trotzdem weiter. Alle meine Geschwister weinten. Ouafa, Jaber, Jamila, Rabiaa und Mouna saßen neben mir, sechs Häufchen Elend. Nur Vater stand aufrecht vor uns. Er hatte sein Gesicht der Tür am Haus der Großmutter zugewandt, wir konnten es nicht sehen.

Deshalb traf es uns unvorbereitet, als Vater zu heulen begann. Ein langer, schrecklicher Klagelaut war es. Es war schwer zu verstehen, was er rief. Aber ich vermute, er rief den Namen meiner Mutter: »Safia! Safiaaaaa!« Es war das unheimlichste Geräusch, das ich je gehört hatte. Furchtbarer als das Geräusch des *jenoui*, wenn Vater es zu Hause gegen die Wand warf. Furchtbarer als das dumpfe Geräusch der Schläge, wenn er Mutter nachts heimlich verprügelte.

Das Heulen meines Vaters füllte das ganze Tal, die Wüste, es erreichte wahrscheinlich sogar den Bergkamm hoch über E-Dirh. Ich hatte das Gefühl, dass dieses Heulen die ganze Welt erfüllte. Es war der Ton des Schmerzes, der Trauer, der Verzweiflung. Es füllte mein Herz mit Kälte, ließ meine Tränen versiegen, und die winzigen Haare auf meinen Armen richteten sich auf.

Das ganze Dorf lief zusammen. Schweigend standen die Menschen hinter uns und beobachteten, was geschah.

Vater schlug nun seinen Kopf gegen die Tür. Ein rhythmisches Geräusch, unerbittlich in seiner Wiederkehr. Dabei stammelte er: »Safia, meine geliebte Frau. Komm zurück zu mir und unseren unschuldigen Kindern. Ich brauche dich, du bist mein Gott, verzeihe mir.«

Plötzlich ging die Tür auf, Onkel Ibrahim stand im Türrahmen. Wir warteten nicht ab, was nun geschehen würde. Wir rannten zwischen den Beinen des Vaters und des Onkels hindurch, durch den dunklen kühlen Gang in den Hof. Und da saß sie, unsere Mutter, ebenfalls tränenüberströmt, Asia neben sich. Wir stürzten uns auf unsere Mutter, wir umarmten sie, wir streichelten sie, wir rochen ihren süßen Duft, fühlten ihre weiche Haut, wir weinten in ihren Armen.

Ich erinnere mich, dass ich meine kleine Schwester Asia sehr schön fand, so dick, so sauber. Wahrscheinlich lag das daran, dass wir anderen Kinder im Gegensatz zu ihr abgemagert und schmutzig waren.

Rabiaa, die Vernünftige, fing sich als Erste. Sie betrachtete Mutter. Dann sagte sie: »Mama, bist du wieder schwanger? Das darfst du nicht sein. Mama, bitte sag mir, dass es nicht stimmt.«

Mutter sagte nichts. Sie war schwanger – schwanger mit dem Kind, das schon bald mit ihr zusammen sterben sollte, noch bevor es geboren war.

Draußen verhandelten Vater und Khali Ibrahim. Der Onkel forderte von Vater, dass er mit ihm zum Kadi gehe, wenn er seine Frau zurückholen wolle. Vater stimmte zu.

Die Erwachsenen machten sich in Begleitung der Dorfältesten auf den Weg nach Tiznit zum Gericht. Wir Kinder blieben bei Khalti Kelthoum. Der Onkel war sich sicher, dass kein Kadi der Welt eine Frau zwingen würde, zu diesem verzweifelten, verwirrten Mann zurückzukehren. Er rechnete fest damit, dass er die dritte und endgültige Scheidung aussprechen würde.

Aber Onkel Ibrahim hatte Vater unterschätzt. Vater erwies sich vor dem Kadi als vernünftig und verantwortungsbewusst. Er hatte durch den Verkauf unseres Kühlschranks sogar das Geld, um den Richter angemessen zu entlohnen. Der Kadi entschied, dass

Vater ein guter Ehemann sei, er habe das Stadium der Verwirrtheit überwunden. Er sei nun bereit, seine Frau zurückzuholen und einer Familie vorzustehen, wie es sich gehöre.

»*Sherifa*«, sagte der Kadi zu meiner Mutter, »ich verkünde hiermit, dass du mit diesem Mann zu deinen Kindern zurückkehren sollst. Er ist ein guter und kluger Mann. Er hat Fehler gemacht und daraus gelernt. Sollte es wieder irgendeinen Grund zur Klage geben, komme zu mir, ich werde dich beschützen und, wenn es sein muss, die endgültige Scheidung aussprechen.«

Auch die Dorfälteste schlug sich auf Vaters Seite. Mutter packte in E-Dirh ihre wenigen Habseligkeiten zusammen, verabschiedete sich von ihrer Familie, nahm Asia an die Hand und stieg mit uns in den Bus nach Agadir.

Sie sollte nie mehr in ihr Heimatdorf zurückkehren.

Mutter kam zurück in ein Haus, das kein Zuhause mehr war. Eine Ruine, verschmutzt, verwahrlost, ohne Möbel. Mühsam gelang es ihr zusammen mit unserer Nachbarin Fatima Marrakschia, das Haus einigermaßen bewohnbar zu machen. Zwei Tage lang scheuerten die beiden Frauen den Boden, die Wände, die Fliesen. Sie schrubbten die Fenster, räumten den Müll weg und wuschen alle Kleidungsstücke auf dem Waschbrett über dem Blechzuber im Hof. Auf dem Dach wurden Leinen gespannt, um die Wäsche zu trocknen. Das ganze Haus roch nach Kernseife, Chlorreiniger und Sauberkeit.

Irgendwie gelang es unseren Eltern, ein Bett und ein paar Möbelstücke aufzutreiben. Vater ging mit dem letzten Geld vom Kühlschrank einkaufen. Er kehrte mit Bergen von Obst, Gemüse und sogar einem fetten Stück Lamm zurück. Es war so viel, dass er ein Taxi nehmen musste, um alles zu transportieren.

Am Abend bereitete Mutter eine Mahlzeit zu, und durch unser Haus zog ein Duft, den wir schon lange nicht mehr gerochen hatten. Wir Kinder lungerten in der Küche herum. Wir wollten Mutter nahe sein – und all den Nahrungsmitteln, die wir so vermisst hatten.

»Gibt es auch Hühnchen?«, fragte Jaber hoffnungsvoll.

»Sei froh, dass du überhaupt etwas kriegst«, antwortete Rabiaa.

Am Abend war auch Jaber mit dem Lamm-Tajine zufrieden, den Mutter zubereitet hatte. Es ist eines der traditionellen Gerichte Marokkos: eine Art Eintopf, serviert in einem tönernen Gefäß. Dazu gibt es frisch gebackenes Fladenbrot aus Hefeteig. Wir aßen mit den Fingern und hörten nicht eher auf, bis wir zu platzen drohten.

Unser Leben begann sich zu normalisieren. Rabiaa, Jaber, Jamila und Mouna gingen zur Schule. Ouafa und ich besuchten die Koran-Schule.

Sie lag in der Parallelstraße neben dem öffentlichen Ofen, in dem die Leute, die selbst keinen Herd hatten, ihr Brot buken. Vorsteher der Koran-Schule war ein Mann mit imposanter Nase und großen Ohren. Ich weiß nicht mehr, wie er wirklich hieß, aber wir nannten ihn in der Berbersprache *talib bi'msgan*, »Lehrer mit den großen Ohren«.

Der *talib* hatte im Erdgeschoss seines Hauses ein Schulzimmer eingerichtet. Er unterrichtete Kindergartenkinder, indem er ihnen einige Buchstaben beibrachte, insbesondere mussten wir aber Suren aus dem Koran lernen.

Ich hasste den *talib* und seinen Unterricht, weil er sehr streng war. Der *talib* saß auf einem großen Kissen an der Stirnwand des Raums. Sein Kopf war von einem bunten, kleinen Hut bedeckt, er trug eine hellbraune Dschellaba. In der Hand hielt er einen meterlangen Bambusstock, mit dem er die Kinder schlug, die ihm nicht aufmerksam genug erschienen.

Vor dem *talib* saßen viele Kinder auf Schilfmatten. Ich glaube, es waren mindestens vierzig. Wir drängten uns Schulter an Schulter nebeneinander auf diesen Matten.

Es war sehr unbequem. Bei Unterrichtsende hatte sich das Muster der Schilfmatten in unsere Beine gedrückt.

Ouafa flüsterte: »Ouarda, ich kann nicht mehr sitzen.«

Unauffällig versuchte ich, meine kleine Hand unter ihren Fuß zu schieben, damit sich das Schilf nicht so schmerzhaft in ihre feine Haut drückte.

Zack! Der *talib* hatte es bemerkt, sein Bambusstock knallte auf meinen Kopf. Sofort fiel ich wieder ein in das Gemurmel der Sure 107 *Al-Ma'un*, »Die Hilfeleistung«:

»Im Namen Allahs, des Allerbarmers, des Barmherzigen. Hast du den gesehen, der das Gericht leugnet? Das ist der, der die Waise wegstößt und nicht zur Speisung des Armen ansporntt. Wehe denjenigen Betenden, die bei der Verrichtung ihres Gebets nachlässig sind, die nur dabei gesehen werden wollen und die Hilfeleistung verweigern.«

Laut sprach ich diese Verse, weil ich den *talib* nicht mochte. Hatte er nicht am letzten Freitag von der Nachbarin kurz vor dem Mittagsgebet *salat al-djum'a* eine große Schale Kuskus (Couscous), ein Griesgericht mit dicken Fleischstücken bekommen? Hatten wir nicht alle gedacht, dass nun ein schöner Genuss auf uns wartet? Und hatte er uns, die Armen, nicht furchtbar gedemütigt?

»Gebt das den Kindern, Sidi *talib*!«, sagte die Nachbarin. »Der Koran sagt, dass gerade sie unsere mildtätigen Gaben verdienen, weil sie sie reinen Herzens aufnehmen.«

Der *talib* bedankte sich und stellte die große hölzerne Schale mit einem Berg von dampfendem Kuskus vor sich. Uns Kindern lief das Wasser im Mund zusammen, als der Duft des Gerichts durch den Raum zog.

»Boah«, sagte Ouafa, »*sadakah* kommt heute.«

Sadakah ist die mildtätige Freitagsgabe, die wohlhabende Moslems ihren armen Mitbrüdern bescheren. Der Freitag war der Tag, an dem wir auch in den schlimmsten Zeiten immer satt wurden. Wir gingen durch unsere Straße und schauten, ob irgendjemand Essen vor die Haustür gestellt hatte.

»Kommt nach vorn«, rief der *talib*, »einer nach dem anderen!«

Wir stellten uns vor ihm auf, die Hände geöffnet. Er nahm einen Löffel Kuskus, entfernte sorgsam alles Fleisch, das er für sich behalten wollte, und klatschte den trockenen Gries in die Handflächen seiner Schüler. Schnell rannten die Kinder, die vor mir standen, mit ihrem Kuskus zurück zu ihrem Platz auf der Schilfmatte. Ich wunderte mich, warum manche der Kinder weinten.

Aber dann war ich an der Reihe. Ich öffnete meine kleine Hand. Der *talib* mit den langen Ohren nahm seinen Löffel. Er formte eine Kugel aus dem dampfenden, duftenden Kuskus und knallte sie mir dann in meine Hand.

Die Hitze brannte sich sofort durch meine Haut. Es war so heiß, dass Tränen in meine Augen traten. Ich überlegte, ob ich die Kuskus-Kugel von einer Hand in die andere werfen sollte, um den Schmerz zu lindern. Aber dann sah ich den hämischen Blick des *talib* und entschied, ihm diesen Gefallen nicht zu tun. Ich biss die Zähne zusammen und trug das glühende Gericht in der Hand zurück an meinen Platz auf der Schilfmatte. Dann stopfte ich die Kugel in den Mund. Sie verbrannte meine Lippen, meine Zunge, meine Schleimhäute. Ich schluckte sie hinunter und spürte, wie der Schmerz durch meinen Hals tief hinein in meinen Körper wanderte, bis er in meinen Eingeweiden verebbte.

Ich schaute nach vorn zum *talib*. Ich konnte ihn kaum sehen, weil Tränen meinen Blick verschleierten. Aber ich hoffte, dass er erkennen konnte, wie sehr ich ihn in diesem Augenblick hasste.

Als ich nach Hause kam, erzählte ich Mutter nichts von den Gemeinheiten des *talib*. Mutter war anders als früher. Sie lachte nicht, ihr Gesicht sah verweint aus, sie sang keine Lieder. Zuerst dachte ich, das läge daran, dass wir kein Radio mehr hatten.

Aber im Herzen wusste ich, dass es an etwas anderem lag: Mutter war unglücklich. Sie liebte Vater nicht mehr. Die Ehe war ihr zur Last geworden. In ihren Augen sah ich den Tod, der noch gar nicht nach ihr greifen durfte.

Im Sommer 2003 ist es meiner Schwester Asia und mir gelungen, die Gerichtsunterlagen der Verhandlung gegen meinen Vater in die Hand zu bekommen. Sie trugen das Aktenzeichen 725/1399. 725 ist die laufende Nummer des Verfahrens, und 1399 steht für das Jahr nach islamischer Zeitrechnung; es entspricht dem christlichen Jahr 1979.

Die Beamten im Gericht wollten uns die Akten zunächst nicht aushändigen.

»Das war ein schrecklicher Fall«, sagte einer von ihnen, »das ist nichts für Frauen.«

»Die Akten sind im Keller«, sagte ein anderer, »das ist viel zu viel Arbeit, sie dort auszugraben. Geht nach Hause!«

Ich war versucht, es dabei zu belassen, denn ich hatte Angst davor, mit der Tragödie meines Lebens in der unpersönlichen Sprache der Behörden konfrontiert zu werden. Wollte ich wirklich alle Details wissen? Wollte ich den Bericht des Gerichtsmediziners schwarz auf weiß vor mir liegen haben? Wollte ich all dies noch einmal durchmachen?

Aber Asia gab nicht nach.

»Ich habe ein Recht darauf, genau zu erfahren, was damals geschah«, sagte sie. »Ich bin die Tochter eines Mörders und einer Ermordeten. Und wenn es viel Arbeit ist, diese Akten zu finden, wird meine Schwester Ouarda Ihnen diese Arbeitszeit vergüten.«

Schließlich verschwand einer der Beamten im Keller. Am nächsten Tag lag die Akte vor uns. Zwanzig Seiten, akribisch gefüllt mit Tausenden von kleinen arabischen Buchstaben. Ein kurzes Protokoll des Gerichtsmediziners auf Französisch. Unbeholfene Zeichnungen vom Tatort und von der Leiche meiner Mutter. Keine Fotos.

»Die Fotos können Sie nicht haben«, sagte einer der Beamten, »sie sind zu schrecklich. Mir wurde schlecht, als ich sie sah. Und ich habe schon viel gesehen.«

Im Protokoll der Polizeibeamten steht, der Tatort und die Leiche meiner Mutter seien in einem Zustand gewesen, dass die Polizisten zunächst zu Allah gebetet und ihn um Kraft gebeten hätten, bevor sie mit ihrer Arbeit begannen.

Mutters Alter konnte der Gerichtsmediziner nicht feststellen. Durch das Feuer, das Vater gelegt hatte, war ihr Gesicht völlig verbrannt, der Schädel war geplatzt, und das Gehirn lag frei.

Vater erklärte in den Verhören, er habe Mutter getötet, weil sie ihn nie geliebt hätte. Sie hätte sich geweigert, ihm beizuliegen. Hätte er sie nicht mit Gewalt seinem Willen unterworfen, gäbe es keine Kinder aus dieser Ehe.

Die Vorstellung, dass ich kein Kind der Liebe,

sondern das Ergebnis einer Vergewaltigung bin, macht mich heute noch wütend und traurig. Was hatte Mutter getan, um so behandelt zu werden? Warum durften sich die Männer das Recht nehmen, Frauen Gewalt anzutun, ihre Körper und ihre Seelen zu demütigen? Was ist falsch in einer Gesellschaft, die dies zulässt?

Die Gerichtsakten sind das Protokoll einer schrecklichen Beziehung, in der es irgendwann keine Zuneigung mehr gab. Sie beschreiben die Heirat einer siebzehnjährigen Jungfrau vom Land mit einem erfahrenen Lebemann aus der Stadt. Sie zeigen, wie zwei unversöhnliche Welten und Lebenseinstellungen aufeinander prallten, wie Mutter versuchte, ihre Würde zu wahren, und wie Vater versuchte, ihren Willen zu brechen.

Sie beschreiben das unmenschliche System der von Eltern geplanten Heirat, in der die Wünsche der Frauen keine Rolle spielen. Sie beschreiben eine gesellschaftliche Realität, in der zunächst die Seele meiner Mutter starb, dann ihr Körper.

Es war ein grausames Protokoll, das die Wunden in meinem Herzen wieder aufriss. Ich las es fassungslos, aber ich konnte nicht mehr weinen. Ich las es ein zweites Mal, und die Schmerzen in meiner Seele raubten mir den Atem. Ich nahm Asia in die Arme, und Asia umarmte mich. Es beruhigte mich. Der Schmerz aber wollte nicht vergehen. Es ist ein Schmerz, der mich für immer begleiten wird.

Asia sagte: »Ich dachte, etwas Schlimmeres als Mutters Tod könnte es für mich nicht geben. Aber in

Wahrheit ist diese Akte noch schlimmer als alles, was ich bisher erlebt habe.«

Nach einer Woche des Schweigens sagte sie: »Mama ist mit Stolz gestorben. Sie hat ihre Ehre nicht verloren, nicht einmal im Tod.«

Wenn ich heute daran denke, dass niemand Mutter helfen wollte, dass niemand ihren angekündigten Tod verhindern wollte, dass alle wussten, wie ihr Herz gebrochen wurde – dann bin ich voll Wut und Verzweiflung. Es ist nicht die Wut auf meinen Vater. Vater ist inzwischen auch gestorben. Es ist die Wut auf ein soziales System, in dem Frauen Menschen zweiter Klasse und der Willkür der Männer ausgeliefert sind. Ohne Chance.

Bis in den Tod.

Teil 3

Agadir, Marokko

1979 bis 1993

Vater war nach dem Mord verschwunden. In seiner Vernehmung bei der Kriminalpolizei sagte er später, er habe das Messer vom Blut gesäubert. Dann sei er in den Souk gegangen und ziellos zwischen den Marktständen umhergeirrt. Später habe er sich im Meer von dem Blut seiner Frau, unserer Mutter, und von der Schuld in seinem Herzen gereinigt. Stundenlang sei er im kühlen, salzigen Wasser gewesen und habe seinen Körper mit Sand geschrubbt.

Wir Kinder gingen nirgendwohin. Zahra Emel, unsere Nachbarin, holte uns in ihr Haus.

»Geht nicht mehr auf die Straße«, sagte sie, »bleibt hier. Hier seid ihr sicher.«

Noch immer hatte sie Angst vor Vater. Ich hielt Ouafas Hand, wie ich es Mutter versprochen hatte, und merkte gar nicht, dass ich ihre kleinen Finger zwischen meinen Fingern so stark umklammerte, dass die Knöchel ganz weiß und die Fingerspitzen blau wurden.

»Ouarda«, bettelte Ouafa, »lass mich los! Du tust mir weh.«

Ich lockerte meinen Griff.

»Ich kann dich nicht loslassen«, sagte ich, »Mama möchte, dass ich dich immer beschütze.«

Lala Zahra ist eine dicke, ruhige Frau. Zu ihr war Fatima Marrakschia gerannt, als sie Flammen auf dem Dach unseres Hauses sah. Familie Emel hatte das einzige Telefon in der Straße. Lala Zahra rief sofort ihren Mann Mohammed auf der Arbeit an. Si Mohammed verständigte die Polizei.

Für mich war das eine schreckliche Situation. Hatte Mutter mich nicht aufgefordert, die Nachbarn zu alarmieren? War ich nicht schuld an ihrem Tod? Und jetzt saß ich bei den Nachbarn, denen ich nichts gesagt hatte. Würden sie sich gegen mich wenden? Mit den Fingern auf mich zeigen? Mich ächten?

Ich umklammerte Ouafas Hand und beschloss, dass die letzten Worte meiner Mutter ein Geheimnis seien, das ich für immer und ewig in meinem Herzen vergraben wollte.

Über zwanzig Jahre lang habe ich mich diesem Schwur gebeugt. Das Herz tat mir weh vom Gewicht der Schuld, aber meine Lippen wollten das Geheimnis nicht verraten.

Im Laufe der Zeit wurde ich immer wütender auf Mutter und den Schmerz in meinem Herzen. Wieso hatte sie mir diese Verantwortung auferlegt? Wie konnte sie so egoistisch sein, ein Kind damit zu belasten? Es gab Tage, Wochen und Monate in meinem Leben, in denen ich Mutter hasste. Sie hatte mich schuldig gemacht. Sie hatte meine Seele zerstört. Sie hatte meine Kindheit auf dem Gewissen.

1 *(oben links)* Vor der Hochzeit war mein Vater ein Lebemann, politisch interessiert und Stammgast der Diskussionszirkel in den Kaffeehäusern

2 *(oben rechts)* Meine Mutter im Alter von siebzehn Jahren, nachdem sie meinen Vater geheiratet hatte

3 *(unten)* Meine Schwester Rabiaa (oben) und meine Adoptivschwester Mouna-Rachida (unten) vor dem Fernseher mit der Wunderfolie, die das Schwarz-Weiß-Bild bunt machte

4 *(oben)* Jamila auf dem Rücken von Rabiaa, links Mouna-Rachida. Unser Vater hatte nicht nur die Zimmerwände, sondern auch die Möbel mit Fotos und Zeitungsausschnitten dekoriert

5 *(rechts)* Rabiaa, Mouna-Rachida, Jamila (v.l.n.r.). Das Baby auf dem Arm meiner Mutter ist Jaber

6 *(oben)* Mein Geburtsort, das Lehmhaus meiner Großmutter in E-Dirh

7 *(Mitte)* Das erste Foto von mir auf dem Arm meiner Mutter! Neben uns Rabiaa, Jamila, Mouna-Rachida und Jaber.

8 *(unten)* Mit Mutter (links) und Jaber (rechts) vor Vaters Fotowand

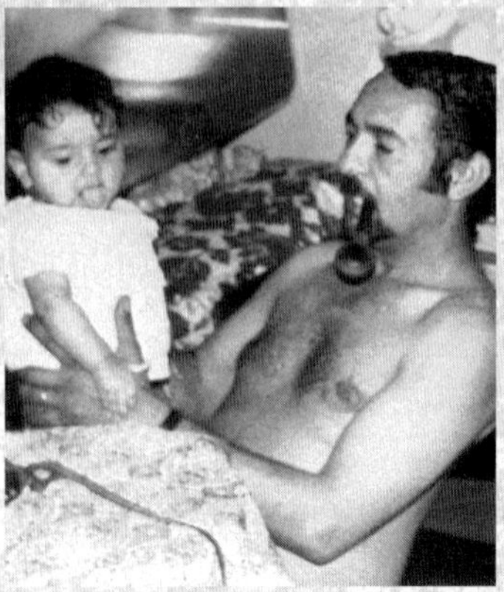

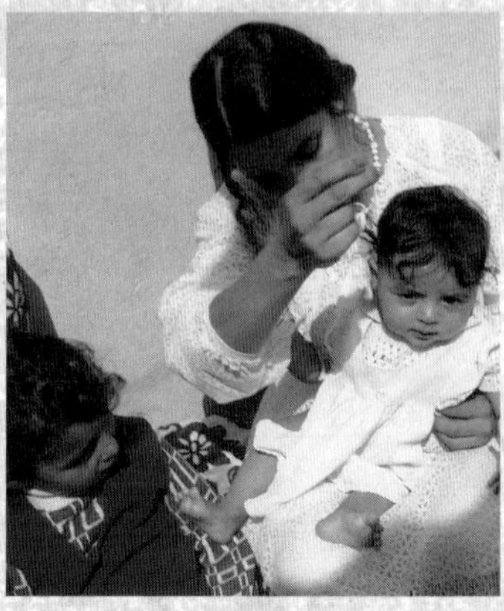

9 *(oben links)* Vater, mit Pfeife, hält mich auf seinem Schoß fest. Im Hintergrund ist die Wunderfolie vor dem Bildschirm zu sehen

10 *(oben rechts)* Mutter hält mich im Arm, und Jamila guckt zu

11 *(unten)* Spaziergang im Stadtpark. V.l.n.r.: Jamila, Mutter mit mir auf dem Schoß, Rabiaa, Mouna-Rachida, Jaber. Mutter verließ das Haus nie ohne Gesichtsschleier

12 *(oben)* Vater beginnt Drogen zu nehmen; man sieht es an seinen Augen. Er hat immer weniger Haare und ist rundlicher geworden

13 *(Mitte)* Dieses Bild war für Vater im Gefängnis und zeigt mich mit langen Haaren. Es war also vor dem schlimmen Läusebefall. Neben mir meine Schwester Rabiaa und mein Bruder Jaber. Haarband und T-Shirt hatte ich von meiner Cousine Fatima »ausgeliehen«, weshalb es später Ärger gab

14 *(unten)* Kurze Haare wegen der Läuse! Ich bin elf Jahre alt und komme in die sechste Klasse

15 *(oben)* Silvester in unserer Chaos-Familie. Cousin Ali stand derart unter Drogen, dass er im Schlafanzug blieb. V.l.n.r.: Mouna-Rachida, Cousin Mustafa, Jaber im Pullunder, Tante Zaina, Cousine Hafida, Ali, Jamila, ich verdecke Rabiaa. Es gab Orangen – ein seltener Genuss

16 *(Mitte)* Rabiaa ist nach ihrer Typhus-Erkrankung nur noch ein Strich in der Landschaft (ganz rechts auf der Couch neben Cousin Mustafa, einem Bekannten und Cousine Fatima). Auch Jaber und ich (auf dem Boden) sind abgemagert

17 *(unten)* Langsam werde ich zur Frau – dabei bin ich kaum vierzehn Jahre alt. Dekorativ liege ich im Park am Strand

18 *(oben)* Meine erste Arbeitsstelle in der Gastronomie. Ich war siebzehn und arbeitete bei »Eis-Pop« als Waffelbäckerin. Noch heute zeugen Brandnarben an den Armen von dieser Tätigkeit. Das Lokal am Strand von Agadir gehörte einem deutschen Paar

19 *(unten)* Mit einer Bekannten im Restaurant »Golden Gate«, in dem ich kellnerte

20 *(oben)* Silvester-Party im »Golden Gate«. Bei diesem Fest arbeitete ich zum ersten Mal nachts

21 *(unten links)* Als Kellnerin im »Golden Gate«, morgens vor der Öffnung

22 *(unten rechts)* Rabiaa (in Jeans und Pullover) holt mich im »Golden Gate« ab. Der Weihnachtsmann umarmt mich; die Pizza-Bäckerin Rokia arbeitet noch heute dort

Schließlich vergaß ich meine Wut und meine Schuld, so lange, bis ich 1998 in München durch Zufall in eine Therapiesitzung zur Familienaufstellung geriet. Ich wollte einer Freundin, die Psychologie studierte, einen Gefallen tun. Aber sie tat *mir* einen Gefallen. Einen sehr schmerzhaften Gefallen.

Die Therapeutin stellte meine Familie mithilfe von Studenten auf: meinen Vater im Gefängnis, meine Mutter, tot auf dem Boden des Seminarraums, meine Schwestern, zusammengekauert neben mir.

Die Situation wurde mir unheimlich. Ich fühlte mich missbraucht: diese fremden Menschen, die in einem fremden Land in einer fremden Sprache mein ganzes Leben offen legten! Weinend verließ ich den Raum. Meine schreckliche Vergangenheit war in die Gegenwart zurückgekehrt. Sie überwältigte mich. Sie drohte mich zu ersticken. Sie war zu schwer für mich.

Mit meinem Sohn Samuel fuhr ich zurück in meine Wohnung.

Zwei Wochen später entschloss ich mich, die Therapeutengruppe noch einmal mit dem zu konfrontieren, was sie mir angetan hatte.

»Ihr habt mich ausgenutzt. Mein Schicksal war für euch nichts als Anschauungsunterricht. Dann habt ihr mich gehen lassen, ohne mir Hilfe anzubieten. Das ist menschenverachtend.«

Die Studenten versuchten mich zu beruhigen. Aber ich wollte nicht mehr mit ihnen sprechen. Sie hatten meine Vergangenheit gegen meinen Willen zurückgeholt, und nun war ich meinen Erinnerungen ausgeliefert. Noch immer gab es das Geheimnis meiner Schuld, aber jetzt war es wieder in meinem Bewusstsein. Jeden Tag, jede Stunde, jede Minute.

Erst als ich zwei Jahre später zum ersten Mal mit meinen Geschwistern über unser Schicksal redete, verriet ich es ihnen.

Meine Schwestern schwiegen. Dann sagte Jamila: »Ouarda, es ist nicht deine Schuld, dass Mama gestorben ist. Dein Geheimnis ist auch unser Geheimnis, so wahr mir Allah helfe.«

Ich verstand sie nicht.

»Mama hat uns Schulkinder am Tag ihres Todes früher geweckt als sonst«, sagte Rabiaa. »Sie flüsterte uns zu: ›Meine Töchter, bitte geht zur Polizei. Sagt den Männern, dass euer Vater mich töten wird.‹«

»Und?«, fragte ich. »Wart ihr bei der Polizei?«

»Natürlich«, sagte Jamila, »wir sind noch vor der Schule zum dritten Revier gegangen und haben den Beamten gesagt, was Mama uns aufgetragen hatte.«

»Aber sie haben nichts unternommen«, sagte ich.

»Nein«, erwiderte Jamila, »sie haben uns gleich wieder weggeschickt. Wir waren drei kleine Mädchen, niemand hat uns ernst genommen. ›Geht in die Schule‹, sagten sie, ›es passiert schon nichts. Der wird eure Mutter verprügeln, wie er es immer tut. Das kennen wir ja schon.‹«

Seit diesem Gespräch fühlt sich mein Herz leichter an. Nicht ich allein trage die Schuld am Tod meiner Mutter. Nicht ich allein habe versagt. Alle haben versagt: die Familie, die Nachbarn, die Behörden.

Alle wussten, dass Vater Mutter töten würde. Aber niemand hat etwas dagegen getan.

Im Haus von Lala Zahra drängten wir uns in dem einzigen Raum mit einem Fenster zur Straße. Lala Zahra hatte das Fenster geschlossen, aber wir quetschten unsere Nasen gegen die Scheibe, um zu sehen, was draußen geschah.

Polizisten kamen und gingen. Der Leichenwagen mit Mutter fuhr weg. Alle Nachbarn standen in Grüppchen beieinander und diskutierten erregt, was geschehen war.

Nur wir wurden weggesperrt. Ich fand es ungerecht, dass wir in Lala Zahras Haus bleiben mussten. Ich schlich mich aus dem Zimmer und huschte durch den Gang zur Tür. Schon hatte ich mich auf die Zehenspitzen gestellt und den Riegel berührt. Da schnappte mich Lala Zahra: »Wo willst du denn hin?«

»Nach draußen, auf die Straße, zu den Leuten.«

»Nichts da!«, sagte Lala Zahra und schob mich resolut ins Zimmer zurück, in dem meine Schwestern waren.

Stundenlang passierte nichts. Dann hörten wir Rufe auf der Straße: »Da kommt er. Der Mörder ist zurück.«

Rabiaa, die sich den besten Platz am Fenster ergattert hatte, flüsterte: »Papa ist da.«

Wir wollten ihn alle sehen und drängten uns ans Fenster. Vater kam die Straße entlang, einen großen Sack auf dem Rücken. Die Nachbarn wichen zurück und tuschelten: »Da will er seine Frau reintun und sie wegschaffen. Allah sei ihr gnädig.«

Vater ging auf unser Haus zu, als sei nichts geschehen. Wir Kinder hinter dem Fenster von Lala Zahra sagten kein Wort, ich glaube, wir atmeten noch nicht einmal, so groß war die Spannung. Schweigend beobachteten wir, wie Vater auf unsere Haustür zutrat. Auf der Straße war jetzt großer Lärm. Alle Nachbarn riefen etwas. Einige Frauen weinten. Die Männer schauten wichtig.

Als Vater das Haus betreten wollte, kamen die Polizisten. Er ließ sich ohne Widerstand festnehmen. Sie schoben ihn in ein kleines Polizeiauto, ich glaube, es war ein Renault R4, und fuhren mit Vater weg.

Die erste Nacht nach dem Tod unserer Mutter und der Verhaftung unseres Vaters verbrachten wir bei Familie Emel. Sie hatten uns ein Lager auf dem Boden ihres Wohnzimmers bereitet. Wir legten uns hin und drängten uns eng aneinander. Ich erinnere mich kaum noch an diese Nacht. Ich vermute, wir schliefen vor Erschöpfung sehr schnell ein. Noch war uns unser Schicksal nicht bewusst: Wir waren Waisen, Kinder ohne Eltern, ohne Schutz. Allein. Allein für immer und ewig.

Am nächsten Morgen wachte ich früh auf. Jetzt kamen die ersten Erinnerungen an den Tag zurück, der mein Leben verändert hatte. Ich sah vor mir, wie wir Kinder vom Krankenhaus zurückkamen, wo wir vergeblich nach Mutter gesucht hatten. Vor unserem Haus stand ein Krankenwagen, um den sich die Nachbarn drängten. Polizisten standen herum, Feuerwehrleute rannten durch unsere Haustür, hinein und hinaus. Ich drängte mich zwischen den Beinen der Menschen hindurch, Ouafa an der Hand. Ich wollte nach Hause, in das Haus, in dem wir lebten. Ich kam bis in unseren Flur. Die Wände waren mit Blut bespritzt. Ich konnte kaum atmen, als ich durch den Flur Richtung Innenhof weiterging. Ich wollte alles in mich aufnehmen, was meine Sinnesorgane erfassen konnten. Und gleichzeitig hatte ich Angst davor. Ich hatte fast die Treppe erreicht, als Mouna und Rabiaa mir entgegenkamen. Sie waren von den Polizisten auf das Dach gebracht worden, um Mutter zu identifizieren. Ihre Gesichter waren anders als sonst, durchsichtig fast, nass von Tränen. Ich habe sie kaum erkannt. Wie Geister schwebten sie an mir vorbei. Sie sahen mich nicht. Und ich wagte nicht, sie anzusprechen.

Gerade wollte ich den Fuß auf die erste Treppenstufe setzen und auf das Dach hinaufklettern, wo das Grauen auf mich wartete. Das wusste ich tief in meiner Seele, in meinem Magen, in meinen Eingeweiden. Alles in mir krampfte sich zusammen und schmerzte, als ich den Fuß bewegte, um die zweite Stufe zu erklimmen. Da packten mich starke Hände, Polizistenhände, und schoben mich grob aus unserem Haus hinaus. Durch den Gang, durch die Tür, hinaus auf die Straße. Unser Zuhause war nicht mehr unser Zuhause.

Ich weinte ein wenig, bis Lala Zahra uns zum Frühstück holte. Es gab frische Baguette vom Bäcker. Und Butter. Butter!

Butter hatte es bei uns zu Hause schon lange nicht mehr gegeben. Ich liebte Butter. Ich aß Baguette mit Butter, und meine Tränen versiegten.

So etwas Leckeres hatte ich noch nie zum Frühstück gehabt.

Der andere Bruder

Die nächsten Tage blieben wir bei Familie Emel. Die Polizei hatte Plastikbänder in Kreuzform vor unsere Haustür genagelt. Wir wohnten jetzt nebenan. Elternlos, obdachlos, heimatlos.

Die Großen gingen zur Schule. Lala Zahra hatte beschlossen, dass dies gut für sie sei. Wir Kleinen blieben in der Straße, die unser Schicksal war.

Bis Onkel Hassan uns abholte. Wir nannten ihn Ammi. Als Ammi bezeichnet man den Bruder des Vaters im Gegensatz zu Khali, dem Bruder der Mutter. Ammi Hassan war zwar der Bruder meines Vaters, aber zwischen den beiden gab es keine Gemeinsamkeiten. Während Vater, bevor er ein anderer wurde, ein kluger, gebildeter und politischer Bonvivant war, ein Intellektueller, ein Schöngeist, war Hassan ein einfacher Mensch, der kaum lesen und schreiben konnte. Er liebte Alkohol und Frauen und war dadurch schon oft in Schwierigkeiten geraten, aus denen Großvater und Vater ihn herausholen mussten. Einmal hatte er beinahe gleichzeitig seine Frau *und* seine Geliebte geschwängert. Als die Söhne geboren wurden, nannte er beide Rachid. Das flog natürlich auf und führte zu starken Spannungen zwischen ihm und seiner Frau Zaina.

Vater und Ammi Hassan waren die einzigen Kinder meines Großvaters. Sie hatten keine schöne Kindheit. Großvater verließ Großmutter, als die beiden noch sehr klein waren. Er zog in das Nebenhaus und vergaß seine Söhne. Manchmal standen sie bei Großmutter auf dem Dach, mit Hunger im Magen, und schauten hinüber in den Hof des Vaters, der sehr wohlhabend war und seine Freunde oft zu üppigen Gelagen einlud. Dort gab es alles, was Vater und Hassan vermissten: Kuskus, Tajine, Obst, Gemüse, Milch und die süßen Nachspeisen aus den Zuckerbäckereien.

Gelegentlich gelang es meinem Vater und meinem Onkel, nachts heimlich in den Hof ihres Vaters hinunterzuklettern und die Reste zu essen. Schnell stopften sie sich alles in den Mund, was sie erwischen konnten. Dann verschwanden sie wieder, bevor Großvater sie ertappte und verprügelte.

Einmal wurde Onkel Hassan überrascht, als er zusammen mit anderen Kindern eine Hauswand bemalte. Die Polizei verhaftete die Kinder und steckte sie in eine Arrestzelle. Alle Kinder wurden von ihren Vätern am nächsten Tag abgeholt. Nur Onkel Hassan nicht. Großmutter bettelte tagelang bei Großvater, er solle endlich seinen Sohn aus der Haft erlösen. Aber Großvater hatte anscheinend Besseres zu tun.

Selbst dem Kommissar wurde die Angelegenheit unheimlich. Abends nahm er Onkel Hassan mit nach Hause, und nur tagsüber steckte er ihn wieder in die

Zelle. Als der Polizei klar wurde, dass Großvater seinen Sohn niemals abholen würde, ließ sie ihn nach sechs Monaten einfach frei. Hassan war damals etwa zehn Jahre alt. Als er diese Geschichte meiner Schwester Asia erzählte, weinte er.

Wir fanden Onkel Hassan ganz nett. Aber er war kein starker Mann. Während unser Vater zu Hause immer der Boss war, stand Onkel Hassan unter dem Pantoffel seiner Frau. Er hatte sie auf der Straße kennen gelernt. Ich glaube, sie arbeitete in einer Sardinenfabrik, wo die Arbeiterinnen auch ein Zimmer bekommen. Sardinenfabriken und ihre Arbeiterinnen haben in Marokko keinen guten Ruf. Viele der Frauen gehen nach Dienstschluss auf den Strich. Weil sie den Fischgeruch nicht aus ihren Kleidern bekommen und sogar ihre Haut danach riecht, sind sie besonders billige Prostituierte.

Als Onkel Hassan uns abholte, hatte Tante Zaina schon sieben Kinder. Ihr erster Sohn, Mustafa, war nicht von Ammi Hassan, er war ein bisschen blond. Ali, Fatima, Habiba, Aziz, Mohammed und Rachid waren von Ammi Hassan. Sie waren dunkelhaarig.

Hassan arbeitete als Automechaniker in Massa, etwa dreißig Kilometer südlich von Agadir. Massa liegt nicht weit vom Atlantik am Oued Massa, einem der größten Flüsse in Südmarokko, der trotzdem im Sommer kaum Wasser führt.

Onkel Hassan hatte lange Zeit Obst und Gemüse für den König transportiert; da ging es ihm noch gut. Als aber Vater Mutter umbrachte, hatte er diesen Job verloren. Jetzt bewohnte er mit seiner großen Familie ein einziges lang gestrecktes Zimmer. Es gab einen Hof, aber weder fließendes Wasser noch eine Toilette. Stattdessen klaffte mitten im Hof ein beängstigendes Loch, über dem man sich erleichtern konnte.

Etwa eine Woche nach Mutters Tod fuhr Ammi Hassan mit seinem klapperigen R4 bei Lala Zahra in Agadir vor.

»Ich will meine Nichten und Neffen abholen«, sagte er.

Lala Zahra blickte skeptisch. Sie hielt nicht viel vom Bruder meines Vaters. In unserer Nachbarschaft wussten alle, dass mein Vater seinen Bruder nicht leiden konnte. Immer wenn Hassan bei uns war, hatte es Ärger gegeben. Ein paarmal prügelten sich die beiden sogar vor der Haustür. Meistens ging es darum, dass Vater seinem Bruder vorwarf, er besuche Bordelle und sei kein guter Ehemann.

Lala Zahra rief wieder ihren Mann an, und der verständigte die Polizei.

»Darf dieser Mann die Kinder mitnehmen?«, fragte Lala Zahra.

Die Behörden luden Onkel Hassan vor, und er überzeugte sie davon, dass es für uns besser sei, mit ihm zu kommen, anstatt dem Staat im Waisenhaus zur Last zu fallen. Leute, die dabei waren, berichteten später, der Onkel habe versprochen, uns zu behandeln wie sein eigen Fleisch und Blut.

Danach packte er uns in seinen Wagen, und wir fuhren nach Massa. Für uns war das eine furchtbare Veränderung: weg aus der Stadt, weg von unseren Freunden, weg von den Menschen, die wir kannten.

Jetzt lebten wir unter erbärmlichen Bedingungen in der Provinz: in einem einzigen Raum, ohne Strom, ohne Wasser, ohne Toilette.

Das war schlimm genug. Aber noch schlimmer waren unsere Cousinen und Cousins. Abgesehen davon, dass sie diese peinlichen, altmodischen Namen wie Mohammed, Mustafa und Fatima trugen, sprachen sie einen fast unverständlichen Berberdialekt, der durchsetzt war mit Schimpfwörtern, die wir zu Hause nie verwenden durften: *zamel* – Wichser; *oueld al khahba* – Hurensohn; *inal din umouk* – »ich verfluche den Glauben deiner Mutter«.

Uns kamen diese Kinder wie wilde Tiere vor. Sie warfen Gegenstände nach ihren Geschwistern, spuckten einander ins Gesicht, fluchten, wuschen sich fast nie und schissen überall hin. Der ganze Hof war voller Fäkalien.

»Hast du das gesehen?«, flüsterte ich Rabiaa zu, als wir in Massa ankamen.

»Was?«, flüsterte Rabiaa zurück.

»Kackwürste!«, sagte ich. »Überall im Hof.«

»Pssst«, sagte Rabiaa, »sprich nicht darüber, sonst wird mir schlecht.«

»Kacken wir jetzt auch in den Hof?«, fragte ich beunruhigt.

»*La*«, sagte Rabiaa, »nein, wir kacken in das große Loch mitten im Hof. Wir sind ja keine Hunde.«

»Aber was ist, wenn ich nachts aufs Klo muss?«, fragte ich nervös. »Da trete ich bestimmt in so einen Haufen.«

Rabiaa war von dem Gespräch etwas genervt.

»Das weiß ich jetzt auch nicht, was wir da machen. Aber mach dir keine Sorgen, mir fällt schon was ein.«

Khalti Zaina mochte es nicht, wenn wir heimlich miteinander sprachen. »Was flüstert ihr da?«, keifte sie sofort.

»Nichts«, sagte Rabiaa. Und kassierte dafür eine Ohrfeige.

Uns war klar, Tante Zaina war nicht unsere Freundin.

Die Tante kam aus den Bergen. Als sie mit zwölf ihre erste Periode bekam, wurde sie sofort an einen Mann verheiratet, der das Alter ihres Vaters hatte. Ihr Vater war ein sehr harter Mann. Einmal hatte Zaina einer Nachbarin eine Zwiebel geschenkt. Dafür wurde sie bestraft. Ihr Vater knotete ihre Füße mit einem Seil zusammen, das er an den Esel band. Dann trieb er den Esel an, der Zaina durch den Hof schleifte.

»Damit du lernst, nichts herzuschenken, wofür ich schufte«, sagte der Vater.

Auch ihr erster Mann war hart zu ihr. Er hatte insgesamt drei Frauen. Zaina war die jüngste, eigentlich noch ein Kind. Sie liebte es, mit den anderen Kindern ihres Mannes auf der Straße seilzuhüpfen. Aber wenn ihr Mann sie dabei erwischte, setzte es Schläge. Nachts missbrauchte der Mann seine junge Frau. Sie war nicht seine Geliebte, sie war sein Besitz. Irgendwann verließ Zaina ihren Mann, aber da war sie schon in ihrer kleinen Seele verbittert und verletzt.

Sie floh aus ihrem Dorf nach Taroudant, der schönen Stadt am Fuße des Atlasgebirges, und schließlich nach Agadir. Ich fand das sehr mutig: ein junges Mädchen, das sein Heimatdorf verlässt und in eine unbekannte, gefährliche Stadt geht. Ich stellte mir vor, wie sie im Schutz der Dunkelheit ihr Bündel gepackt hatte, während sich ihr böser Mann zusammen mit anderen Männern in den staubigen Straßen herumtrieb. Sie wagte es natürlich nicht, als Anhalterin nach Taroudant zu fahren, denn es konnte ein Freund ihres Mannes sein, der am Straßenrand stoppte. Nein, sie schlug sich durch die Büsche und wanderte bei Nacht hinunter in die Ebene. Vielleicht gab es wilde Tiere, die sie verfolgten, vielleicht gefährliche Männer. Aber Tante Zaina schaffte es: Sie erreichte die Stadt und dann das Meer.

In Agadir bekam sie ihr erstes uneheliches Kind. Dann lernte sie Onkel Hassan kennen.

Sie wurde seine Frau.

Ich habe nicht viele Gefühle für diese Menschen. Ich habe sie nicht geliebt – wie denn auch: Sie haben mir und meinen Geschwistern viel Böses zugefügt. Ich habe sie aber auch nicht gehasst, sondern zu verstehen versucht, warum sie keine guten Menschen sein konnten.

Ich habe sie verachtet für das, was sie uns angetan haben. Aber ich habe mich gefreut, wenn sie uns, selten genug, ein Gefühl der Geborgenheit gaben.

Manchmal nahm mich Tante Zaina mit in den Hamam, das Dampfbad. Ich musste für uns beide das Wasser dorthin schleppen, und wenn der Dampf aufstieg, rubbelte mich Tante Zaina oft so heftig mit dem rauen Handschuh, dass ich blutete. Sie behandelte mich nicht wie ihre Tochter, sondern wie eine *petite bonne*. Das sind die Mädchen vom Land, die als Sklavinnen für wohlhabende Familien in der Stadt arbeiteten.

Ich erinnerte mich, wie sanft Mutter mit ihren weichen Händen den Staub von meinem kleinen Körper gewaschen hatte. Es war ein Streicheln, eine Liebkosung. Tante Zaina quälte mich, sie verletzte mich, sie zeigte mir, dass sie mich nicht liebte.

Gleichzeitig entstand dadurch aber doch so etwas wie Nähe. Es war, als hätte ich wieder eine Mutter. Eine böse Mutter, eine Mutter, die mich nicht liebte. Aber sie war lebendig, nicht tot. Das war besser als gar nichts.

Schon als ich sehr klein war, hatte ich mir vorgenommen, die Dinge von der positiven Seite zu sehen. Ich wollte nicht verbittert sein. Ich wollte nicht werden wie die Tante, der Onkel und ihre Kinder.

Das alte Haus

Im Sommer 2003 besuchte ich meinen Bruder Jaber in seiner neuen Wohnung. Das war nicht selbstverständlich, denn Jaber war in unser altes Haus eingezogen. Er wohnte dort mit seiner hübschen Frau Khadija und seinem einjährigen Sohn Jasim im Erdgeschoss.

Eigentlich wollte ich das Haus, in dem uns Kindern so viel Schreckliches widerfahren war, nie mehr betreten. Doch ich hatte beschlossen, meine Wurzeln noch weiter als bisher zu verfolgen, auch wenn das den seelischen Schmerz zurückholen würde. Ich hatte in München meine Ausbildung zur Kinderpflegerin beendet und fühlte mich stark genug, tief in meine Vergangenheit einzudringen.

Die Straße lag in der Sommerhitze, als wir mit unserem Mietwagen vor dem Haus vorfuhren, das ich so gut kannte. Kinder spielten im Staub, wie ich es früher getan hatte, Frauen saßen vor den Häusern und redeten mit ihren Nachbarinnen. Männer waren nicht zu sehen.

Jaber bewohnte drei kleine dunkle Zimmer. Die Toilette war unter der Treppe und so eng und niedrig, dass ich mich fragte, wie ein erwachsener Mensch dort sein Geschäft verrichten konnte. Es gab eine winzige Küche und eine Dusche. Alles war blitzblank und ordentlich. Mein Bruder hatte eine gute Hausfrau geheiratet.

Khadija hat viel Zeit, die Wohnung in Ordnung zu halten, wenn mein Bruder Jaber nicht zu Hause ist. Er arbeitet in einem der Touristenrestaurants unten am Meer. Viele Stunden am Tag. Es ist nicht leicht, mit dieser Arbeit eine Familie zu ernähren. In dieser Zeit ist meine Schwägerin zu Hause.

»Gehst du nicht mit deinem Sohn Jasim an den Strand?«, fragte ich.

»Nein«, sagte Khadija, »das möchte dein Bruder nicht.«

»Aber Kinder brauchen Sonne, Licht, Luft und das Meer«, sagte ich.

»Sprich mit deinem Bruder«, sagte Khadija, »er ist der Herr im Haus.«

Ich saß in dem dunklen Wohnzimmer, Jaber mir gegenüber. Ein kleiner, gut aussehender Mann. Hat Vater so ausgesehen, als er jung war, fragte ich mich. Hat sich seitdem nichts verändert? Ist meine Schwägerin diesem Mann ebenso ausgeliefert wie meine Mutter meinem Vater? Hat sich die Rolle der Frau in Marokko noch immer nicht verbessert?

Jaber wollte darüber nicht reden. Abweisend hörte er mir zu, als ich ihm erklärte, wie wir in Europa leben und unsere Kinder erziehen.

»Jasim geht am Wochenende mit mir an den Strand«, sagte er, »das reicht.«

»Aber…«, sagte ich.

Jaber machte eine herrische Bewegung mit der rechten Hand, auch das erinnerte mich an Vater. »Ich möchte das nicht hören.«

Das Gespräch war beendet.

Die Räume kamen mir fremd vor, obwohl ich mehr als die Hälfte meines Lebens dort verbracht hatte. Jaber hatte Trennwände eingezogen, um eine abgeschlossene Wohnung zu haben. Im Rest des Hauses wohnten Onkel Hassan und Tante Zaina. Sie waren dort eingezogen, nachdem Vater Mutter getötet hatte. Sobald das Haus von der Polizei freigegeben worden war, packte Onkel Hassan seine Frau, seine sieben Kinder und mich mit meinen sechs Geschwistern in seinen rostigen R4. Auf das Dach schnallte er sein Hab und Gut. Und dann verließen wir Massa.

Die Autofahrt nach Agadir war unbequem, weil der kleine Wagen völlig überladen war. Drei Kinder hatten sich zu Onkel und Tante auf den Vordersitz gequetscht, sodass Onkel Hassan die hakelige Schaltung kaum bedienen konnte. Wir anderen saßen hinten. Das Dach bog sich unter dem Gewicht eines Tisches, mehrerer Stühle und Kartons mit Kleidung und Küchengeräten durch, sodass die Kinder, die auf dem Schoß der anderen sitzen mussten, bei jedem Schlagloch mit ihrem Kopf gegen die Decke stießen. Das Auto fuhr so langsam, dass uns sogar große Lastwagen unter lautem Hupen überholten.

Weil ein Cousin auf mir saß, konnte ich nichts sehen und kaum atmen. Trotzdem war ich froh, dass wir diesen schrecklichen Raum in Massa und den noch schrecklicheren, stinkenden Hof mit all den Kackwürsten verlassen konnten.

Ich hätte eine Weltreise auf mich genommen, um nicht mehr in Massa leben zu müssen. Aber Onkel Hassan stoppte sein altersschwaches Gefährt nach kaum zwei Stunden vor dem Haus meiner Eltern.

Erst als ich aus dem Auto stieg, erkannte ich, wo ich war. Ein Schreck zuckte durch meine Brust, aber gleichzeitig auch das süße Gefühl, wieder zu Hause zu sein. Einen Moment hoffte ich, die Tür würde aufgehen und Mutter uns an ihr Herz drücken. Vielleicht war alles nur ein furchtbarer Albtraum gewesen? Vielleicht kehrten wir in die Normalität zurück? In ein Leben ohne Angst. Ohne Schrecken. Ohne Tod.

Aber die Tür öffnete sich nicht. Mutter war nicht da. Vater war nicht da. Die Hoffnung verschwand wie eine Fata Morgana. Die Wirklichkeit kehrte zurück. Onkel Hassan holte einen Schlüssel aus einer Tasche seiner Hose und schloss die Tür auf. Bisher war es unsere Tür gewesen – jetzt war es seine.

»Willkommen zu Hause«, sagte er. »Allah beschütze uns.«

Und dann trat er über die Schwelle. Nun war er der Herr des Hauses und Tante Zaina die Herrin.

Unsere Cousins und Cousinen folgten ihren Eltern ins Haus. Wir blieben unschlüssig auf der Straße stehen. Mein Herz pochte so laut, dass ich kaum die Stimmen der Menschen auf der Straße hörte, die uns begrüßten. Lala Zahra war gekommen und Fatima Marrakschia und alle anderen Nachbarn.

»Muss ich da reingehen?«, fragte ich Rabiaa. Ouafa hielt meine rechte Hand fest umklammert.

»Ich glaube schon«, flüsterte Rabiaa, »wir haben keine andere Wahl.«

»Aber ich habe Angst«, sagte ich.

Rabiaa nahm meine linke Hand. »Du brauchst keine Angst zu haben, wir sind zusammen. Nichts wird uns trennen.«

Dann gingen auch wir in das Haus, das unser Schicksal war.

»Ist Papa auch da?«, fragte ich Onkel Hassan.

Onkel Hassan zögerte kurz. Dann sagte er hart: »Nein, dein Papa ist im Gefängnis. Er wird auch so bald nicht wieder rauskommen. Wir werden ihn dort besuchen.«

Ammi Hassan und Khalti Zaina zogen in das Schlafzimmer meiner Eltern ein. Ich fand das ungehörig, aber niemand fragte mich nach meiner Meinung. Die Kinder des Onkels machten sich in den anderen Zimmern breit. Für uns blieb nur der Fußboden im Erdgeschoss. Tante Zaina gab uns stinkende alte Schaffelle und eine orangefarbene Decke, die schon so alt und löcherig war, dass sie kaum noch wärmte.

Wir waren in unserem eigenen Haus zu Außenseitern geworden, zu geduldeten Fremden. Mir war klar, dass wir keine Chance hatten.

Zum Schlafen kuschelten wir uns aneinander, wie wir es gewohnt waren. Mouna und Rabiaa, die Großen, außen, wir Kleinen in der Mitte. Zwischen Ouafa und mir lag die zweijährige Asia. Nur Jaber durfte nicht bei uns bleiben. Als Junge musste er mit den Cousins in einem Raum schlafen.

Jede Nacht begann Asia zu weinen. Wenn wir aufwachten, sagte sie nur einen Satz: »*Ana ji'aana* – ich bin hungrig.« *Ana ji'aana, ana ji'aana.* Sie wiederholte den Satz mit der weinerlichen, brüchigen Stimme einer alten Frau immer wieder. Es war der schrecklichste Satz, den ich jemals gehört hatte: »*Ana ji'aana* – ich bin hungrig.«

Noch heute wache ich manchmal tief in der Nacht auf, weil ich glaube, Asias Stimme zu hören: *ana ji'aana.* Dann legt sich ein Reif aus Eis um mein Herz, und ich kuschele mich an meinen Mann, bis es wieder auftaut und in den ruhigen Rhythmus fällt, der mir den Schlaf schenkt.

Rabiaa schlich sich in die dunkle Küche und mischte altes Brot mit Wasser. Das fütterten wir Asia, bis sie wieder einschlief.

Mehr als altes Brot gab es nicht, denn Onkel Hassan war arbeitslos. Nach ein paar Wochen war Asia, die Kleinste, vollkommen abgemagert und hatte den aufgeblähten Bauch einer Verhungernden.

Wir brachten Asia zur Sanitätsstation in unserem Viertel. Die Mitarbeiter untersuchten meine Schwester und gaben uns Mehl, Öl und Milchpulver mit. Viele Monate lebten wir von den milden Gaben dieser Station.

Das Untersuchungsgefängnis, in dem Vater das Jahr bis zu seiner Verurteilung zu dreißig Jahren Zuchthaus verbrachte, war in Inezgane, ein paar Kilometer südlich von Agadir, auf dem Weg nach Aït-Melloul.

Inezgane ist berühmt für den großen Souk, dessen Marktstände sich über viele tausend Quadratmeter westlich der Hauptstraße ausbreiten. Von weit her kommen die Leute mit überladenen Lastwagen dorthin, um Obst und Gemüse zu verkaufen und billige Kleidung zu erwerben. Heute noch fahren meine Schwestern und ich nach Inezgane, wenn wir preisgünstige Dschellabas für uns und gefälschte Fußballtrikots für unsere Söhne kaufen wollen. Es gibt drei Preise im Souk. Den Preis für Berber, den Preis für Araber und den Preis für Touristen. Araber bezahlen für denselben Gegenstand doppelt so viel wie Berber. Touristen zahlen noch einmal hundert Prozent mehr als Araber.

Ich hasse es, wenn die Händler versuchen, mir Araberpreise abzuknöpfen, weil sie mich für eine der arabischen Tussen aus dem Norden des Landes halten.

»Entschuldigung«, sage ich dann auf Tashl'hit, der Sprache meines Stammes, »ich bin eure Schwester. Ihr wollt mich doch nicht beleidigen, indem ihr mir den Preis für Araber nennt.«

Dann lachen die Männer und Frauen im Souk, weil meine Aussprache nach den vielen Jahren in der Fremde lustig in ihren Ohren klingt, und sagen: »Schwester, du siehst aus wie eine Fremde, aber sprichst wie eine von uns. Gib zu, dass du nicht im Sous-Gebiet lebst.«

»Ja«, sage ich dann, »ich komme aus Casablanca.«

Meine Schwestern bestehen darauf, dass ich niemals verrate, in Europa zu leben. Das macht die Händler nur gierig.

»Gut, gut«, sagen die Händler dann, »wir geben dir den besten Preis, weil du unsere Schwester bist. Wir werden nichts daran verdienen. Unsere Familien werden hungern. Aber du bist schön und ehrlich. Das bewundern wir.«

Dann verhandelt meine Schwester Asia, die besser feilschen kann als alle anderen aus der Familie. Und am Schluss ist alles noch einmal um die Hälfte billiger. Manchmal handelt Asia so gut, dass mir die Händler Leid tun.

»Willst du mir nicht einen einzigen Dirham für meine Familie gönnen?«, rufen sie.

Und ich antworte in Tashl'hit: »Entschuldigung, Brüder. Aber ich habe kein Geld, meine Schwester hat alles. *Ai'auwin rabbi, agma* – Gott unterstütze dich, mein Bruder.«

»Amen«, sagen die Händler dann. »*A'oultma* –

deine Wünsche mögen in Erfüllung gehen, Schwester.«

Als Onkel Hassan im Oktober 1979 beschloss, seinen Bruder in der Untersuchungshaft zu besuchen und uns mitzunehmen, hielten wir nicht beim Souk.

Wir stiegen wieder alle in den R4, sogar drei unserer Cousins drängten sich in das Auto. Mich störte das, weil sie sonst immer betonten: »Wir gehören nicht zur Familie des Mörders. Wir sind nur die Kinder seines Bruders. Das sind die Kinder des Mörders. Unsere Eltern kümmern sich um sie, die Armen.«

Dann zeigten sie auf uns, und wir wussten nicht, wie wir uns verhalten sollten: im Boden versinken vor Scham oder den Kopf stolz erheben. Ich hatte mich entschieden, mich von den Cousins nicht demütigen zu lassen. Ich trug den Kopf aufrecht, aber jede ihrer Bemerkungen schmerzte mich wie der Stich eines Messers ins Herz. Und oft musste ich mir heimlich Tränen aus den Augen wischen, wenn unsere Verwandten über das sprachen, was uns widerfahren war.

Die Cousinen und Cousins waren wie der scharfe Leim der Schuhmacher, den die Straßenkinder aus kleinen Plastiktüten inhalierten: klebrig und giftig. Wir kamen von ihnen nicht mehr los.

Jetzt saßen sie plappernd im rostigen Auto des Onkels. Für sie war das ein aufregender Ausflug, für mich eine Qual. Einerseits wollte ich den Mann wiedersehen, der mein Vater war. Andererseits hatte dieser Mann meine Mutter umgebracht. Ich sagte kein Wort, meine Augen nahmen nicht wahr, was außerhalb des Renaults geschah. Ich war mit meiner Seele beschäftigt, die zu zerreißen drohte in dem Konflikt, der in mir tobte.

Ouafas kleine Hand in meiner Rechten und Rabiaas große Hand in meiner Linken gaben mir die Kraft zu überstehen, was auf mich zukam.

Das schwere Gefängnistor öffnete sich, und wir wurden in einen Raum geführt. Dann brachten sie Vater herein. Er humpelte und blieb am anderen Ende des Raumes stehen, zwei Aufseher direkt neben ihm. Wir bewegten uns nicht in unserer Ecke des Zimmers. Wenige Meter lagen zwischen uns.

Es war eine ganze Welt.

Obwohl es warm war, trug Vater einen dicken Wollpullover. Seine Hände waren verbunden. Ich stellte mir vor, wie er seinen Fehler erkannt und versucht hatte, die Flammen auf Mutters Körper mit bloßen Händen zu löschen. Er hatte sie *doch* geliebt! Er wollte sie mir nicht wegnehmen! Er wollte ihr Leben retten! Bis heute weiß ich nicht, ob unter den Verbänden Brandwunden waren. Ich weiß nicht, ob es Verletzungen waren, die er sich beim Töten meiner Mutter zugezogen hatte, oder Verletzungen, die er sich holte, als er die Flammen ersticken wollte. Ich bevorzuge es anzunehmen, dass er ihr Leben im letzten Moment doch noch zu bewahren versuchte.

Vater sagte nichts. Ich sagte nichts. Selbst die Cousinen und Cousins sagten ausnahmsweise nichts. Wir starrten uns an.

Die Cousins bewegten sich als Erste. Sie gingen zu Vater, und er nahm sie in den Arm. Ich war empört. Das ist *mein* Vater, dachte ich. Er soll *mich* in den Arm nehmen, mich und meine Geschwister. Ich wollte diesen Moment nicht mit meinen Verwandten teilen. Für mich war es ein heiliger Augenblick. Der Augenblick der Entscheidung: Gehören Vater und ich noch zusammen? Oder sind wir für immer getrennt? Habe ich noch einen Vater? Oder habe ich auch ihn verloren?

Schließlich trat ich einen Schritt auf Vater zu. Ich konnte ihn kaum sehen, weil Tränen meinen Blick verschleierten. Ich wischte sie weg. Auch Vater weinte. Er öffnete die Arme und drückte mich an seine Brust. Der Verband an seinen Händen rieb rau auf meiner Haut. Er sagte: »Entschuldigung, meine Kleine. Ich bereue, was ich getan habe. Der Allmächtige möge euch schützen.«

Ich sagte: »Papa.« Nur: »Papa.«

Ich liebte ihn, und ich hasste ihn in diesem Moment.

Dann ließ er mich frei, weil er die anderen begrüßen wollte, und ich trat zurück.

Für immer.

Im September 1980 sprachen die Richter das Urteil über Vater: dreißig Jahre verschärfte Haft. Von der Verhandlung und ihrem Ergebnis bekamen wir nichts mit. Die Nachbarn und auch die Verwandten meiner Mutter sagten vor dem Bezirksgericht in Agadir als Zeugen aus. Aber wir Kinder wurden fern gehalten.

Ich kann mich an den Tag des Urteils nicht erinnern. Ich weiß nur, dass ich mir schnell ausrechnete, wie alt ich sein würde, wenn Vater wieder aus dem Gefängnis kam: sechsunddreißig.

Das kam mir uralt vor. Ich kannte Frauen in unserer Straße, die so alt waren. Sie hatten einen Mann und Kinder und einen dicken Hintern. Ich stellte mir vor, dass ich auch einen Mann und Kinder und einen dicken Hintern haben würde, wenn ich so alt wäre. Wahrscheinlich würde ich viele Kinder und kaum noch Zeit für meinen alten Vater nach seiner Entlassung aus dem Gefängnis haben. Außerdem würde ich natürlich im Büro arbeiten und deshalb noch weniger Zeit haben. Ich sah mich in unserer Straße stehen, mit kurzen Haaren und einer gelben Hose. Keine

Ahnung, warum die Hose gelb sein musste. Aber wenn ich mich damals als erwachsene Frau sah, hatte ich diese gelbe Hose an.

Eines Tages würde ein alter Mann in unsere Straße kommen, und ich würde ihn nicht erkennen, bis er an unsere Tür klopfte. Selbstverständlich würde ich noch in unserem alten Haus wohnen, aber natürlich ohne den Onkel und die böse Tante und die blöden Cousins und Cousinen. Bei mir zu Hause würde eine liebevolle, entspannte Stimmung herrschen.

Meine Kinder würden fragen: »Mama, wer ist dieser alte Mann?«

Und ich würde antworten: »Das ist euer Großvater.«

Die Kinder würden fragen: »Wo war Großvater die ganze Zeit?«

Und ich würde irgendeine Geschichte erfinden, in der alles vorkommen könnte, nur nicht das Wort Gefängnis.

So stellte ich es mir vor. Ich ahnte nicht, dass ich meinen Vater nie wieder in Freiheit sehen würde.

Nach dem Urteil wurde Vater aus Agadir weggebracht und nach Kénitra nördlich der Königsstadt Rabat verlegt. Sechs Jahre blieb er dort in der Gefängnispsychiatrie. Manchmal schrieb er uns Briefe. Am Schluss grüßte er uns alle und schrieb dazu: »Und alles Gute für eure liebe Mutter!« Er schien vergessen zu haben, dass Mutter nicht mehr lebte. Dass er sie getötet hatte.

Für mich war das der Beweis, dass Vater endgültig verrückt geworden war. Der Gedanke beruhigte mich: Vater hatte Mutter nicht bei vollem Bewusstsein getötet, aus Hass oder niederen Beweggründen. Er war geistig verwirrt und wusste nicht, was er tat. Vater war kein Mörder. Vater war krank, sehr krank.

Als er in den Normalvollzug verlegt wurde, besuchten ihn meine älteren Schwestern Rabiaa und Mouna. Wir Kleinen durften nicht mit.

Nach Rabiaas Rückkehr fragte ich: »Wie war Vater?«

»Ihm geht es gut«, sagte sie. »Er sah gesund und elegant aus. Ich habe ihn erst gar nicht erkannt, weil er einen Anzug trug.«

»Einen Anzug?«, fragte ich. »Im Gefängnis?«

»Ja, einen braunen Anzug. Ich dachte im ersten Moment, er sei der Direktor, weil die Aufseher ihn so respektvoll behandelten. Monsieur hier, Monsieur da, Monsieur, können wir etwas für Sie tun?«

Ich staunte. »Und was hat Vater gesagt?«

»Er sagte, er habe sehr viel zu tun. Er müsse alle Schreibmaschinen, Fernsehgeräte und Telefone im Gefängnis reparieren und bekomme sogar Geld dafür. Er sagte, ihm gehe es gut, er verwalte die Bibliothek. Wir sollten uns keine Sorgen um ihn machen.«

»War Vater immer noch verrückt?«

»Nein, ich glaube, er ist wieder gesund. Er machte auf mich einen ganz normalen Eindruck!«

Ich wollte fragen, ob Rabiaa und Mouna mit Vater über Mutter geredet hatten. Aber ich wagte es nicht, diese Frage zu stellen. Es war eine unausgesprochene Abmachung zwischen uns Kindern, das Wort »Mutter« nicht mehr in den Mund zu nehmen. Wir versuchten es sogar aus unseren Gedanken und unseren Herzen zu verdrängen.

Nur unsere neue Familie hielt sich nicht an diese Regel. Vor allem Tante Zaina hackte auf Mutter herum.

»Sag mal, Jamila, war deine Mama wirklich eine *sherifa*, eine Heilige?«

Jamila sagte nichts.

»Glaubst du wirklich, dass eine *sherifa* solche Röcke trägt?«, höhnte die Tante.

Sie zeigte uns ein Bild unserer Mutter im kurzen Rock. Vater hatte es zu Hause aufgenommen. Mutter war ein ganz junges Mädchen. Sie sah auf diesem Foto sehr hübsch und sehr unschuldig aus. Uns war das Bild sehr unangenehm, denn niemand außer der engsten Familie sollte eine *sherifa* so sehen.

»Schaut euch das Bild nur genau an, ihr verzogenen Gören!«, rief Tante Zaina. »Das ist das Bild einer Schlampe. Eure Mutter war eine Schlampe. Deshalb hat euer Vater sie umgebracht. Sie hat es nicht besser verdient.«

Wenn Tante Zaina so etwas sagte, fing ich sofort an zu weinen. In meiner Phantasie war Mutter ein Engel. Die Tante zerstörte meine Vorstellung. Tante Zaina war böse.

Rabiaa, die Vernünftigste von uns, sagte: »Tante, man soll die Toten in Frieden ruhen lassen. Bitte sprich nicht so über unsere Mutter.«

Aber Tante Zaina stichelte weiter: »Eine Hure war sie, das weiß doch jeder.«

Meine Schwester Jamila war nicht so vernünftig

wie Rabiaa. Sie war frech und aufbrausend. Sie stampfte mit den Füßen auf und schrie: »Hör auf, du bist gemein! Meine Mutter war eine *sherifa*, und meine Oma war eine *sherifa*, und du hast kein Recht, sie schlecht zu machen. Du bist nämlich keine Heilige. Ganz im Gegenteil.«

Darauf hatte unser Cousin Ali nur gewartet. Er war der bösartigste und gewalttätigste unserer Cousins. Jamila hatte ihren Satz noch nicht beendet, da trat Ali sie schon mit aller Kraft in den Unterleib. Selbst als Jamila bereits am Boden lag, prügelte er weiter auf sie ein.

Tante Zaina lachte hämisch. »Das hast du davon, du unartiges Mädchen. Wer seiner Tante widerspricht, wird bestraft.«

Schlimmer als Tante Zaina war ihre Freundin S'hour, die in den Barackensiedlungen am Stadtrand von Agadir lebte. S'hour war eine der *darbo-shi-faal*, die mir immer Angst einjagten, weil sie mit ihren schrillen Stimmen ihre unheiligen Dienste anboten, wenn sie durch die Straßen zogen: »Hellsehen, Wahrsagen, magische Rituale.«

Ich hielt S'hour für eine Hexe, und wenn ich heute an sie denke, läuft mir noch immer ein Schauder über den Rücken. Sie war eine verdorbene, böse Seele, und ich glaube, Tante Zaina führte mit ihr Zauberrituale aus, um ihren Mann gefügig zu machen. Wenn S'hour ins Haus kam, wurden stinkende Arzneien auf Holzkohle verbrannt, von denen uns Kindern schlecht wurde. Ich bekam Kopfschmerzen und musste mich sogar übergeben.

Gelegentlich kokelten auch Stofffetzen auf dem Feuer. Später erfuhr ich, dass Tante Zaina damit den Samen meines Onkels aufgefangen hatte und ihn verbrannte, um ihn für immer an sich zu binden.

Uns schikanierte S'hour, wo immer sie konnte. Sie redete schlecht über unsere Eltern und verlangte von uns, dass wir ihr die Hand küssten und sie bedienten, als sei sie eine Königin.

Sie säte Zwietracht in unserem Haus, indem sie Dinge sagte wie: »Zaina, meine Freundin, du solltest vorsichtig sein mit dieser Jamila. Sie ist schon bald eine Frau, und sie wird deinen Mann verführen, wenn du nichts unternimmst.«

Jamila war damals gerade dreizehn. Sie half unserem Onkel bei der Arbeit mit den Autos, die er auf der Straße vor dem Haus reparierte. Schließlich trug sie sogar einen blauen Overall wie der Onkel. Tante Zaina hasste es, wenn Jamila mit Onkel Hassan arbeitete.

»Du wartest doch nur, bis du für meinen Mann die Beine breit machen kannst, du kleine Schlampe«, keifte Tante Zaina.

Jamila weinte. »Wie kannst du so etwas sagen, Tante. Dein Mann ist wie ein Vater für mich. Er ist mein Papa.«

Dass Jamila damit nicht die ganze Wahrheit sagte, sondern ein schreckliches Geheimnis für sich behielt, erfuhr ich erst viele Jahre später.

Einmal beobachtete ich eine merkwürdige Begebenheit in unserem Badezimmer. Nach einem Besuch von S'hour fragte die Tante meine Schwester Jamila zuckersüß: »Soll ich dir den Rücken schrubben?«

Das war ungewöhnlich, denn die Tante kümmerte sich sonst nicht um uns. Wir hatten uns angewöhnt, uns gegenseitig zu waschen. Dazu stellten wir einen Eimer mit Wasser auf das Dach und warteten, bis die Sonne es erwärmt hatte. Dann trugen wir es hinunter in das kleine Bad und reinigten uns.

Tante Zaina nahm den rauen Handschuh, mit dem wir unsere Körper von alter Haut befreiten. Ich sah durch das winzige Fenster des Badezimmers, wie die Tante Jamilas Rücken schrubbte. Heimlich sammelte sie dabei die Hautstückchen ein, die sich von Jamilas dunklem Rücken lösten. Ich ließ die Tante nicht aus den Augen. Als Jamilas Bad beendet war, verschwand die Tante mit den Hautresten auf dem Dach und legte sie in einer Ecke auf ein Tuch zum Trocknen.

Ein paar Tage später tauchte S'hour wieder auf. Tante Zaina holte die getrockneten Hautstückchen meiner Schwester, und während die beiden Frauen dumpfe Beschwörungen murmelten, verbrannten sie ihre Beute.

In Marokko weiß jeder, was das bedeutet: ein Beherrschungszauber, mit dem man sich Menschen untertan macht.

Ammi Hassan war kein böser Mann. Wenn Tante Zaina nicht zu Hause war, behandelte er uns liebevoll. Er klaubte sogar die Nissen der Läuse aus unseren Haaren. Sobald aber die Tante auftauchte, verwandelte er sich. Er wurde schroff und abweisend, ein vorlautes Wort reichte, und es setzte Hiebe.

Seit Vater endgültig verurteilt war, spielte Onkel Hassan das Familienoberhaupt. Er war als Treuhänder des Grundstücks eingesetzt, das Vater trotz des Elends, in dem wir gelebt hatten, aus irgendeinem Grund zustand.

Heute gehört uns dieses Grundstück nicht mehr. Rabiaa hat recherchiert, was offenbar geschehen ist: Onkel Hassan hatte in den Papieren lediglich den Namen meines Vaters Houssein Ben Mohammed Ben Abdallah in seinen umgewandelt: Hassan Ben Mohammed Ben Abdallah. Im Arabischen ist der Unterschied in der Schreibweise zwischen Houssein und Hassan noch geringer als in deutscher Schrift.

Ammi Hassan verkaufte das Grundstück und verprasste das Geld. Er brauchte viel Geld, weil er gern trank und sich Kassetten aus der Videothek holte, die er zusammen mit Tante Zaina im Schlafzimmer anschaute. Dann durfte keines der Kinder das Zimmer betreten.

Unsere Cousins und Cousinen freuten sich, wenn Onkel Hassan Geld hatte. Dann kaufte er ihnen Joghurt. Einzeln rief er sie ins Zimmer. Nach kurzer Zeit kamen sie mit einem Becher köstlichem Joghurt heraus und löffelten ihn vor unseren Augen genüsslich aus. Wir bekamen nichts, sondern mussten den anderen zuschauen.

Einmal bettelte ich bei meiner Cousine Fatima: »Bitte gib mir doch ein Löffelchen ab.«

Fatima war noch das netteste der Kinder. Sie aß ihren Joghurt mit der Gabel, da es nicht genug Besteck in unserem Haushalt gab.

»Warte noch ein bisschen«, sagte sie. Dann kratzte sie den Becher aus, bis fast nichts mehr drin war. Vor lauter Vorfreude achtete ich nicht auf die Blicke, die sie mit ihren Geschwistern wechselte. Weit öffnete ich den Mund, um ja nichts zu verpassen. Fatima zog die Gabel aus dem Becher, es war sehr wenig Joghurt daran. Und dann stieß sie die Zinken der Gabel tief in meine Kehle.

Ich schrie auf vor Schmerz. Die Cousins lachten hämisch. Drei Tage konnte ich nichts essen. Nachdem die Wunde verheilt war, bat ich meine Verwandten nie wieder um einen Gefallen.

Sobald das Geld verbraucht war, dachte sich Onkel Hassan neue Tricks aus, wie er Nachschub beschaffen konnte. Das war nicht immer legal.

Anfang der Achtzigerjahre saß er sogar ein paar Monate im Gefängnis, weil er angeblich für französische Gangster gestohlene Autos umlackiert hatte.

Für uns war Onkel Hassans Gefängnisaufenthalt keine gute Zeit. Es gab kein Geld in unserer Familie. Wir waren mittellos und litten Hunger.

Einmal passierte mir vor lauter Hunger etwas sehr Ekelhaftes. Wir hatten nur eine Toilette in unserem Haus für sechzehn Menschen. Seit Onkel und Tante mit ihren Kindern bei uns eingezogen waren, war die Toilette ein unappetitlicher Ort. Unsere Verwandten pflegten sich nicht mit Toilettenpapier abzuwischen, sie reinigten sich mit der Hand. Anstatt jedoch die Hand mit Wasser und Seife zu säubern, streiften sie den Kot an der Wand ab. Die Wände in unserem Klo waren mit Fäkalien verschmiert. Es stank fürchterlich, und dicke Trauben von Schmeißfliegen surrten durch den kleinen Raum. Noch schlimmer war, dass unsere Cousins ihre Notdurft überall im Haus verrichteten, wenn das Klo besetzt war.

Eines Tages kam ich nach Hause, und es roch so lecker nach frisch gebackenem Brot, dass mir das Wasser im Mund zusammenlief. Ich schlich mich in Richtung Küche. Und da sah ich das Brötchen auf der Bank im Hof liegen, braun, noch dampfend vor Wärme. Wahrscheinlich hatte die Tante es vergessen. Mein Magen krampfte sich vor Hunger und Vorfreude zusammen. Ich schaute mich um: niemand da. Blitzschnell stopfte ich mir das Brot in den Mund, schneller, als mein Geschmackssinn mich warnen konnte. Als mein Gehirn registrierte, was ich im Mund hatte, war es bereits zu spät. Es war kein Brot. Es war eine dampfende Kackwurst. Ich rannte zur Toilette und übergab mich.

Alle waren damit beauftragt, etwas Essbares herbeizuschaffen. Ich musste morgens vor und nachmittags nach der Schule mit Jamila die Bäckereien in unserer Nachbarschaft abklappern und das Brot erbetteln. Wir brauchten für unsere große Familie so viel davon, dass eine Betteltour nicht ausreichte. Abends besuchten wir einen entfernten Verwandten, der auf dem Markt Fleisch verkaufte. Wenn wir Glück hatten, gab es Knochen, Knorpel und Reste, aus denen man eine Suppe kochen konnte.

Oft genug kamen wir aber mit leeren Händen nach Hause. Dann setzte es Schläge von der Tante. Sie schrie mich an: »Du warst gar nicht beim Metzger, du verzogenes Miststück, du hast dich rumgetrieben, du Hure, anstatt Essen zu besorgen.«

Ich war acht Jahre alt und wusste nicht, was das Wort »Hure« bedeutete. Aber ich kam auch nicht dazu zu fragen. Denn die Tante pflegte mich auf den Boden zu werfen, sich über mich zu beugen und mich mit ihren spitzen Fingernägeln in die empfindliche Innenseite der Oberschenkel zu kneifen, dicht unterhalb der Schamlippen. Wenn ich wimmerte, rief sie: »Hör auf, so ein Theater zu machen!«

Manchmal vergaß sie die Innenschenkel und schnappte sich gleich meine Wangen. Tief bohrte sie ihre Fingernägel in die zarte Haut und zerrte daran, bis ich blutete. Noch heute sieht man die feinen Narben dieser Tortur in meinem Gesicht.

In dieser Zeit gingen wir oft mit blauen Flecken, blutenden Wunden und knurrendem Magen ins Bett. Eng aneinander gekauert schliefen wir ein und suchten Trost in der Körperwärme des anderen.

Jamila und ich hatten ein süßes Geheimnis, von dem wir hofften, dass es die Tante niemals erfahren würde. Auf unseren Betteltouren zu den Bäckern kamen wir an einem kleinen Hotel vorbei, das einem Mann gehörte, dessen Namen wir nie in Erfahrung brachten. Wir nannten ihn Bou Dirham, der Mann mit dem Dirham. Jedes Mal, wenn wir morgens an seinem Hotel vorbeikamen, lungerten wir am Eingang herum, bis er auf uns kleine Mädchen aufmerksam wurde. Dann kam Bou Dirham heraus, strich uns wortlos über den Kopf und drückte Jamila eine Münze in die Hand, weil sie die Größere war.

Wir hauchten »Allah möge Ihren Eltern gnädig

sein« und machten uns aus dem Staub, bevor Bou Dirham es sich anders überlegte.

Von dem Dirham kauften wir Butter und Marmelade, ließen eines der Brote aufschneiden, verteilten die Butter und die Marmelade darin und wickelten es in eine Zeitung. Wir wagten nicht, davon zu essen, weil die Tante jeden Morgen unseren Atem kontrollierte.

»Haucht mich an!«, befahl sie. Marmelade und Butter hätte sie sofort gerochen. Wir versteckten unsere Beute deshalb bei der Schule unter einem Baum und schlangen sie schnell hinunter, bevor wir zum Unterricht mussten.

Jeden Tag bedauerte ich, dass ich diese Brote nicht genießen konnte. Aber wir hatten Angst, von den Cousins erwischt zu werden. Sie würden uns verpetzen. Und dann gäbe es zu Hause wieder Prügel.

Außerdem durften wir auf keinen Fall zu spät zur Schule kommen. Da wartete nämlich der Direktor, den wir »verkehrte Orangina-Flasche« nannten, weil er einen dicken Bauch und extrem dünne Beinchen hatte. Der Direktor stand Punkt acht Uhr am Schuleingang und hielt ein Stück Gummischlauch in der Hand, mit dem er alle Schüler schlug, die versuchten, nach acht Uhr durch das Tor zu schlüpfen.

Wenn man vom Schlauch des Direktors getroffen wurde, gab es ein dumpfes, schmerzhaftes Klatschen auf der Haut und blutunterlaufene Striemen.

Hinter dem wunderschönen Ort Taroudant, wo mein Vater begraben werden wollte, beginnt das höchste Gebirge Marokkos, der Hohe Atlas. Serpentinen ziehen sich an den schroffen Bergflanken hinauf bis zum Jabal Toubkal, der über viertausend Meter weit in den stets blauen Himmel weist und von ewigem Schnee überzogen ist.

Vor einigen Jahren besuchte ich den Hohen Atlas. Wir gerieten mit unserem Auto auf eine ausgewaschene Piste, die immer tiefer in das Gebirge führte. Unser Wagen war kaum in der Lage, die Strecke zu bewältigen. Links von der Piste ging es über Hunderte von Metern hinunter in grüne Täler, rechts türmten sich haushohe Felsen übereinander.

Ein Junge schlug mit einem Pickel auf das Geröll ein, das von den steilen Bergflanken auf die Straße gefallen war. Wir hielten an und gaben ihm ein paar Dirham. Das ist im Gebirge so üblich. Von den Spenden der Autofahrer ernährt dieses Kind seine Familie. Niemand hat ihn beauftragt, die Straße zu bearbeiten, er macht das, um die Not seiner Angehörigen zu lindern.

Überall in den Bergen sieht man Kinder, die versuchen, irgendein Geschäft zu machen. Wenn sich eines der seltenen Autos nähert, springen sie mit Büscheln von Heilkräutern, Töpfen mit Honig oder Früchten auf die Fahrbahn und bieten die Waren zum Verkauf an.

Schließlich erreichten wir die Gebirgsregion Imentagen. Wir stoppten in einem Bergdorf, weil die Straße plötzlich endete. Ein junger Mann führte uns durch das Dorf hinunter an den Bach, an dem die Frauen ihre Wäsche wuschen und die Männer ihre Esel spazieren führten. Kinder brachten uns Früchte von den Bäumen, und ich probierte, ob ich noch in der Lage war, die Kaktusfeigen zu zerlegen, ohne Stacheln in die Hand und die Finger zu bekommen. Ich gab schon nach der ersten Feige auf. Aber meine Schwester Ouafa, die heute noch als Lehrerin für Analphabeten im Nachbardorf meines Geburtsortes E-Dirh lebt, bereitete uns problemlos ein Dutzend frische Feigen zu, deren Geschmack alles übertraf, was ich in Deutschland jemals an Feigen gegessen hatte.

Ich erinnerte mich gern an diesen Ort im Gebirge, den die Berber Imentagen und die Araber Mentaga nennen. Einmal waren wir Kinder nach dem Tod unserer Mutter dort. Tante Zaina und Onkel Hassan hatten uns mitgenommen, weil es der Heimatort unserer Tante war. Wir liebten das karge Bergdorf, die kühle Luft und die Freiheit in diesem wilden Land. Niemand konnte uns hier kontrollieren, niemand konnte uns schikanieren. Wir waren draußen, spielten und erlebten Abenteuer mit den anderen Kindern.

Eine besondere Bedeutung bekam das Gebirge für mich, als Tante Zainas Mutter in Imentagen starb. Zunächst sah es so aus, als sei es eine Katastrophe, weil wir Geschwister getrennt wurden. Aber im Nachhinein betrachtet, bescherte mir dieses Ereignis achtzehn glückliche Monate.

Natürlich musste die Tante mit Ammi Hassan zur Beerdigung in die Berge fahren. Und selbstverständlich konnte sie fünfzehn Kinder nicht mitnehmen (unterdessen hatte sie schon wieder ein Baby bekommen: Hafida). Deshalb durften nur die Cousins und Cousinen und meine Schwester Mouna mit. Wir anderen wurden weggeschickt.

Tante Zaina setzte Jamila, die damals zehn Jahre alt war, mit Ouafa, fünf, und Asia, drei, in den Bus nach Tiznit. »Fahrt zu eurer *sherifa*-Oma, die soll sich um euch kümmern. Das wird sie schon schaffen, diese Heilige.«

Für Jamila war das keine Vergnügungsreise. Der Bus stoppte alle paar Kilometer, um noch mehr Passagiere aufzunehmen; dabei waren schon alle Sitzplätze belegt. Am Schluss saßen Ouafa und Asia auf Jamila. Asia erbrach sich die ganze Zeit vor Aufregung, und Ouafa quengelte, weil sie Hunger hatte.

Als die drei schließlich in Tiznit ankamen, war Monsieur »Autobus« wieder einmal nicht zu finden. Erst am Abend trafen meine Schwestern bei Großmutter in E-Dirh ein.

Großmutter wusste nichts von dem Besuch. Aber

sie bereitete ihren Enkelinnen ein Lager neben ihrem Bett im Schlafzimmer über dem Eingangstor und sprach mit ihnen die Sure 94 aus dem Koran *Asch-Scharh*, »Das Weiten«:

»Im Namen Gottes, des Gnädigen, des Barmherzigen. Haben wir dir nicht deine Brust geweitet, dir deine Bürde abgenommen, die schwer auf deinem Rücken lastete, und dein Ansehen erhöht? Mit dem Schweren kommt die Erleichterung. Ja, mit dem Schweren kommt die Erleichterung. Bist du mit der Verkündigung fertig, strenge dich im Gebet an, und wende dich deinem Herrn allein zu! Amen.«

Diese Sure rezitiert man nur, wenn Verzweiflung das Herz umklammert und kein Ausweg in Sicht ist. Ich glaube, Großmutter hoffte, Allah werde ihr in dieser schwierigen Situation helfen. Sie liebte ihre Enkelkinder. Aber gleichzeitig hatte sie Angst davor, sie bei sich aufzunehmen.

»Was ist, wenn mein Schwiegersohn aus dem Gefängnis kommt? Er wird uns alle töten«, flüsterte sie ihrem Sohn Khali Ibrahim und seiner Frau Fatima zu.

»Er ist verurteilt und eingesperrt«, sagte Onkel Ibrahim, »Allah sei Dank.«

»Ich weiß nicht«, erwiderte Großmutter, »ich habe kein gutes Gefühl.«

Jamila bettelte aber für ihre Geschwister: »Bitte, Großmutter, behalte Asia und Ouafa bei dir. Es geht uns nicht gut in Agadir. Hier leben sie sicher.«

Schließlich gelang es Jamila, Tante Khadija zu überreden, Asia und Ouafa bei sich zu behalten. Tante Khadija lebte mit ihrem Mann Mohammed im Nachbarort Igraar. Mohammed war viel älter als unsere Tante und ein sehr liebevoller Mensch. Die beiden hatten keine Kinder.

Jamila fuhr allein nach Agadir zurück. Unsere Schwestern blieben bei Tante Khadija, bis sie erwachsen waren.

Unsere Familie war für viele Jahre getrennt. Daher bin ich nicht mit Ouafa und Asia aufgewachsen. Als mir klar wurde, dass ich sie in unserem Haus in Agadir so bald nicht mehr sehen würde, wurde mir bewusst, dass unsere Familie nicht mehr existierte. Mutter tot, Vater im Gefängnis, meine kleinen Schwestern auf dem Land. Für mich war diese Erkenntnis ein Schock.

Ich war traurig, weil ich mich nun allein fühlte. Und ich war neidisch, weil Asia und Ouafa es so gut getroffen hatten. Sie lebten bei der Familie meiner Mutter. Sie hatten im Lehmhaus meiner Tante ein eigenes Zimmer, einen eigenen Schrank. Ja, jede von ihnen hatte eine eigene Kuh. Ich hatte nur einen Pappkarton, in dem ich ein T-Shirt und eine Hose aufbewahrte. Und wenn ich Pech hatte, machten meine Cousinen den Karton kaputt und warfen das T-Shirt auf den Boden.

Ich hatte nichts mehr für mich allein. Nicht einmal meine Unterhosen gehörten mir. Wenn ich sie frisch gewaschen hatte, klauten meine Cousinen sie von der Leine. Ich gewöhnte mir an, so lange vor den

Höschen sitzen zu bleiben, bis sie trocken waren und ich sie wieder anziehen konnte.

Es gab keine Privatsphäre im Haus meines Onkels. Meine Identität löste sich auf. Wer gehörte zu mir? Wer war gegen mich? Wem konnte ich vertrauen?

So entwurzelt wie in dieser Zeit hatte ich mich noch nie gefühlt, nicht einmal nach dem Tod meiner Mutter.

Ihren Tod suchte ich zu vergessen. Ich hatte keine Gelegenheit, um sie zu trauern. Dazu war mein neues Leben zu hart. Ich war damit beschäftigt, nicht unterzugehen. Auf der Straße zeigte ich mich gewitzt und stark. Ich wollte kein Mitleid, sondern Respekt. Aber der Verlust meiner Schwestern und damit meiner Familie war eine tiefe, schmerzende Wunde in meiner Seele.

Rabiaa, Jaber und mich brachte Onkel Hassan zu Bekannten in Dscheira, einem Vorort von Agadir. Familie El-Amim bestand aus sieben Personen. Der Vater war gestorben. Nur noch sein Bild hing als beeindruckende Schwarz-Weiß-Fotografie im Wohnzimmer. Jetzt führten seine beiden Witwen den Haushalt: Khalti Neshma und Khalti H'djia. Sie hatten fünf erwachsene Kinder, die alle noch bei ihnen lebten.

Khadija war eine sehr merkwürdige Persönlichkeit, sehr dick und sehr unzufrieden. Bei den gemeinsamen Mahlzeiten nahm sie fast gar nichts zu sich. Aber wenn sie allein war, stopfte sie Brot kiloweise in sich hinein. Abends sah man sie manchmal in einem seltsamen Plastikoverall ihre Runden im Innenhof des Hauses drehen. Sie sah darin aus wie ein Astronaut auf dem Mond.

»Was machst du da?«, fragte ich.

»Ich nehme ab.«

»In einem Mondanzug?«

»Das ist kein Mondanzug, sondern ein Abnehmanzug. Den habe ich aus Frankreich bekommen. Wenn man ihn anhat, muss man ganz stark schwitzen und wird dünn wie eine Französin.«

»Aha«, sagte ich.

»Du wirst schon sehen!«, rief Khadija.

Aber sie meinte weniger mich als ihren Bruder Hassan, der kichernd an der Hauswand lehnte.

Hassan hatte einen riesigen Schnurrbart und eine wunderschöne Kutsche mit zwei Pferden, die er vermietete. Mit Hassan gab es viel zu lachen: Jeden Abend aß er Spiegeleier, und danach hatte er starke Blähungen. Deshalb brauchte er beim Beten immer am längsten. Wer während des Gebets einen Wind lässt, muss noch einmal von vorn beginnen. Bei dem ständigen Vorbeugen und Niederknien, das im Islam zum Gebet gehört, gelang es Hassan nur selten, alle Winde bei sich zu behalten.

Zahra war der liebevollste Mensch, den ich getroffen habe, nachdem meine Mutter gestorben war. Sie war von Beruf Schneiderin und nähte mir hübsche spanische Kleidchen aus den Resten der Stoffe, die ihr von den Kunden gebracht wurden. Wenn Zahra etwas zu erledigen hatte, nahm sie mich mit.

Abdu arbeitete als Automechaniker. Wenn er

abends nach Hause kam, duschte er, zog sich um, sagte kein Wort und verschwand wieder. Ich glaube, ich habe nie mit ihm gesprochen.

Amina war die Jüngste, sie hatte damals gerade ihr Abitur gemacht. Wir fanden sie sehr klug und verwöhnt. Überall im Gesicht hatte sie süße Sommersprossen und dazu kurze rote Haare. Bis heute weiß ich nicht, ob sie die Tochter von Tante Neshma oder Tante H'djia war. Weil Amina so klug war, hatte sie ein eigenes Zimmer, darin Kissen mit roten Herzchen drauf, die Zahra genäht hatte. Man durfte sie nicht stören, wenn die Tür geschlossen war. Dann lernte Amina nämlich und wurde noch ein bisschen klüger.

Außerdem gab es einen Sohn namens T'hami. Er lebte in Frankreich, und wenn er seine Familie besuchte, brachte er Tausende von wunderbaren Dingen aus der Fremde mit. Zum Beispiel riesige Stofftiere. Es gab einen braunen Plüschhund von T'hami und einen Tiger, die beide so schön waren, dass sie im Wohnzimmer einen Ehrenplatz bekamen und ich sie nie anfassen durfte.

»Sonst geht der Tiger kaputt«, sagte Khalti H'djia.

Dinge, die T'hami aus Frankreich nicht mitbringen konnte, kaufte er seiner Familie hier. Einmal, mitten im Ramadan, besorgte er einen Kühlschrank. Kaum war der Kühlschrank im Haus, erlebte ich, wie T'hami eine Flasche Wasser aus dem Kühlschrank nahm, sie an seine Lippen setzte und trank, bevor er sie in den neuen Kühlschrank stellte. Mitten am Tag! Im Fastenmonat Ramadan!

Ich war schockiert und fasziniert zugleich. Bei uns

zu Hause hätte niemand gewagt, im Fastenmonat irgendetwas zu trinken, bevor die Sonne untergegangen war. Aber bei T'hami fand ich das vollkommen okay; schließlich lebte er in Europa.

Ich fand Europa toll, weil man dort am helllichten Tag Wasser trinken durfte. Und außerdem erschien mir T'hami viel cooler als die Leute, die in Marokko lebten. Manchmal lachte er über Dinge, die bei uns *h'chouma* waren: Sünde. Bei uns in Marokko war immer irgendetwas Sünde und deshalb verboten. In Europa, so schien es mir, gab es viel weniger Sünden und Verbote. Ich überlegte mir, ob ich T'hami fragen sollte, ob er mich vielleicht mitnimmt in diese andere Welt, in der alles so einfach und lustig zu sein schien. Aber ich wagte es nicht, ihn zu fragen.

Einmal machte T'hami eine ganz große *h'chouma*. Er nahm eine Dirham-Note und faltete das Konterfei unseres Königs auf dem Geldschein so lange, bis sein Ohr aussah wie ein Hase. Erst hielt ich die Luft an vor Entsetzen. Unser König! Hassan II.! Mit einem Hasenohr! Das war ein unglaublicher Frevel. Nie hätte ich es gewagt, so etwas zu tun.

Aber T'hami lachte einfach über seinen Trick, als sei das ein großartiger Scherz. Ich merkte mir, wie er das gemacht hatte. Und als ich das nächste Mal mit einem Geldschein beim Laden an der Ecke war, sagte ich zu dem Besitzer: »Sidi, ich weiß einen ganz tollen Trick. Wollen Sie ihn sehen?«

»Ja, meine Tochter, zeig mir, welchen Trick du kannst.«

Ich nahm den Geldschein und faltete ihn, bis

das Ohr des Königs wie ein Hase aussah. Ich dachte, der Ladenbesitzer würde auch darüber lachen wie T'hami. Aber der Mann lachte überhaupt nicht, sondern schaute nur entsetzt.

Eine Sekunde später wusste ich, warum. Eine Hand packte mich am Schlafittchen. Mein hübsches spanisches Kleid rutschte hoch, ich bekam kaum noch Luft. Ich drehte mich um. Und da stand ein riesiger Soldat in Uniform.

Er schaute sehr ernst. »Mädchen«, sagte er, »willst du meinen Sidi verhöhnen?«

»Nein, ich wollte nur zeigen, was für einen tollen Trick ich kann. Guck, der Sidi sieht am Ohr aus wie ein Hase.«

Ich hätte das nicht sagen sollen. Der Soldat schaute plötzlich so böse, dass ich vor lauter Angst gleich in die Hose machte.

»Verschwinde«, rief der Soldat, als er die Bescherung bemerkte, und ließ mich los, »bevor ich es mir anders überlege, du kleiner Schlaumeier!«

Ich rannte, so schnell ich konnte, nach Hause. Ohne Einkäufe, den Hasenkönig in die Faust geknüllt. Zu Hause strich ich den Geldschein glatt. Seitdem habe ich den König nie wieder zum Hasen gemacht.

Nach drei Wochen stand Onkel Hassan vor der Tür von Familie El-Amim.

»Die Beerdigung ist vorbei«, sagte er, »ich komme, um meine Nichten und Neffen abzuholen.«

Aber Familie El-Amim hatte mich ins Herz geschlossen.

»Bitte, Hassan«, sagte Tante Neshma, »lasst die

kleine Ouarda bei uns. Sie fühlt sich wohl hier. Und für euch ist es eine Entlastung.«

Onkel Hassan diskutierte nicht lange, packte Rabiaa und Jaber in seinen rostigen Renault und fuhr weg. Ich weinte. Aber nur ein bisschen, weil ich Tante Neshma viel netter fand als Tante Zaina.

Für mich begann eine glückliche Zeit. Meiner neuen Familie ging es gut, sie hatte genug Geld, um den Alltag zu bewältigen, und jeden Tag gab es so viel zu essen, bis man satt war. Und es herrschte eine liebevolle Atmosphäre voller Geborgenheit. Das hatte ich noch nie erlebt, dass in einer Familie nicht geschlagen und kaum gestritten wird. Außerdem war das Klo sehr sauber, niemand wischte sich die schmutzigen Hände an den Wänden ab.

Das einzige Problem war, dass es in diesem Stadtteil keine Wasserleitungen gab. Das Brauchwasser holte meine neue Familie aus dem Brunnen. Aber das Trinkwasser musste ich herbeischaffen. Familie El-Amim hatte Bekannte im nächsten Viertel, das schon an die Wasserversorgung angeschlossen war. Jeden Morgen ging ich mit zwei Fünf-Liter-Kanistern aus Plastik dorthin, füllte die Behälter und schleppte sie zurück. Vielleicht ist das der Grund dafür, dass meine Arme länger sind als meine Beine. Die Kanister ließen sich wegen ihrer Form nicht auf dem Kopf balancieren, wie in Marokko bei schweren Lasten üblich. Sie hatten keinen glatten Boden.

Nur wenn große Feierlichkeiten bevorstanden, spannte Hassan seine Pferde vor die Kutsche und fuhr in das Nachbarviertel, um Wasser in großen

Bottichen zu holen. Ich rannte hinter Hassan und seinen Pferden her.

»Bitte, Hassan, nimm mich mit.«

Aber meist wollte Hassan keinen Beifahrer auf dem Kutschbock haben. Er knallte mit der Peitsche, lachte mit seinem Schnurrbartgesicht und verschwand in einer Staubwolke.

Manchmal durfte ich aber zu ihm hinaufklettern. Dann saß ich neben ihm, stolz und glücklich, hoch über den Fußgängern im Staub, schneller als alle anderen in der Straße.

Ich liebte es, neben Hassan auf dem Kutschbock zu sitzen. Ich liebte es aber auch, wenn er lachend davonfuhr. Ich fand das normal: Männer fahren Kutsche, und Kinder rennen hinterher. Ich war froh, in dieser glücklichen Familie Kind sein zu dürfen.

In dieser Zeit verlor ich meine ersten Milchzähne. Das heißt, ich verlor sie doch nicht, denn die Milchzähne steckten noch fest im Unterkiefer, aber hinter ihnen bohrten sich schon die zweiten Zähne durch. Eines Tages hatte ich vier Schneidezähne in Zweierreihe im Unterkiefer. Die Kinder unserer Straße fanden das aufregend; alle wollten mein Krokodilgebiss sehen. Ich zeigte es aber nur meinen besten Freunden hinter einer Hausecke. Bei den anderen kniff ich die Lippen fest zusammen.

»Bitte«, bettelten die anderen Kinder, »darf ich mal gucken?«

Ich genoss meine Macht. »*La*«, zischelte ich durch meine geschlossenen Lippen, »ich zeig's dir nur, wenn ich ein Bonbon bekomme.«

So kam es, dass ich mehr Zähne hatte als alle anderen Kinder – und auch mehr Bonbons.

Familie El-Amim machte sich Sorgen, weil die Milchzähne auch nach Wochen immer noch keine Anstalten machten zu wackeln. Sie brachten mich zu einer Nachbarin, die so viele Kinder hatte, dass man sie in der Straße für eine Expertin bei Kinderproblemen hielt.

Die Nachbarin fackelte nicht lange, nahm eine Zange und brach mir die beiden Milchzähne heraus. Danach konnte ich ein paar Tage lang keine Bonbons mehr essen und musste die bleibenden Zähne ein paar Monate lang den ganzen Tag mit der Zunge nach vorn schieben, damit sie nicht schief und krumm wurden.

»Wollt ihr sehen, wie ich meine neuen Zähne mit der Zunge nach vorn drücke?«, fragte ich die Kinder auf der Straße. »Gebt mir ein Bonbon, und ich zeige es euch.«

Aber niemand war an dem Zungentrick interessiert.

Dscheira ist ein traditionelles Viertel. Hier wurde ich zum ersten Mal mit den alten Bräuchen meines Volkes konfrontiert.

Beim großen jährlichen Opferfest Eid al-Adha, das drei bis vier Tage dauert, erinnern sich die Menschen an Abrahams Bereitschaft, Gott seinen Sohn zu opfern. Jede Familie, die es sich leisten kann, schlachtet einen Hammel und gibt Bedürftigen davon ab. Die anderen schlachten wenigstens einen Gockel.

Die Männer der Familien aus Dscheira, die es sich leisten konnten, einen Hammel zu schlachten, hüllten sich in die frisch abgezogenen Felle der Opfertiere, setzten sich eine Hammelmaske auf, nahmen die abgehackten Tierfüße in die Hand und machten die Straßen unsicher. Angeblich brachte es Glück, wenn sie jemanden mit den Hufen berührten. Aber ich hatte Angst vor diesen Männern. Schreiend rannte ich davon, und im Nachhinein stellte sich heraus, dass das gut war.

Unser Nachbarmädchen Jalila hatten die Männer erwischt. Danach war sie von einem Dschinn, einem unserer zwielichtigen Geister, besessen.

Ich schlich mich in das Haus des Opfers, weil Jalila nach mir gerufen hatte. Das Mädchen saß mit mir auf dem Diwan und erzählte, wie die Männer in den Hammelfellen sie berührt hatten. Es war eine aufregende Geschichte. Sie war geflohen und hatte es fast geschafft, den Hammel-Männern zu entkommen, da stolperte sie über einen Kanalisationsdeckel. Niemand geht freiwillig über einen Kanalisationsdeckel, weil darunter die Dschinn leben. Normalerweise macht jeder Marokkaner einen weiten Bogen um solche Deckel. Aber Jalila hatte auf ihrer Flucht nicht daran gedacht, diese zu meiden. Jetzt lag sie da, unter ihr die gurgelnden und stinkenden Rohre der Kanalisation. Im Einflussbereich der Dschinn und den Hammel-Männern ausgeliefert.

Mit vor Schreck geweiteten Augen sah sie, wie die blutigen Hammelfüße auf sie zukamen und ihren Körper berührten. Jalila machte sich ganz klein und schloss die Augen. Als sie sie wieder öffnete, waren die Männer verschwunden, Jalila lag allein im Schmutz der Straße.

Die Geschichte war beunruhigend, und ich hatte eine Gänsehaut wegen der Dschinn. Trotzdem hatte ich mir das alles noch viel schlimmer vorgestellt. Die Gerüchte in Dscheira sagten, dass man den Dschinn, von dem Jalila besessen war, sehen und hören könnte. Bisher merkte ich noch nichts von ihm.

Aber plötzlich begann Jalila mit einer Stimme zu schreien, wie ich sie noch nie gehört hatte, so laut und schrill und unheimlich, als stamme sie nicht von einem Menschen.

»Jetzt kommt der Dschinn aus meinem Mund, siehst du ihn?«, kreischte sie.

Ich sah nichts. Ich konnte auch nicht antworten, denn der Schreck lähmte mich.

»Er bohrt sich in meinen Bauch. Ayieeeeehhh! Hilfe!«

Dann fiel sie in Ohnmacht. Die ganze Familie stürzte in den Raum. Ich machte, dass ich wegkam, und wagte es von diesem Tag an für viele Monate nicht mehr, nach Einbruch der Dunkelheit auf der Straße zu bleiben. Jeder weiß, dass die Dschinn vor allem nachts ihr Unwesen treiben.

Bei einer anderen Gelegenheit besuchte meine neue Familie ein traditionelles Fest im Souk von Dscheira. Die Männer schlugen rhythmisch auf ihre Trommeln ein. Ein Klangteppich lag über dem Marktplatz, von dem mir schwindelig wurde. Die Musik hörte nicht auf, sondern wurde immer schneller. Die Männer tanzten mit stampfenden Schritten. Schließlich zerschlugen sie Glasflaschen auf dem Boden und schritten barfuß darüber. Ich hielt vor Schreck die Luft an und konnte mir ihre Füße ganz genau ansehen, weil ich als kleines Mädchen vorn sitzen durfte: kein Blut, keine Wunden.

Dann nahmen die Männer Metallspieße, auf die Köche normalerweise Lammfleischstückchen stecken, um sie über offenen Holzkohlefeuern zu Brochette zu grillen. Aber diese Männer machten keine Fleischspieße, wie ich es erwartet hatte, sondern stachen sich die Spieße tief in die Haut des Rückens und der Brust.

Schnell verließ ich die erste Reihe und versteckte mich hinter der dicken Khadija, die immer so viel Brot in sich hineinstopfte. Trotzdem sah ich, wie die Männer mit den Händen die Glasscherben auf dem Boden ergriffen und sich damit das Gesicht einrieben. Einige aßen sogar Glas.

»Was sind das für Männer?«, flüsterte ich.

»Das sind *issaua*, heilige Männer«, sagte Khadija.

»Warum passiert denen nichts, wenn sie Glas essen?«

»Weil sie heilig sind, du Dummerchen. Sie spüren keinen Schmerz. Allah schützt sie.«

Ich war fasziniert und beunruhigt zugleich. Die anderen Menschen in der Menge schienen auch nicht alle zu wissen, dass Allah die *issaua* schützt. Manche schrien entsetzt auf. Einige riefen: »Im Namen Allahs, rette uns!«

Hinter dem Rücken von Khadija fühlte ich mich einigermaßen sicher. Ich spürte die Energie, die von diesen uralten Ritualen ausging, aber ich wusste, sie konnten meiner Seele nichts anhaben, solange es Menschen gab, die mich beschützten.

In dieser Nacht schlief ich unruhig. Im Traum sah ich Männer, die sich mit Glas, Feuer und scharfen Metallspießen quälten. Tief drangen die Gegenstände in ihre Körper ein, aber kein Blut kam heraus. Als ich im Traum genau hinschaute, sah ich, dass es gar keine Männer waren. Es waren Dschinn, mächtige Wesen, die plötzlich erschienen und sich wieder auflösten. Einer der Dschinn sah aus wie mein Vater. Als ich ihn jedoch näher betrachten wollte, war es doch nur Onkel Hassan.

Ich war froh, als ich aufwachte. Schnell schlich ich mich hinüber zu Zahra, schlüpfte unter ihre Decke und kuschelte mich eng an ihren warmen Körper. Wer einen warmen Körper zum Kuscheln hat, muss vor den Wesen der Unterwelt niemals Angst haben.

Familie El-Amim fand mich nicht nur liebenswert, sondern auch sehr klug. Auch das war eine neue Erfahrung für mich: Es gab Menschen, die mich nicht nur gern mochten, sondern mir auch einiges zutrauten. Khadija, die noch keinen Mann hatte und ständig zu Hause saß, hatte ein kleines Buch mit Tierbildern, unter denen die Namen der Tiere in arabischer Schrift standen. Jeden Tag, wenn ich das Wasser geholt hatte, setzte sich Khadija zu mir, öffnete das Buch und versuchte mir die Schrift beizubringen. Natürlich kannte ich die meisten Tiere des Buches: Schafe, Pferde, Vögel, Kamele, Esel. Fehlerlos nannte ich ihre Namen und fuhr dabei, wie es sich gehörte, mit dem Finger die arabischen Buchstaben von rechts nach links nach, ohne auch nur einen Blick darauf zu verwenden.

Khadija merkte nicht, dass ich gar nicht las, sondern nur die Bilder anschaute.

»Kommt alle her«, rief sie stolz, »ich will euch etwas zeigen!«

»Was denn?«, fragte Khalti Neshma.

»Ich habe Ouarda das Lesen beigebracht«, rief Khadija, »es war nicht einfach, aber jetzt kann sie es.«

Die ganze Familie lief herbei. Alle standen mit erwartungsvollen Gesichtern um Khadija und mich herum.

»Lies es ihnen vor«, flüsterte Khadija. »Du brauchst dir keine Sorgen zu machen, du kannst es.«

Wenn Khadija wüsste! Ich nahm mir vor, sie nicht zu enttäuschen.

»Schaf« – das war leicht.

»Kamel« – kein Problem.

»Kuh« – sofort erkannt.

»Affe« – lächerlich einfach.

Khadija grinste zufrieden. Die Familie staunte.

Aber jetzt kam ein seltsames Tier. Es war braun und hatte ein Muster auf dem Fell und einen sehr langen Hals, auf dem ein absonderlich kleiner Kopf saß. Ich wusste, dass Khadija mir schon einmal gesagt hatte, wie dieses Tier hieß. Aber ich konnte mich nicht mehr erinnern.

Um ein wenig Zeit zu schinden, legte ich meine Stirn in Falten, machte meinen Finger feucht und fuhr die unbekannten Schriftzeichen unter dem Bild nach. Ich machte das einmal – immer noch fiel mir der Name dieses verdammten Tiers nicht ein. Und noch einmal. Und dann ein drittes Mal. Das Publikum wurde langsam unruhig. Jetzt musste ich endlich etwas sagen.

»Ziege«, sagte ich.

Die Familie schwieg. Khadija schwieg.

»Ziege«, sagte ich noch einmal, aber sehr leise.

Die Familie schwieg noch immer. Schließlich lachte Hassan sein Schnurrbartlachen. Und dann lachten Amina und Zahra, und am Schluss lachte die ganze Familie El-Amim. Nur Khadija und ich lachten nicht.

»Es ist eine Giraffe«, sagte Khadija. »Du kannst gar keine Buchstaben lesen. Du hast mich reingelegt.«

Danach war sie ein paar Tage beleidigt. Und dann wurde ich in der Schule angemeldet.

Ich bekam einen Schulranzen, der vom Schuhmacher extra angefertigt worden war, Hefte, Bleistifte und Buntstifte und eine weiße Kittelschürze. Außerdem hatte ich wunderbare weiße Sandalen.

Am ersten Schultag schrubbte mich Zahra noch in der Morgendämmerung, kontrollierte, ob meine Zähne sauber geputzt waren, behandelte mein langes schwarzes Haar mit Olivenöl und flocht mir zwei dicke Zöpfe. Ich fand, dass ich sehr schön aussah.

Zahra brachte mich zur Schule. Leider wurden meine weißen Sandalen auf dem Weg ganz staubig. Am Eingang zur Schule machte ich sie schnell noch mit Spucke sauber. Jetzt hatte ich zwar blitzblanke Schuhe, aber einen schmutzigen Zeigefinger.

Unser Lehrer war jung und modern. Er trug Jeans und ein Jackett mit aufgesetzten Lederflicken an den Ellbogen. Im Klassenzimmer setzte ich mich an einen Platz mitten in den Bankreihen. Neben mir saß ein Mädchen, aber ich erinnere mich nicht mehr an sie. Der Tisch und die Bank waren aneinander geschraubt. Wenn man die Bank bewegte, bewegte sich auch der Tisch. Im Tisch war ein Loch, und ich wunderte mich, wozu das wohl dienen mochte.

Am nächsten Tag wusste ich es: In das Loch kam das Tintenfass. Wenn wir unseren Füllfederhalter auffüllten, gab das jedes Mal eine Sauerei. Dann mussten wir den Tisch und unsere Hände mit Klorix reinigen.

Ich war keine gute Schülerin. Der Lehrer war sehr grob zu mir. Ich vermute, er war von einem Tick genervt, den ich mir angewöhnt hatte. Bei jeder Frage hob ich den Finger und fuchtelte wie wild damit in der Luft herum, auch wenn ich die Antwort nicht wusste. Ich hoffte, dass er mich nicht aufrufen würde, wenn ich so tat, als hätte ich alles gelernt und verstanden. Ich hatte nämlich Angst davor, Schläge mit dem Holzlineal zu bekommen, wenn ich etwas Falsches sagte. Alle Kinder bekamen Schläge, wenn sie etwas Falsches sagten. Das kannten wir schon von der Koran-Schule. Es war nichts Besonderes, aber auch nicht erstrebenswert.

Meine Strategie scheint nicht gut funktioniert zu haben. Immer wieder wurde ich dabei erwischt, dass ich mich meldete, obwohl ich von der richtigen Antwort keine Ahnung hatte. Meistens hatte ich sogar vor lauter Nervosität die Frage vergessen.

Eines Tages muss der Lehrer wohl genug von mir gehabt haben. Er fragte: »Wer ist eigentlich erziehungsberechtigt bei dir?«

»Erziehungsberechtigt?« Ich wusste nicht, was das bedeutete.

»Wer kümmert sich um dich?«

»Alle«, sagte ich stolz. »Khadija hat mir das Lesen beigebracht. Zahra näht meine Kleider. T'hami hat riesengroße Kuscheltiere, aber ich darf sie nicht anfassen. Manchmal fahre ich sogar mit Hassan in der Kutsche…«

»Das ist mir egal«, unterbrach mich der Lehrer streng. »Ich will mit deinen Eltern sprechen. Deine Versetzung ist nämlich gefährdet.«

Ich senkte den Kopf. Kaum hörbar murmelte ich: »*Ye*, mon maître, ich werde es ausrichten.«

Nach dem Unterricht rannte ich nach Hause und weinte und wollte nie wieder in die Schule gehen.

»Was ist denn los, meine Kleine?«, fragte Zahra, die zu meiner engsten Vertrauten geworden war.

Ich schluchzte nur.

»Willst du es mir nicht sagen?«

Ich schüttelte den Kopf.

Zahra nahm mich in den Arm und zog mich an ihren Busen, bis meine Tränen versiegten.

»Siehst du«, sagte sie, »es geht dir schon besser. Wenn du jetzt noch sagst, was dich bedrückt, kriegst du ein Bonbon von mir.«

Ich schniefte. »Was für eins?«

»Du kannst es dir aussuchen.«

»Okay, ich erzähle es. Der Lehrer will mit meinen Eltern sprechen. Aber ich habe doch gar keine mehr.«

Ich begann wieder zu weinen. Zahra strich mir über den Kopf. Ich wünschte mir so sehr, dass sie nun sagen würde: Mein Kleines. Ich bin deine Mama. Ich werde dich immer beschützen.

Ich hörte sogar für einen Moment auf zu schluchzen, um diesen lebenswichtigen Satz nicht zu verpassen. Aber ich hörte nichts. Ich spürte nur, dass sie auch weinte.

Nachdem sie sich beruhigt hatte, sagte sie: »Ich kümmere mich darum.«

Das war besser als nichts.

»Ich gebe dir einen Brief für den Lehrer mit«, sagte sie.

Dann setzte sie sich an einen Tisch und schrieb mit sehr schönen arabischen Schriftzeichen einen wunderschönen Brief, den ich nicht lesen konnte, weil ich eine so schlechte Schülerin war. Den Brief schob sie in einen wunderbaren Umschlag aus feinem Papier, befeuchtete die Gummierung mit der Zunge, klebte den Brief zu und steckte ihn in meinen Ranzen.

Am nächsten Tag gab ich den Brief meinem Lehrer. Er saß an seinem Pult neben der Tafel und bedeutete mir, an meinen Platz zu gehen. Er öffnete den Brief, las ein wenig, schaute mich an, las wieder ein wenig und schaute mich abermals an.

Er sagte nichts. Aber von diesem Tag an behandelte er mich wie eine Prinzessin. Bis heute weiß ich nicht, was in dem Brief stand, aber ich weiß, dass mir die Schule mit diesem Lehrer plötzlich Spaß machte und ich am Ende der ersten Klasse die beste Schülerin von allen war.

Beim zweiten Ramadan in Dscheira fühlte ich mich als Schülerin schon so groß, dass ich unbedingt mit den anderen fasten wollte. Alle Mitglieder der Familie El-Amim außer mir waren erwachsen und richteten sich nach den Fastenregeln des Korans. Sie besagen, dass man im Fastenmonat von Sonnenauf- bis Sonnenuntergang nichts zu sich nimmt, keine Speisen, keinen Kaugummi, keine Zigarette, nicht einmal einen Schluck Wasser.

Erst nach Sonnenuntergang wird das Fastengebot aufgehoben. Der Muadhin löst auf der Kuppel der Moschee eine Sirene aus, die minutenlang heult. Als Kind versuchte ich immer, den Ton mitzuheulen, aber mein Atem reichte dafür nicht aus. Blitzschnell leeren sich die Straßen. Alle Menschen eilen nach Hause. Endlich Essen!

Zunächst gibt es Harira, eine nahrhafte Suppe aus Linsen, Kichererbsen, Fleisch und Reis. Dazu reicht man reife Datteln und Sh'bakia, ein mit Honig gesüßtes Gebäck. Wer noch nicht satt ist, bekommt M'semmen, eine Art hauchdünnes Fladenbrot, oder Crêpe mit Naturjoghurt. Dazu trinkt man Milchkaffee oder den traditionellen marokkanischen Tee mit Minze, der gut ist für Körper und Seele.

Lange vor Sonnenaufgang schallt der Ruf des Muadhin vom Turm der Moschee:

»Allahu akbar, Allah ist groß, es gibt keinen Gott außer ihm, Mohammed ist sein Prophet, komm zum Gebet. Beten ist besser als schlafen. Allahu akbar.«

Dann stehen alle Erwachsenen auf, frühstücken und beten. Diese Mahlzeit wird *sohor* genannt und besteht zumeist aus den Resten des Abendessens vom Vortag.

Kinder nehmen am Ramadan erst teil, wenn ihnen Schamhaare wachsen. Bis dahin sind sie vom Fasten befreit.

So lange wollte ich aber auf keinen Fall warten, denn ich fand Ramadan sehr aufregend. Vor allem weil die Nacht der Macht *(al-qadr)* bevorstand. In dieser Nacht vom 26. auf den 27. Ramadan hat Allah Mohammed seine Offenbarung geschickt. Die Menschen gehen in die Moschee und beten die Sure 97 *Al-Qadr*, »Die Bestimmung«:

»Im Namen Allahs, des Erbarmers, des Barmherzigen! Siehe, wir haben den Koran in der Nacht der Macht geoffenbart. Und was bedeutet die Nacht der Macht? Die Nacht al-qadr ist besser als tausend Monde. Hinab steigen die Engel und Gabriel mit der Erlaubnis des Herrn zu jeglichem Geheiß. Frieden ist sie bis zum Aufgang der Morgenröte. Amen.«

In der Nacht der Macht zu beten ist tausendmal so wertvoll wie ein Gebet an jedem anderen Tag.

»Bitte«, sagte ich zu Zahra, »darf ich morgen auch fasten?«

Zahra brachte mich gerade ins Bett. »Du bist zu klein, Blümchen.«

»Aber ich bin gar nicht mehr klein!«

Ich quengelte so lange, bis Zahra schließlich entnervt sagte: »Okay, ich werde dich morgen früh wecken, wenn der Muadhin ruft.«

Am nächsten Morgen weckte mich natürlich niemand, sondern ich wachte von allein auf. Es war dunkel im Zimmer, der Muadhin rief, aber niemand rief nach mir. Ich war so enttäuscht, dass ich die Decke über den Kopf zog und darunter derart laut weinte, dass Zahra in mein Zimmer stürzte.

»Was ist denn los, Blümchen?«, fragte sie entsetzt.

»Du hast mich nicht geweckt«, schluchzte ich.

»Du bist doch wach!«

»Aber nur, weil ich von allein aufgewacht bin. Das gilt nicht.«

»Ach komm, sei nicht zickig«, sagte Zahra, »ich war gerade auf dem Weg, dich zu holen. *Sohor* ist fertig.«

Ich stand auf. Im Esszimmer war helles elektrisches Licht. Schüsseln mit dampfenden Speisen standen auf dem Tisch. Es war etwa vier Uhr morgens. Ich kam mir sehr groß und wichtig vor.

Schließlich war der Muadhin wieder zu hören: Er wies darauf hin, dass die Gebetszeit gleich beendet sei. Schnell wandten sich die Erwachsenen noch einmal nach Mekka und murmelten ihre rituellen Suren. Dann gingen alle wieder zu Bett.

Ich aß nichts vor der Schule. Ich aß nichts nach der Schule, und Familie El-Amim machte sich schon ein bisschen Sorgen um mich. Ich war von der Zeit des Hungers nach dem Tod meiner Mutter immer noch geschwächt und dünn und sah aus wie ein dunkler Strich in der Landschaft.

»Kind, du musst etwas essen«, sagte Khalti Neshma, »guck, ich habe sogar Kuchen für dich.«

»Nein, ich faste«, antwortete ich.

Am Nachmittag beim Spielen auf der Straße fühlte ich, wie ich plötzlich ganz schwach wurde. Es war, als hätte jemand das Sonnenlicht ausgeknipst und Wackelpudding in meinen Körper gefüllt statt Muskeln und Knochen. Vielleicht lag es auch daran, dass ich in diesem Moment meine Cousins aus Agadir um die Ecke biegen sah. Wollten sie mich womöglich abholen?

Ich tat so, als könnte ich sie nicht sehen, was mir nicht schwer fiel, da um mich herum alles immer dunkler und farbloser wurde. Die Cousins grüßten mich.

Ich sagte tonlos: »Hallo.«

Mehr wollte ich nicht sagen. Mehr konnte ich nicht sagen.

Die Cousins verschwanden im Haus meiner neuen Familie, und ich stellte mir vor, wie Tante Neshma, Zahra und die dicke Khadija ihnen die leckersten Speisen bereiteten. Das Wasser lief mir im Mund zusammen. Mein Magen knurrte. Meine wackeligen Beine begannen sich wie von selbst zu bewegen.

Plötzlich saß ich auch am Tisch und aß mit meinen Cousins, und das Licht ging wieder an, der Pudding verschwand aus meinem Körper, und ich fühlte mich sehr stark.

»Aber ich habe gefastet«, sagte ich. »Bis jetzt. Obwohl ich noch sehr klein bin.«

Ausnahmsweise sagten meine Cousins einmal nichts.

Das Haus der Zuwendung

Die Cousins verschwanden wieder, ohne mich mitzunehmen. Sie waren nur bei Freunden in der Nachbarschaft gewesen und hatten mich bei dieser Gelegenheit besuchen wollen.

Ich war erleichtert und enttäuscht zugleich. Erleichtert, weil ich nicht zu Onkel Hassan und Tante Zaina zurückmusste, wo ich mich abgelehnt fühlte. Enttäuscht, weil ich unterdessen großes Heimweh nach meinen Geschwistern hatte. Natürlich war es schön, geliebt zu werden. Aber ich wurde von fremden Leuten geliebt, nicht von meiner eigenen Familie. Das machte mich traurig.

Gerade am Tag meines Triumphes in der Nacht der Macht, als ich noch vor Sonnenaufgang mit den anderen das Fastenfrühstück einnehmen durfte, war mir klar geworden, dass ich nicht dazugehörte. Alle Mitglieder der Familie El-Amim waren erwachsen. Ich war das einzige Kind im Haus. Und ich konnte die Blicke nicht vergessen, mit denen mich alle angeguckt hatten, als ich zum Beweis meiner Sturheit mit ihnen beim *sohor* saß. Sie betrachteten mich mit liebevollem Interesse, wie man ein seltsames Insekt in

Augenschein nimmt, das plötzlich durch das Fenster ins Wohnzimmer schwirrt.

Ich war nicht so wie sie, sondern anders. Ich kam von außerhalb. Ich hatte ein Schicksal, das die Herzen meiner Gastfamilie rührte. Aber es war mein Schicksal, nicht ihres.

Nach achtzehn Monaten kam Onkel Hassan mit seinem Auto angefahren, es war nicht mehr der R4, sondern ein anderer Wagen, und holte mich ab. Ich packte meine wenigen Habseligkeiten zusammen, Zahra steckte mich in ein hübsches braunes Samtkleid, das sie mir genäht hatte. Und dann verabschiedete ich mich. Ich fühlte, ich würde nie wieder zu dieser Familie zurückkommen, und ahnte, dass die kurze Zeit des Glücks nun zu Ende war.

Ich setzte mich zu Onkel Hassan ins Auto, und wir fuhren los. Ich schaute nicht mehr zurück.

In der Rue el Ghazoua Nummer 23 herrschte Chaos wie immer. Die Cousinen und Cousins stritten sich, Tante Zaina begrüßte mich mit verkniffenem Gesicht. Ich rannte an ihr vorbei und sprang Rabiaa in die Arme. Jaber, Jamila und Mouna herzten mich. Wir waren ein Knäuel von Wiedersehensfreude, Küssen und Tränen.

»Schluss jetzt!«, sagte Tante Zaina. »Wir müssen weg. Zieht Ouarda den schicken Fummel aus, und gebt ihr ein altes Kleid.«

»Warum denn?«, protestierte ich. »Das hat mir Zahra extra genäht. Es sieht sehr schön aus.«

»Eben«, meinte Tante Zaina knapp.

Die Cousinen zerrten mich aus meinem braunen

Samtkleid und zogen mir einen verblichenen Fetzen mit Löchern über den Kopf. Ich wehrte mich zwar, hatte aber keine Chance.

Danach setzte sich die ganze Familie in Marsch. Onkel Hassan und Tante Zaina mit ihren acht Kindern voraus, Hafida, die Kleinste, auf Zainas Hüfte, meine Geschwister und ich hinterher.

Nach etwa zwanzig Minuten kam unsere kleine Karawane ans Ziel. Es war ein Anwesen im Industriegebiet an der Rue Qued Ziz, Ecke Avenue El Mouquaouama. Wir gingen eine Metalltreppe zu einem zweistöckigen Gebäude hinauf. Über der Tür hing ein Schild. *Dar al hadhana* war darauf gemalt: »Haus der Zuwendung«. Darunter stand in kleineren Buchstaben »Terre des Hommes«.

»›Erde der Menschen?‹«, fragte ich Rabiaa leise. »Was wollen wir hier?«

»Das sind sehr nette Leute«, sagte Rabiaa, »sie helfen uns. Sie geben uns neue Klamotten.«

»Ich brauche keine neuen Klamotten. Zahra hat mir schöne Sachen genäht.«

»Pscht«, sagte Rabiaa, »du darfst nichts sagen. Die haben ganz tolle Sachen. Aus Europa.«

Das leuchtete mir ein. Europa – da war doch Frankreich, von wo T'hami die schönsten Dinge mitgebracht hatte, zum Beispiel den riesigen Plüschtiger. Ich beschloss, das Spiel mitzumachen und meinen Mund zu halten.

Wir setzten uns zu den anderen Leuten, die vor uns eingetroffen waren, auf die Bank im Wartezimmer. Ein Mann mit verkrüppelten Armen und einer

Sonnenbrille begrüßte uns. Später stellte sich heraus, dass er Abdullah hieß und der Leiter des Hauses war. Hinter seiner Brille verbargen sich Augäpfel ohne Pupille: Abdullah war blind.

Ich wunderte mich sehr, dass es hier behinderte Menschen gab, die einen Job hatten. Bisher hatte ich Behinderte nur auf der Straße gesehen. Sie kauerten armselig in einer Ecke und bettelten. Oder sie rollten auf einer Art Bügelbrett mit Rädern über die holperigen Straßen, wobei sie sich mit den Händen abstießen.

Dieser behinderte Mann bei Terre des Hommes war kein bisschen armselig. Er trug Jeans und Turnschuhe und wirkte sehr selbstbewusst. Ich kam mir vor wie in einer anderen Welt und glotzte den Mann mit den verkrüppelten Armen staunend an.

Jamila stupste mich mit dem Ellbogen in die Seite.

»Mund zu!«, zischte sie.

Ich machte schnell meinen Mund zu.

Wir wurden einer nach dem anderen aufgerufen. Eine Frau kam in den Warteraum, rief eines der Kinder zu sich und verschwand mit ihm. Nach kurzer Zeit kamen die Kinder mit einer Plastiktüte in der Hand zurück.

Die Tür öffnete sich wieder. »Ouarda!«, rief die Frau und schaute sich suchend um.

»Hier«, sagte ich schüchtern.

»Komm mit«, sagte die Frau, »du bist jetzt dran.«

Sie machte auf dem Blatt Papier, das auf einem Klemmbrett befestigt war, ein Häkchen. Mir kam das alles sehr professionell vor.

Die Frau nahm mich mit in eines der hinteren Zimmer. Es war eine Art Lagerraum, und es roch nach Mottenkugeln. Mit geübtem Blick taxierte sie meine Maße. Dann verschwand sie zwischen den Regalen.

Sie kam mit einem Stapel Kleider zurück.

»Das könnte dir passen«, sagte sie und packte alles in eine Plastiktasche. »Ich lege dir noch ein Paar Schuhe dazu.«

»Entschuldigung«, sagte ich vorsichtig, »ist das wirklich alles für mich?«

Ich war ziemlich sicher, die Leute von Terre des Hommes erlaubten sich einen Scherz mit mir. Bestimmt würden sie alles wieder an sich reißen, wenn ich danach griff.

»Natürlich«, sagte die Frau, »das ist alles für dich. Menschen in Europa haben diese Kleider gespendet.«

»Aber die Menschen in Europa kennen mich doch gar nicht.«

»Das macht nichts, wir kennen dich ja jetzt.«

Ich entschied mich, nichts weiter zu sagen. Schnell schnappte ich die Tüte mit all den wundervollen Sachen aus Europa und flitzte in den Warteraum zurück, bevor die nette Frau es sich anders überlegte.

Reich bepackt kehrten wir nach Hause zurück. Etwa zwei-, dreimal im Jahr machten wir von nun an diese Ausflüge zu Terre des Hommes, und ich begann zu verstehen, dass diese seltsame Organisation aus Europa für uns lebenswichtig war. Onkel Hassan verdiente mit seinen Autoreparaturen nicht genug, um seine fünfzehnköpfige Familie zu versorgen. Was er nach Hause brachte, reichte im besten Fall, um uns vor dem Hungertod zu bewahren.

Für alles andere waren wir auf Almosen angewiesen. Die Kaufleute und Bäcker steckten uns gelegentlich Lebensmittel zu. Bou Dirham, der nette Hotelbesitzer, führte den alten Brauch fort, Jamila und mir jeden Morgen einen Dirham für Butter und Marmelade zu geben. Manchmal drückten uns Nachbarn fünf Dirham in die Hand (das entspricht fünfzig Cent). Aber ohne Terre des Hommes hätten wir nichts zum Anziehen gehabt, keine Schuhe, keine Schulbücher, keine Hefte, keine Bleistifte.

Ich ging gern zu Terre des Hommes. Nicht nur weil es dort die schönen Klamotten aus Europa gab, sondern weil dort eine ganz andere Atmosphäre herrschte, als ich sie gewöhnt war.

Die Mitarbeiter schienen genau zu wissen, was sie taten. Behinderte waren die Chefs. Frauen durften selbst entscheiden. Wenn ich bei Terre des Hommes war, hatte ich das Gefühl, selbst in Europa zu sein. Ich liebte dieses Gefühl. Ich liebte Terre des Hommes. Ich liebte Europa.

Im Haus der Zuwendung gab es eine Abteilung für schwer kranke und behinderte Kinder, die von ihren Familien nicht versorgt werden konnten oder verstoßen worden waren. Als meine älteste Schwester Mouna die Schule beendet hatte, wurde sie von Terre des Hommes zur Kinderschwester ausgebildet und in dieser Abteilung eingesetzt.

Ich brachte ihr oft etwas zu essen vorbei, wenn sie Nachtdienst hatte. Aber in der Krankenabteilung fühlte ich mich nicht wohl. So viel Elend wie hier konnte ich nur schwer ertragen.

Von Mouna erfuhr ich, dass der schweizerische Ableger von Terre des Hommes für Agadir zuständig war. Manchmal waren Leute aus der Schweiz da, sie sprachen Französisch mit einem seltsamen Akzent und erzählten, dass ihr Land sehr klein sei, aber sehr hohe Berge habe.

»So groß wie der Toubkal, der immer Schnee auf dem Gipfel hat?«, fragte ich.

»Ja, so groß wie der Toubkal. Aber wir haben sogar Schnee in den Tälern. Im Winter ist bei uns überall Schnee«, sagten die Leute mit dem komischen Französisch.

Ich war nicht sicher, ob sie mich veräppeln wollten, bis sie mir Fotos von Orten zeigten, die man kaum erkennen konnte, weil überall Schnee lag. Er lag sogar auf den Autos, die durch verschneite Straßen fuhren. Ich war sehr beeindruckt.

Meistens traute ich mich aber nicht, mit den Leuten aus dem kleinen Land mit dem Schnee auf der Straße zu reden, weil sie immer so hektisch waren. Ich redete lieber mit dem blinden Monsieur Abdullah, weil er stets ruhig und gelassen blieb. Manchmal hatte ich das Gefühl, er beobachtete mich, obwohl er doch gar nicht sehen konnte.

Monsieur Abdullah stieg in meiner Achtung noch mehr, als er eines Tages die Oberschwester aus der Krankenabteilung heiratete und Vater wurde. Ich hätte nie gedacht, dass behinderte Menschen so viel in ihrem Leben erreichen können.

Durch Terre des Hommes veränderte sich mein Weltbild. Ich erkannte, dass man auch ganz anders leben konnte als wir in Marokko. Anscheinend waren die Menschen in anderen Gegenden der Erde viel freier als wir. Frauen konnten dasselbe tun wie Männer. Behinderte durften Kinder kriegen. Das war eine faszinierend neue Welt für mich.

Zu Hause hatten Onkel Hassan und Tante Zaina unterdessen das Schlafzimmer geräumt und sich ein Bett gekauft, das sie in einem winzigen Zimmer im Obergeschoss aufbauten. Im Ehebett meiner Eltern schliefen jetzt meine Cousinen. Wir lagen davor auf unseren Pappkartons mit der orangefarbenen Decke. Das Erdgeschoss hatte Onkel Hassan an zwei Ehepaare vermietet. Wir hatten nur noch drei kleine Zimmer für sechzehn Personen und nicht einmal mehr einen Innenhof.

Nachts, wenn die Geräusche in dem überfüllten Haus so laut waren, dass ich nicht einschlafen konnte, machte ich mir Gedanken.

Ich sah Vater und Mutter auf dem Bett, in dem sich jetzt meine Cousinen drängten. In meinem Unterbewusstsein hörte ich sie streiten, fast körperlich spürte ich die Schläge, die Vater ihr versetzte. Ich rollte mich unter der fadenscheinigen orangefarbenen Decke zusammen und machte mich ganz klein.

Was wäre gewesen, wenn Mutter zu Terre des Hommes gegangen wäre? Hätten die Leute aus Europa sie retten können? Hätte sie auch ein Klemmbrett bekommen und wäre selbstbewusst durch die Räume geschritten? Vielleicht wäre sie ja nach Europa gegangen, wo die Menschen gleich sind, egal, ob sie als Mann oder Frau geboren wurden. Wir Kinder wären natürlich in diese andere Welt mitgegangen, in der die Menschen so viele Anziehsachen haben, dass sie einen Teil davon hergeben und nach Afrika schicken können. Andererseits: Ist es eigentlich schön, wenn der Schnee überall ist, sogar auf den Straßen? Und was wäre mit Vater gewesen? Wäre er auch nach Europa gegangen?

So viele Fragen. Und keine Antworten. Beim Nachdenken wurde ich immer müder und glitt hinüber in den Traum, der mich im alten Haus Nacht für Nacht heimsuchte: die Schreie, das Messer, das Feuer auf dem Dach. Mutter auf der Bahre, der Körper verdeckt, nur die Füße sichtbar – weiß wie Milch, weiß wie die Unschuld, weiß wie das Leben. Dann zog ihr jemand das Tuch vom Gesicht, und es war kein Gesicht mehr da. Es gab nur eine große schwarze Wunde. Die Augenhöhlen leer, die Lippen eine klaffende Narbe. Ein einziger Satz kam aus diesem verbrannten Mund. Ich konnte ihn kaum verstehen, so flüchtig waren die Worte: »Ouarda-ti, meine Blume, dein Papa will mich umbringen. Bitte sag es den Nachbarn.«

Ich schreckte aus dem Schlaf. Ich zitterte. Und die Pappe unter mir war nass.

Mein Leben veränderte sich erneut, aber nicht zum Besseren. Ich hatte gehofft, die Situation in unserem alten Haus hätte sich beruhigt, jeder hätte nun seinen Platz gefunden und ich käme in eine Atmosphäre der Zusammengehörigkeit zurück. Vielleicht hatten Onkel Hassan und Tante Zaina mich zurückgeholt, weil sie mich vermissten?

Schnell stellte sich heraus, dass dem nicht so war. Onkel und Tante hatten mich der Familie El-Amim weggenommen, um den Gerüchten in unserer Straße entgegenzutreten. Es hieß, ich sei als *petite bonne*, als Sklavin, an eine reiche Familie verkauft worden. Noch heute ist es in Marokko üblich, dass arme Leute ihre Töchter gegen Geld weggeben. Diese kleinen Mädchen sind fern von zu Hause ihren neuen Besitzern hilflos ausgeliefert. Manchmal dürfen sie zur Schule gehen und werden gut behandelt. Meistens werden sie aber nur ausgebeutet und missbraucht. Terre des Hommes in Marokko und die Organisation Oum el banine (Mutter der Kinder) kämpfen heute vor allem um die Rechte dieser Mädchen.

Im Sommer 2003 habe ich Oum el banine in Agadir besucht. Das Büro befand sich im ehemaligen Haus von Terre des Hommes, denn Oum el banine hatte im Jahr 2000 die Arbeit der europäischen Organisation übernommen. Wenig hatte sich verändert, nur die Eisentreppe hinauf zu dem zweistöckigen Gebäude war inzwischen verrostet und wackelig. Im Hof war eine Schule für taubstumme Kinder eingerichtet worden. Schweigend lernten sie, Fahrräder zu reparieren.

Oum el banine wird von Madame Mahjouba Edbouche geleitet, einer großen, starken Frau und früheren Mitarbeiterin von Terre des Hommes. Sie saß in ihrem winzigen, heißen Büro, der Schreibtisch voller Akten. Ich glaubte mich an sie zu erinnern, war mir aber nicht sicher.

»*Salam aleikum*«, sagte ich. »Mein Name ist Ouarda.«

Keine Reaktion.

»Ouarda Saillo.«

Madame Edbouche hörte auf zu atmen. Ihre Augen wurden groß, ihre rechte Hand legte sich auf ihr Herz.

»Saillo?«, fragte sie. »*Der* Saillo?«

»Ich bin seine Tochter.«

Madame Edbouche wuchtete ihren massigen Körper aus dem Bürostuhl und trat auf mich zu. Ihre Augen waren voller Tränen. Dann zog sie mich an sich. Ich versank in ihrem mächtigen Busen. Plötzlich war ich wieder das kleine Mädchen, als das sie mich kennen gelernt hatte.

»Die kleine, ganz kleine Ouarda«, schluchzte sie.

»Saillo. Ich werde euer Schicksal nie vergessen. Wie geht es dir? Woher kommst du? Was machen deine Geschwister?«

Ich konnte nicht antworten, eingeklemmt zwischen ihren Brüsten. Sie schob mich von sich weg.

»Gut siehst du aus. Wie eine Europäerin. Lebst du in Europa?«

Ich nickte. Ich konnte nicht sprechen. Die starken Emotionen dieser Frau raubten mir die Luft.

Madame Edbouche nahm einige Tabletten mit einem Schluck Wasser. Danach war sie etwas ruhiger. Mit einem Tuch, das sie im Ärmel trug, wischte sie sich die Tränen von den Wangen.

Dann erzählte sie von ihrer Arbeit, ihrem Kampf um die Rechte der Frauen in Marokko, die Rückschläge, die Unterstützung durch den jungen König.

»Schau hier«, sagte sie und zeigte auf ein Bild an der Wand. Der König war dort neben ihr zu sehen, fast zierlich wirkte er an der Seite von Madame Edbouche. »Der König hilft uns, Allah sei Dank, sonst wären wir verloren.«

Oum el banine versucht vor allem, das Los der *petites bonnes* zu verbessern. Oft werden diese Mädchen von ihren Besitzern oder deren Söhnen vergewaltigt und weggejagt, wenn sie schwanger sind. In Marokko ist es strafbar, ein uneheliches Kind zur Welt zu bringen. Die Mädchen, oft erst dreizehn oder vierzehn Jahre alt, sind in dieser Gesellschaft verloren. Die Schande der Vergewaltigung und Schwangerschaft ist so groß, dass sie nicht zu ihrer Familie zurückzukehren wagen.

Allein und verzweifelt vertrauen sie sich den illegalen Engelmacherinnen an oder versuchen selbst, das Kind mithilfe von Kräutern, Giften und Nadeln loszuwerden. Oder sie bringen es heimlich zur Welt und ziehen es auf, ohne es bei den Behörden zu melden. Das würde nämlich unweigerlich eine Gefängnisstrafe nach sich ziehen. Diese illegalen Kinder können weder zur Schule gehen noch einen Arzt besuchen. Denn offiziell existieren sie gar nicht.

Madame Edbouche redete sehr schnell, geradezu atemlos. Sie reihte Schicksal an Schicksal: Mädchen, die nach dem Abtreibungsversuch verbluten; Babys, schwer behindert durch den versuchten Abort; junge Mütter in kargen Gefängniszellen; Kinder in Waisenhäusern.

»Wir haben geheime Entbindungshäuser«, sagte sie, »manchmal finden wir sogar Männer, die diese Frauen heiraten. Dann können wir die Kinder legalisieren.«

Madame Edbouche seufzte, als liege eine schwere Last auf ihren Schultern: »Aber das gelingt uns nur selten. Unsere Gesellschaft muss sich ändern. Mohammed – *sallal laahu alaihi wasallam*, ›Allahs Segen und Heil sei über ihm‹ – hat niemals gesagt, dass Männer Frauen als Sklavinnen halten sollen, um sie dann wegzuwerfen, wenn sie schwanger sind.«

Im Erdgeschoss des Hauses weinten die Babys, die manche *petites bonnes* zurückgelassen hatten. Eine Kinderkrankenschwester versorgte sie mit Fläschchen. Im Wartezimmer saßen junge Frauen, armselig gekleidet, und stillten ihre Kinder.

»Uns fehlt es an allem«, sagte Madame Edbouche, »an gesellschaftlicher Anerkennung, an Geld, an Erfolg. Dies ist keine Arbeit, sondern ein Kampf, der niemals endet.«

Ich bin entschlossen, diesen Kampf zu unterstützen, obwohl ich selbst niemals als *petite bonne* arbeiten musste.

Nach meiner Rückkehr zur Familie meines Onkels in unserem alten Haus hatte ich ein Erlebnis mit einer *petite bonne*, das ich nie vergessen werde. Das Mädchen lebte und arbeitete bei unseren Nachbarn, die im Vergleich zu uns wohlhabend waren. Die Hausherrin, Lala Aicha, war ein guter Mensch, ihre Tochter Fatima ging mit mir in dieselbe Schulklasse. Ich war in der Schule besser als Fatima und half ihr deshalb oft bei den Hausaufgaben.

Als Onkel Hassan im Gefängnis war, gehörte Lala Aicha zu denen, die uns immer wieder Schüsseln mit dampfendem Kuskus oder einen Tontopf mit Tajine herüberschickten.

Einmal, als ich stolz mit dem besten Klassenzeugnis nach Hause kam, fragte mich Tante Zaina: »Was hast du so blöd zu grinsen?«

»Ich bin die Beste meiner ganzen Klasse«, antwortete ich stolz.

»Na und? Willst du jetzt größenwahnsinnig werden? Willst du zum Mond fliegen? Bleib mal schön am Boden, bevor du abhebst, und verpiss dich mit deinem Grinsen, das mir auf die Nerven geht.«

Ich war sehr enttäuscht, denn ich hatte gehofft,

mit diesem guten Zeugnis das harte Herz meiner Tante zu erweichen, wenigstens für einen Nachmittag. Aber ich war schon wieder zurückgewiesen und gedemütigt worden.

Weinend saß ich vor unserer Haustür und malte mit den nackten Zehen sinnlose Muster in den Staub.

»Ouarda, was ist los?«, rief Lala Aicha. »Komm mal rüber!«

Ich schlich hinüber.

Lala Aicha nahm mich in den Arm. »Du bist eine gute Schülerin. Ich weiß, dass du das beste Zeugnis deiner Klasse hast. Fatima hat auch die Versetzung in die nächste Klasse geschafft. Wir danken dir für deine Hilfe. Warte, ich habe etwas für dich.«

Sie ging ins Haus und kehrte mit einem Hosenanzug von Fatima zurück. Er war beigefarben und nicht besonders schön, aber er war die einzige Belohnung, die ich für meine guten Leistungen bekommen sollte. Ich trug ihn jeden Tag, bis er zerschlissen und durchlöchert war und wir ihn wegwerfen mussten.

Meine Schwester Mouna, damals siebzehn, pflegte ein- bis zweimal in der Woche bei Aichas Familie zu putzen, um die *petite bonne* der Familie zu unterstützen. Sie bekam kein Geld dafür, sondern Lebensmittel: einen Scheffel Gries für Kuskus, einen Liter Milch, etwas Öl.

Eines Tages konnte Mouna nicht bei den Nachbarn arbeiten. Ich glaube, sie war krank. Deshalb wurde ich hingeschickt: Der Großputz stand an. Zwei dicke Teppiche mussten mit den Füßen in einem Bottich mit Seifenlauge gestampft werden.

Alle Küchenschränke wurden ausgeräumt, die Borde mit einem Chlorreiniger gewischt und die Töpfe mit Stahlwolle geschrubbt.

Wir fingen morgens um sechs Uhr an. Um zehn tat mir schon der Rücken weh von dieser schweren Arbeit; ich war erst neun Jahre alt. Gegen dreizehn Uhr waren wir endlich fertig.

Die Nachbarin bereitete Kuskus zu, ich wischte den Boden im Esszimmer. Das Mädchen half mir dabei. Wir brachten das Geschirr und das Besteck ins Esszimmer. Aicha verteilte das Gericht auf zwei Schüsseln, eine große und eine kleine. Die große Schüssel stellte sie auf den Esstisch, die kleine in der Küche auf den Boden.

Ich war überrascht, sagte aber nichts. Gerade wollte ich ins Esszimmer hinübergehen, da zupfte mich die *petite bonne* am Ärmel meines Kleides.

»Du darfst nicht mit der Familie essen«, flüsterte sie ängstlich. »Wir bekommen unser Essen hier auf dem Boden.«

Überrascht sah ich sie an.

»Du bist nur die Putzfrau«, sagte das Mädchen, »wie ich. Wir essen nicht mit den Herrschaften.«

»Aber ich bin doch keine Putzfrau«, erwiderte ich empört, »ich gehe mit Fatima in die Schule und helfe ihr immer bei den Hausaufgaben, weil ich in der Schule besser bin.«

»Trotzdem«, sagte das Mädchen, »du bist so arm wie ich. Wir gehören nicht dazu.«

Ich saß mit dem Mädchen auf dem Küchenboden. Wir hörten, wie sich die Familie im Esszimmer unterhielt. Die *petite bonne* aß, als hätte sie seit Tagen nichts bekommen. Ich formte mit der rechten Hand eine Kugel aus dem Gries, dem Gemüse und den kleinen, fettigen Fleischstückchen des Kuskus. Ich hatte Hunger wie immer, aber ich konnte hier auf dem Küchenboden nichts essen. Vor Empörung war meine Kehle wie zugeschnürt. Wieso wurden wir behandelt wie Hunde? Waren wir schlechtere Menschen, nur weil wir arm waren? Durften Menschen andere Menschen so schäbig behandeln?

Im Stillen schwor ich mir, mit Menschen niemals so umzugehen wie diese Familie. Ich wollte keine *petite bonne* haben, wenn ich groß war. Ich wollte niemanden behandeln wie ein Tier.

Ich verließ das Haus unserer Nachbarn mit leerem Magen, aber voller Stolz.

Zu Hause war ich erneut den demütigenden Bemerkungen der Tante, der rohen Gewalt meiner Cousins, dem ordinären Ton meiner Cousinen und den Schlägen des Onkels ausgesetzt.

Ich war das kleinste Kind der Familie, seit Ouafa und Asia auf dem Land lebten. Nur meine Cousine Hafida und mein Cousin Houssin waren jünger als ich.

Wir hatten immer Hunger und stopften alles in uns hinein, was uns essbar erschien. Rabiaa hatte in Erfahrung gebracht, dass man in der kleinen Sanitätsstation an der Ecke Mehl und Getreide bekam. Heimlich holten wir uns dort immer wieder einige Rationen ab, vermischten das Mehl mit warmem Wasser und schlangen den Brei blitzschnell hinunter. Als die Tante uns einmal dabei erwischte, gab es großen Ärger.

Sie nahm uns die Getreidemischung ab, füllte einen Zuber mit Wasser und Mehl und stellte ihn im Hof auf den Boden.

»Kommt mal alle her!«, rief sie. »Ich zeige euch, wie diese Tiere fressen.«

Alle Cousinen und Cousins standen um uns herum, wir kauerten auf dem Boden vor der Schüssel. Ich wusste, dass wir hier vorgeführt wurden, aber mein Hunger war größer als meine Scham.

»Allez, Ouarda!«, grölten meine Cousins, als ich die erste Hand voll zum Mund führte.

»Jamila, du kannst mehr fressen«, riefen die anderen, »du hast so einen fetten Arsch!«

Die Tante schien Spaß an der Szene zu haben. Ich gönnte ihr diesen Spaß nicht, aber ich aß weiter. Nur Allah wusste, wann es wieder etwas zu essen geben würde.

Unter dem Gelächter, dem Hohn und dem Spott der Cousinen und Cousins aßen wir den ganzen Zuber leer. Heute schäme ich mich dafür, dass mein Stolz nicht groß genug war, die Nahrungsaufnahme zu verweigern. Damals war ich dankbar, meinen Bauch füllen zu können.

Vor allem Jamila, die Mutigste und Frechste von uns, bekam den Hass Tante Zainas zu spüren. Einmal wurde sie verprügelt, weil sie eine Tomate gefunden und heimlich auf dem Klo gegessen hatte. Ein anderes Mal schleuderte Onkel Hassan einen Wassereimer nach ihr, weil sie, als er nach Hause kam, den Gang noch nicht fertig geputzt hatte.

»Schau, die kleine Schlampe ist immer noch nicht fertig«, säuselte Tante Zaina. »Ich weiß nicht, was sie im Kopf hat. Vielleicht ist sie abgelenkt, vielleicht respektiert sie nicht, dass du der Herr des Hauses bist. Wenn ich du wäre, mein geliebter Mann, dann würde ich ihr zeigen, wer hier bestimmt. Ich kann das nicht. Ich bin ein schwaches Weib. Und es sind ja deine Verwandten, nicht meine. Du bist für ihre Erziehung verantwortlich. Ich will mich da nicht einmischen.«

Onkel Hassan wusste nicht, was er tun sollte. Nervös huschte sein Blick von Tante Zaina zu Jamila. Er mochte sie, weil sie ihm bei seiner Arbeit geschickt wie ein Lehrling zur Hand ging.

»Ja, und? Was willst du von mir?«

»Zeig ihr, dass du unser Herr bist!«

Onkel Hassan dachte kurz über die Situation nach, dann nahm er den Eimer mit Wischwasser und schlug ihn Jamila gegen den Kopf. Sofort platzte ihre Augenbraue auf und begann so stark zu bluten, dass Onkel Hassan ganz erschrocken war. Jamilas Gesicht war rot von Blut. Schnell fuhr er sie ins Krankenhaus, wo die Wunde genäht wurde.

Ein anderes Mal war ich das Opfer. Aus irgendeinem Grund hatte Khalti Zaina mich verprügelt. Wahrscheinlich gab es keinen Anlass dafür. Ich schützte mein Gesicht mit den Armen, und die Tante schlug so heftig auf mich ein, dass sie sich eine Prellung am Handgelenk zuzog.

Abends, als Onkel Hassan erwartet wurde, legte sie sich sofort mit Leidensmiene ins Bett.

»Hassan, mein geliebter Mann«, heulte sie, »du musst etwas unternehmen.«

»Was ist passiert?«, fragte Onkel Hassan erschrocken.

»Die Kinder deines Bruders schlagen mich, wenn du weg bist.«

»Wer schlägt dich?«

»Ouarda war es.«

»Ouarda? Aber die ist doch noch ganz klein.«

»Du stellst dich gegen mich«, zeterte Tante Zaina, »und schützt die missratene Brut eines Mörders?«

»Nein«, sagte Onkel Hassan, »ich sage nur, dass Ouarda sehr klein und halb verhungert ist. Wie soll sie dich schlagen?«

»Sie hat es aber getan! Du musst sie bestrafen.«

Onkel Hassan seufzte.

»Komm mit, Ouarda«, sagte er in strengem Ton zu mir.

Dann stieß er mich in ein Nebenzimmer. Ich zitterte vor Angst. Onkel Hassan konnte brutal werden, wenn er schlechter Laune war. Er war oft schlechter Laune, wenn er sich keine Zigaretten, keinen Wein und keine Videofilme leisten konnte.

Ammi Hassan schloss die Tür. Er legte einen Finger vor den Mund.

»Pscht«, sagte er leise.

Dann schlug er mit der Faust gegen die Wand. Wie wild prügelte er auf den Verputz ein.

»Du kleines Biest«, brüllte er, »dir werde ich es zeigen! Meine Frau verprügeln! Eure Ziehmutter! Hast du gar keinen Respekt?«

An diesem Tag hatte ich Glück. Offenbar hatte Onkel Hassan ein wenig Geld für Zigaretten aufgetrieben. Aber es hätte auch anders kommen können, wie damals, als ich beim Wäschewaschen war. Es war harte Arbeit, weil ich das Motorenöl aus Onkel Hassans Arbeitskleidung rubbeln musste.

Meine Cousine Habiba kam auf mich zu. »Du musst noch Teig machen und Brot backen.«

»Ich kann nicht, ich wasche«, sagte ich. »Mach du das doch.«

»Warum kannst du es nicht?«, krakeelte Habiba. »Du bist so was von faul geworden.«

Onkel Hassan wurde von dem Geschrei aus dem Mittagsschlaf gerissen. »Was ist hier los?«, schimpfte er. Ich sah, dass er wütend war. »Könnt ihr einen hart arbeitenden Mann nicht in Ruhe schlafen lassen?«

»Ouarda will dir kein Brot backen«, stichelte Habiba, »da musste ich mit ihr schimpfen.«

Onkel Hassans Gesicht verzerrte sich, er stürmte auf mich los und verprügelte mich, wie ich noch nie verprügelt worden war. Ich kauerte mich in eine Ecke und machte mich ganz klein. Ich fühlte mich wie eine Kakerlake, die zerquetscht wird. Onkel Hassans Schläge sausten auf meinen Kopf hernieder, mit den Füßen trat er gegen meine Schienbeine.

Habiba feuerte ihn an. »Ja, gib's der kleinen faulen Schlampe.«

Schließlich stieß er mir die Faust ins Gesicht. Ein schneidender Schmerz schoss mir vom Nasenbein direkt ins Gehirn. Ich hielt die Luft an, um den Schmerz zu unterdrücken. Es nützte nichts. Tränen stiegen mir in die Augen, und Onkel Hassan hörte auf zu prügeln.

Seitdem habe ich ein gebrochenes Nasenbein.

Auch nachts hatten wir Mädchen selten Ruhe, weil unser Cousin Ali, der sieben Jahre älter war als ich, uns regelmäßig belästigte. Ich glaube, er war ein wenig verrückt. Kaum war es dunkel, schlich er durch das Haus. Leise wie ein Dschinn öffnete er die Tür zu unserem Zimmer. Dann schlüpfte er unter unsere verschlissene Decke und drückte sich an den Körper, der in Reichweite war.

Für mich war dies die größte Angst, die ich jemals erlebt hatte: das kaum hörbare Knacken der Gelenke, wenn er sich näherte, sein Atem, den ich in meinem Nacken spürte, sein steifes Glied an meinem Körper.

In solchen Situationen war ich vor Angst wie gelähmt und konnte nicht reden. Ich tastete nach meinen großen Schwestern Rabiaa oder Jamila.

Sie schreckten aus dem Schlaf.

»Was ist los?«

Ich sagte nichts.

»Ist Ali wieder da?«

Ich schwieg.

»Ali, hau ab, wir wissen, dass du es bist.«

Dann verschwand Ali. Aber er kam wieder. Jede Nacht. Viele Male. Kaum waren wir eingeschlafen, spürten wir schon wieder, dass ein Mann im Raum war. Nächtelang lag ich wegen Ali wach. Nächtelang wagte ich kaum zu atmen. Ali war mein Albtraum.

Später, ich war gerade dreizehn geworden, hätte mich Ali beinahe vergewaltigt. Das Haus war leer, ich wusch die Wäsche. Ali kam in den Innenhof und war sehr nett zu mir. Er packte mich nicht wie sonst derb am Arm, dass noch tagelang seine Fingerabdrücke als blaue Flecken zu sehen waren, sondern meinte: »Ouarda, meine Liebe, du arbeitest zu viel. Ich wasche meine Unterhosen heute selbst.«

Ich hasste Alis Unterhosen, da sie stets fleckig von Sperma und Kot waren. Er war kein sauberer Junge. Aber sein Angebot beunruhigte mich. Ich wusste, dass etwas nicht stimmte. Ich hoffte, dass er wieder verschwand, bevor etwas Schlimmes passierte.

»Allah behüte mich«, flüsterte ich.

Ali trug eine Dschellaba, es war heiß. Wie ein Tiger ging er im Innenhof auf und ab. Hin und her. Her und hin. Dann ging er ins Haus.

»Ouarda, dieser Kassettenrekorder funktioniert nicht. Könntest du bitte mal nachschauen?«

Ich wusste, es war eine Falle. Aber ich hatte keine Chance. Wir waren allein im Haus. Wenn ich nicht gehorchte, würde Ali mich verprügeln und verletzen. Schnell huschte ich ins Zimmer, steckte den Stecker des Geräts in die Steckdose und wollte hinauswitschen. Aber es war schon zu spät. Ali knallte die Tür zu und verriegelte sie.

Ich zitterte. »Was willst du von mir? Lass mich raus!«

Ali war ganz ruhig: »Du musst keine Angst haben. Ich stecke ihn dir in den Po. Du wirst deine Jungfräulichkeit nicht verlieren. Keiner wird es merken.«

Ich spürte, wie die Wut in mir aufstieg. Ich schrie um Hilfe, so laut ich konnte. Mein Blickwinkel verengte sich, ich sah nur noch ihn. Ich hasste ihn, ich fürchtete ihn. Ich sprang ihm mit den Füßen gegen die Brust. Plötzlich hatte ich Kräfte wie noch nie zuvor.

Ali strauchelte, ich rannte aus dem Zimmer, über den Hof, durch den Gang, zur Tür, auf die Straße.

Heute noch bin ich mir sicher, dass Allah mich gerettet hat. Oder mein Schutzengel. Ich hatte eine fremde Kraft in mir. Irgendjemand, irgendetwas wollte nicht, dass ich hier, an diesem Tag, von meinem eigenen Cousin vergewaltigt wurde.

Ich verbrachte den Tag auf der Straße, nass von der Wäsche, ohne Schuhe, bis Rabiaa zurückkam und ich im Schutz meiner Geschwister wieder das Haus betreten konnte.

Tante Zaina war sauer: »Warum bist du nicht fertig mit der Wäsche?«

»Ali hat mich belästigt. Er wollte mir Gewalt antun.«

Selbst meine Cousinen waren empört. »Dieses Schwein, Ouarda ist doch erst dreizehn.«

Aber Tante Zaina schien das nicht zu stören.

»Na und?«, sagte sie. »Dann heiratet er dich eben.«

Ihr wäre es am liebsten gewesen, sie hätte ihre Söhne mit uns vermählen können. Mouna und Mustafa waren sogar eine Zeit lang verlobt. Die Tante hoffte, dann für immer in unserem Haus bleiben zu können, da wir ihr als Schwiegermutter Wohnrecht hätten gewähren müssen.

Ali war der zweite Sohn meines Onkels. Schon sehr früh begann er, Drogen zu nehmen. Er rauchte Haschisch und trieb sich in den Straßen von Agadir herum. Mit fünfzehn war er Stammgast in den Touristendiskotheken und den Bars der großen Hotels. Er verkaufte seinen Körper an die Männer aus der Fremde, die in unsere Stadt kamen, um gleichgeschlechtliche Liebe zu erleben.

Einer seiner Freier war Jean-Claude aus Luxemburg. Wir mochten Jean-Claude gern. Wenn er uns zu Hause besuchte, brachte er Tüten voll Lebensmittel mit. Dann ging er mit Ali in eines der Zimmer – und kam später mit hochrotem Kopf wieder heraus. Selbst für mich war klar, dass in diesem Raum etwas Aufregendes und Verbotenes passierte. Mir fiel auf, dass dies nur geschah, wenn Onkel Hassan nicht im Haus war. Erstaunlicherweise ließ Tante Zaina Ali und Jean-Claude gewähren, obwohl die Nachbarn schon darüber tuschelten und manche vor unserem Haus ausspuckten, wenn sie vorbeikamen. Ich verachtete die Tante dafür, dass sie nichts unternahm. Sie schien keine Ehre zu haben. Für ein paar Nahrungsmittel oder ein paar Dirham ließ sie zu, dass gottlose Dinge das Haus meiner Eltern entweihten.

Später wollte Jean-Claude meinen Cousin nach Luxemburg mitnehmen. Onkel Hassan war dagegen, Tante Zaina dafür, und sie setzte sich durch. Jean-Claude kaufte Ali ein Ticket, und als dieser zum Flughafen fuhr, atmeten wir Mädchen auf: endlich ruhige Nächte ohne sexuelle Belästigung.

Aber der Friede währte nicht lange. Schon nach einer Woche war Ali wieder zurück. Er hatte sich einfach Jean-Claudes Auto genommen, weil er es durch den Schnee in Luxemburg steuern wollte. Natürlich hatte er keinen Führerschein. Er wurde erwischt und nach Marokko zurückgeschickt.

Ali liebte Autos. Wenn er bekifft war, versuchte er irgendwie, an das Steuer eines Wagens zu kommen. Einmal war Onkel Hassans Auto verschwunden.

Der Onkel öffnete morgens die Tür und wollte zu seiner neuen Werkstatt in Tamrhakh, ein paar Kilometer küstenaufwärts Richtung Essaouira, fahren. Aber der Renault war weg.

Onkel Hassan konnte es zuerst nicht fassen. Dann stürmte er ins Haus. »Zaina!«, brüllte er. »Kinder! Das Auto ist verschwunden. Wo ist Ali?«

Wir suchten nach Ali, aber er war nicht da.

»Ali hat das Auto genommen«, rief Onkel Hassan, »ist der jetzt völlig verrückt geworden?«

Wir beschlossen, Ali und das Auto zu suchen. Alle Cousins und Cousinen, mein Bruder, meine Schwestern und ich machten uns auf in die Straßen von Agadir. Ich rannte hinunter zum Strand. Dort sah ich das Auto, Ali hinter dem Steuer, schlafend. Er hatte den Wagen aufgebrochen und dann ohne Motor bis zum Meer rollen lassen. Auf dem Beifahrersitz lagen ein Fläschchen Jod und Pflaster.

»Falls ich einen Unfall baue«, meinte Ali später.

Onkel Hassan verprügelte Ali und erklärte dann, dass er krank im Kopf sei und ins Hospital müsse. Aber Ali wehrte sich. Er schrie wie am Spieß und krallte sich an den Möbeln fest.

»Hilfe«, rief er, »mein Vater will mich töten, wie sein Bruder meine Tante getötet hat!«

Onkel Hassan ging zu Familie Emel und verständigte telefonisch das Krankenhaus. Die Klinik schickte ein Auto mit Wärtern, die Ali zu bändigen versuchten. Ali schlug seinen Kopf auf den Steinboden, bis das Blut spritzte. Alle schrien und weinten. Onkel Hassan saß zusammengekauert und schluchzend wie ein Kind an der Wand des Innenhofes.

Ich bettelte: »Bringt ihn nicht um, bitte bringt ihn nicht um.«

Die Nachbarn rotteten sich vor dem Haus zusammen. Viele Frauen hatten Tränen in den Augen. Es dauerte lange, bis es den Wärtern gelang, Ali in das Auto zu verfrachten und wegzufahren.

Er wurde in eine Anstalt in der Nähe von Terre des Hommes eingeliefert. Einmal besuchten wir ihn dort. In einem großen Raum saßen Männer auf dem Boden, die Knie an die Brust gezogen, und bewegten sich langsam und rhythmisch wie Schilf in der Dünung. Vielen lief Speichel aus dem Mund. Ihre Augen waren ohne Glanz.

Ali trug eine viel zu kurze braune Jogginghose, die im Schritt fleckig war von seinem Urin. Sein Oberkörper war nackt und ausgemergelt. Er schlurfte auf uns zu und lallte: »*Ahlan*, hallo. Holt ihr mich hier raus?«

Es war ein schreckliches Erlebnis. Obwohl Ali mich fast jede Nacht in Angst versetzt hatte, tat er mir jetzt Leid. Er war nur noch ein Schatten seiner selbst, ruhig gestellt durch Medikamente, dem Tod näher als dem Leben.

Später gelang es ihm, aus der Anstalt zu fliehen. Um fünf Uhr morgens warf er Steinchen gegen das Fenster unseres Schlafzimmers. Aus Angst vor seinem Vater wagte er nicht, an die Haustür zu klopfen. Ich öffnete ihm die Tür.

Ali hatte sich verändert. Er war nicht mehr aggressiv, sondern benahm sich wie ein kleines Kind. Obwohl er älter war als ich, passte ich nun auf ihn auf. Ali begann, auf der Straße zu betteln, und ich suchte ihn. Manchmal verbot mir die Tante, in die Schule zu gehen, weil Ali verschwunden war. Damals war ich in der sechsten Klasse.

»Komm nicht ohne meinen Sohn nach Hause«, drohte Tante Zaina, »sonst setzt es was.«

Fast immer wusste ich, wo er sich aufhielt: vor Hotels, vor Kaffeehäusern, vor Restaurants. Er klaute Äpfel in Obstgeschäften und Kekse in der Konditorei. Ich löste ihn aus, wenn er dabei erwischt wurde, und brachte ihn zurück.

Ich glaube, Ali war wahnsinnig geworden. Er murmelte Worte, die wie Suren klangen. Wir hörten uns ganz genau an, was Ali sagte, und Rabiaa erklärte: »Das sind keine Suren, das ist Blödsinn.«

Tante Zaina bestand darauf, dass Ali von einem Dschinn besessen sei, der ihm den ganzen Koran ins Gehirn blase. Sie holte eine der alten Frauen ins Haus, die sich auf Hellseherei verstanden. Die Hellseherin legte ihre Stirn in Sorgenfalten, kassierte ihren Lohn und verschrieb Ali ein *gnaoua*-Ritual auf dem heiligen Boden an der Spitze der Kasbah, dem Berg, der Agadir im Norden überragt. Das Heiligtum ist Sidi Boujmaa I'gnaouan geweiht, der vor langer Zeit auf dem Gipfel des Berges beerdigt wurde. Über seinen Gebeinen steht heute ein kleiner Tempel, den die *gnaoui*-Bruderschaft für ihre Zeremonien verwendet.

Die *gnaoui* stammen von Sklaven aus dem Sudan und aus Ghana ab und haben ihre heidnischen Voodoo-Fähigkeiten nach Marokko mitgebracht. In nächtlichen Ritualen, den so genannten *lilas*, versetzen sie ihre Gefolgschaft durch den treibenden Rhythmus ihrer einfachen Musikinstrumente in Trance. Viele Menschen in Marokko glauben, dass *gnaoui* Krankheiten heilen können, vor allem, wenn sie psychischer Natur sind.

Die ganze Familie musste Onkel Hassan und Tante Zaina begleiten, als sie Ali am heiligen Freitag zum Heiligtum von Sidi Boujmaa I'gnaouan hinaufführten. Ali hatte keine rechte Lust auf das Ritual. »Lasst mich in Ruhe mit dem Mist«, schimpfte er, »ich will damit nichts zu tun haben. Das ist Aberglaube.«

Aber Tante Zaina gab nicht so schnell auf, wenn sie sich etwas in den Kopf gesetzt hatte. Die *gnaoui*-Brüder hatten bereits mit ihrer Musik begonnen. Einige Frauen tanzten zu den derben Klängen. Tante Zaina gesellte sich dazu, fuchtelte mit den Armen herum und wackelte mit dem Popo. Sie wurde ganz hektisch und zerrte auch Ali auf die Tanzfläche.

Ali machte ein paar schlaffe Bewegungen und wollte sich wieder setzen. Aber das ließ die Tante nicht zu. Sie zwang ihn, seinen Körper zu schütteln wie die anderen, aber Ali gelang es schließlich doch, sich in eines der Behandlungszimmer zu verdrücken.

Es gab viele Zimmer in diesem Heiligtum. Ich schlich mich durch die Gänge und spähte durch die Türen. In einem Raum saß eine hübsche junge Frau mit ihrer Familie. Die Frau sprach mit einer derben, ordinären Stimme.

Eine ältere Frau redete auf sie ein. »Dschinn, du besitzt diese junge Frau jetzt schon so lange, gib ihr Zeit zum Atmen, weiche von ihr.«

Die junge Frau antwortete mit ihrer tiefen Männerstimme: »Nein, ich lasse diese Frau nicht in Ruhe. Sie wird zu Hause so schlecht behandelt. Ich bin ein guter Dschinn. Ich werde sie beschützen und sie dann zur Frau nehmen, weil sie so schön ist.«

Die ältere Frau sagte: »Bitte, bitte, ich flehe dich an. Gib ihr ein wenig Zeit. Sie muss etwas Nahrung zu sich nehmen, sonst wird sie sterben. Wie kann ich dir helfen, dich von diesem Körper zu lösen?«

»Ich löse mich nicht von dieser Seele«, grollte die junge Frau mit der Stimme des Dschinn. »Vielleicht ziehe ich mich für kurze Zeit zurück. Aber nur, wenn ich Rosenwasser und etwas Zucker bekomme.«

Die alte Frau fütterte die junge mit etwas Zucker und besprengte sie mit Rosenwasser, bis ein süßer Duft den Raum durchzog. Ich rückte näher, um nicht zu verpassen, was nun geschehen würde. Die junge Frau tat mir sehr Leid, wie sie da mit geschlossenen Augen und ihrer schrecklichen Stimme saß. Ich konnte ihre Erregung spüren.

Schließlich saß ich direkt neben der jungen Frau. Und plötzlich ergriff sie meinen Arm. Ihr Griff war so stark wie der eines Mannes. Ich versuchte mich zu befreien. Aber es gelang mir nicht. Mein Herz blieb vor Furcht fast stehen. Dann löste sich jedoch der Dschinn vom Körper der Frau, sie erwachte aus der Trance, blickte sich erstaunt um, entdeckte, dass sie ein fremdes Mädchen grob am Arm gepackt hatte, und sagte mit sanfter Stimme: »Entschuldige, meine Kleine, wer bist du denn?«

»Ouarda«, stammelte ich. »Ich heiße Ouarda.«

Da ließ sie mich los und bedankte sich bei mir: »Es ist schön, dass du bei mir warst. Das hat mir geholfen.«

Schnell ging ich in das Zimmer, in dem sich Ali befand. Inzwischen war auch ein Hahn in seinem Raum. Ali war nackt.

»Ich bin nicht vom Dschinn besessen«, schimpfte er, »ich rauche Haschisch und nehme Tabletten, deshalb bin ich verwirrt.«

Aber das interessierte Tante Zaina nicht. Sie wollte ihren Sohn jetzt endgültig erlösen. Einige Personen hielten ihn fest, als der Hahn auf seinen Kopf gesetzt wurde. Noch bevor Ali protestieren konnte, schnitt jemand dem Vogel die Kehle durch, und das Blut besudelte Alis Körper.

Das Opfer hat nicht viel genützt. Die Dschinn mögen Ali nun gemieden haben, aber er mied nicht das Hanfgras aus dem Rif-Gebirge.

Eines Tages bekam er starkes Fieber. Es stieg täglich an, bis es einundvierzig Grad erreicht hatte. Seine Zunge wurde pelzig, sein Herzschlag verlangsamte sich, und er hatte Halluzinationen.

Niemand in der Familie schien darüber besorgt zu sein. Nur ich schlich mich ab und an zu ihm ins Zimmer, um nachzusehen, wie es ihm ging.

»Ouarda«, krächzte er, »siehst du die Orange?«

»Nein, Ali, ich sehe keine Orange.«

»Da oben an der Decke! Hol sie mir runter.«

»Ali, da ist keine Orange.«

»Warte nur ab, bis ich wieder gesund bin, dann mach ich dich fertig«, drohte er kraftlos.

Ich rannte aus dem Zimmer.

Später bekamen auch Rabiaa und Tante Zainas kleiner Sohn Rachid das starke Fieber. Rachid ging es so schlecht, dass die Tante ihn zum Arzt brachte. Dieser untersuchte Rachid und war sehr aufgeregt.

»Das Kind hat Typhus«, sagte er, »das ist eine ansteckende, tödliche Seuche. Ist sonst noch jemand in Ihrer Familie krank?«

»Ja«, sagte Tante Zaina, »mein Sohn Ali und meine Nichte Rabiaa.«

»Sofort ins Krankenhaus!«, befahl der Arzt.

Ich hatte große Angst um Rabiaa. Die Krankheit fraß sich in ihren Körper und raubte ihr alle Kraft. Bis zu diesem Zeitpunkt war sie diejenige gewesen, die unsere Familie stark gemacht hatte. Mir ersetzte sie die Mutter, die mir das Schicksal genommen hatte. Sie kämpfte ununterbrochen um unsere Ehre. Oft las sie aus Büchern vor, in denen ehrenhaftes Verhalten eine große Rolle spielte. Sie erklärte mir den Unterschied zwischen Gut und Böse und bedrängte uns, uns niemals aufzugeben.

»Uns geht es zwar schlecht«, sagte Rabiaa, »aber ihr dürft nie vergessen, es gibt Kinder, denen geht es noch viel schlechter als uns.«

Sie führte mich in die Armenviertel unserer Stadt, wo Jungen und Mädchen mit roten Augen apathisch in ihrem eigenen Urin saßen und an Plastiktüten mit Schusterleim schnüffelten. Sie zeigte mir die Anstalten, in denen Waisenkinder verwahrt wurden. Sie zeigte mir die Bettler ohne Finger, ohne Arme, ohne Beine.

Manchmal, wenn ich mich sehr klein und schwach fühlte, tröstete sie mich und gab mir neue Kraft. Sie nahm mich fast nie in die Arme, denn Körperkontakt spielte in unserer Beziehung kaum eine Rolle. Sie war meine mentale Führerin, meine Energiequelle.

Jetzt war diese Kraft verschwunden. Rabiaa lag mit fiebrig großen Augen im Bett. Obwohl draußen die Sonne das Land verbrannte, fror sie Tag und Nacht. Sie hüllte ihren mageren Körper in zwei Morgenmäntel und zog sich die zerschlissene Decke bis zum Kinn. Aber die Kälte hatte schon ihre Knochen erreicht.

»Ouarda, ich friere«, flüsterte sie. Ich wusste nicht, was ich machen sollte. Wenn ich ein paar Münzen auftreiben konnte, kaufte ich ihr kleine Stückchen ihres Lieblingskäses Kiri, der zwei Dirham kostete. Aber Rabiaa konnte die Köstlichkeit nicht bei sich behalten. Sie schlang den Käse hinunter und erbrach sich sofort.

Erbärmlich sah meine große Schwester aus, wie sie in ihrem Bett lag. Man konnte ihre Kopfhaut sehen, denn die Krankheit ließ ihr die Haare ausgehen. Ihr Gesicht war unnatürlich bleich.

Als Rabiaa endlich ins Krankenhaus kam, war sie eher tot als lebendig. Allein vegetierte sie in ihrem Klinikbett vor sich hin. Die Familie meines Onkels kümmerte sich kaum um sie. Tante Zaina besuchte ihre Kinder Ali und Rachid, und nur meine Geschwister und ich sorgten uns um Rabiaa. Obwohl sie ständig fror, bekam sie keine Decke. Erst als Ali als geheilt entlassen wurde, durfte sie seine Decke verwenden.

Nach vielen Wochen ging es Rabiaa immer noch nicht besser. Als ich eines Morgens zusammen mit der Tante ins Krankenhaus kam, hing ein Zettel am Fußende ihres Bettes: »Saillo, Rabiaa wird heute entlassen.«

»Aber du bist doch noch krank«, sagte ich.

»Ja«, flüsterte Rabiaa.

»Warum kannst du nicht hier bleiben?«

Rabiaa schluckte. »Ich glaube, die wollen, dass ich zu Hause sterbe.«

Die Ärzte hatten meine Schwester aufgegeben.

Sie hatten das Bett flach gestellt, weil ihr Herz so schwach geworden war, dass es ihren Körper nur noch versorgen konnte, wenn sie waagerecht lag.

Tante Zaina wollte ihr bei einem der seltenen Besuche Joghurt geben und stellte das Kopfende des Bettes hoch.

»Bitte«, flüsterte Rabiaa, »lass mich.«

»Aber du musst etwas essen«, sagte die Tante.

Rabiaas Oberkörper war nun aufgerichtet. Sie sackte etwas nach unten. Dann bekam sie einen Krampf. Noch heute habe ich dieses Bild vor Augen, wie ihr Körper steif wurde und ihr Gesicht sich verzerrte. Die Augen traten hervor. Und dann kam ein jaulender, zischender, durchdringender Ton aus ihrem Mund, den ich ebenfalls nie vergessen werde.

Er drang mir in die Ohren, wirbelte durch meinen Kopf, machte mich schwindelig und versetzte meinen ganzen Körper in Panik. Ich verlor die Orientierung und fand mich schreiend auf dem Flur wieder.

»Hilfe!«, kreischte ich. »Helft uns doch, meine Mama stirbt.«

Zum ersten Mal hatte ich Rabiaa »Mama« genannt. Ich rannte durch die Gänge, bis ich einen Arzt fand. Ich schrie, ich weinte, ich hatte Angst. Ich sah Rabiaa vor mir, obwohl sie viele Zimmer entfernt von mir war. Ich sah, wie sie starb. Ich sah sie tot.

Ich entschied mich, ihr in den Tod zu folgen. Ich wollte nicht ohne Rabiaa leben. Ich stand vor dem Arzt und wusste, dass ich, wenn er sie nicht retten konnte, ins Meer gehen würde, so weit, bis es keine Umkehr mehr gab. Das grüne, kühle Wasser würde mich umhüllen. Dort würde ich zur Ruhe kommen. Für immer.

Überraschend schnell war der Arzt in Rabiaas Zimmer. Verzweifelt suchte er nach einer Vene für die rettende Infusion. Er fand sie nicht, Rabiaas Venen waren bereits blockiert. Schließlich gelang es ihm doch, einen Zugang zu legen. Rabiaa lag wie tot in ihrem Bett, als die Medizin in ihre Adern rann.

Langsam erholte sie sich. Als sie Wochen später entlassen wurde, war sie immer noch sehr hinfällig.

»Du musst an die frische Luft«, sagte ich, »lass uns an den Strand gehen. Es ist noch früh am Morgen und kühl.«

Ich stützte sie wie eine alte Frau, als wir durch die Straßen gingen. Rabiaas Füße schlurften durch den Staub. Alle fünfzig Meter blieb sie stehen, um erschöpft nach Luft zu schnappen. Ihr Körper war noch schwach, aber ihr Lebenswille war zurückgekehrt. Sie erreichte den Strand und schaffte mit meiner Hilfe auch den Weg nach Hause.

Es dauerte noch Monate, bis sie völlig gesund war und ihre alte führende Rolle in meinem Leben einnehmen konnte.

Ali dagegen erholte sich nie mehr von der Krankheit. Er blieb schwach und antriebslos. Aber der Wahnsinn war verschwunden.

Heute arbeitet er manchmal als Matrose auf einem der großen Schiffe, die Agadir verlassen und erst nach Monaten in die Stadt am Rande der Wüste zurückkehren.

Sexualität spielt in der marokkanischen Gesellschaft eine große Rolle, obwohl sie stark tabuisiert ist. Sie findet nicht offen, sondern versteckt statt. Fast immer sind die Frauen Opfer und die Männer Täter.

Ich erfuhr sehr früh, wie schmerzhaft und schmutzig diese verborgene sexuelle Gewalt sein kann. Die Nächte in Angst vor meinem Cousin werde ich nie vergessen. Aber auch nicht die Blicke der Männer auf der Straße. Ihre Bewegungen unter der Dschellaba, während sie uns Mädchen beobachteten. Ihre plumpen Berührungen in den überfüllten Linienbussen. Ihre schwitzenden Körper, die sich im Souk wie zufällig an mir rieben, wenn ich mich nach vorn beugte, um die besten Zwiebeln auszusuchen.

Als Mädchen muss man in Marokko immer auf der Hut sein, nicht zur Beute zu werden. Ich wurde am helllichten Tag am Strand belästigt, in der Dämmerung auf der Hauptstraße, nachts in unserem Viertel. Aber ich war schlau und schnell genug, um nicht missbraucht zu werden.

Niemals sollte das geschehen, das hatte ich Rabiaa

versprochen. Meine Schwester gab mir immer wieder Bücher und Zeitungsausschnitte, in denen über das Schicksal leichter Mädchen berichtet wurde.

»Gerade weil wir in unserem Leben schon so viel verloren haben, dürfen wir unsere Ehre nicht auch noch verlieren«, sagte Rabiaa. »Es ist das Einzige, was uns geblieben ist.«

Ich wollte nicht so werden wie die Mädchen in meiner Straße, die sich einen Spaß daraus machten, ältere Männer zu provozieren; die Geld annahmen, weil es so leicht erschien, dadurch der Armut zu entfliehen; die ein paar Monate oder Jahre wie Prinzessinnen gekleidet waren, weil sie es sich leisten konnten, in den Touristenboutiquen einzukaufen; und die schließlich von unserer Gesellschaft ausgespuckt wurden, die oberflächlich tolerant wirkt, in Wahrheit aber sehr konservativ ist.

Kein Mann aus einer ehrenhaften Familie würde ein solches Mädchen heiraten, kein Vater sie als Schwiegertochter akzeptieren. Ihnen blieb nur ein Leben am Rande der Gesellschaft, allein und ohne Schutz durch einen Clan.

In unserem Viertel lebte ein wohlhabender Mann, der auf einige meiner Freundinnen eine seltsame Faszination ausübte. Wir nannten ihn Monsieur Diabolos, weil er so klein war, dass man ihn kaum sah, wenn er sein großes silbernes Auto durch die Straßen steuerte. Es schien, als würde das Fahrzeug vom Teufel selbst geführt werden, so leise und geschmeidig glitt es, scheinbar führerlos, durch unsere Stadt.

Monsieur Diabolos besaß eine große Villa bei der

Schule mit einer Mauer drum herum, hinter der man Palmen aufragen sah. Hier wohnte er mit seiner Familie. Ich glaube, er hatte vier oder fünf Kinder, die aber nicht die öffentliche Schule besuchten, sondern eine der teuren Privatschulen, von denen ich gehört hatte, dass die Lehrer dort ihre Schüler nicht verprügeln dürfen. Ich konnte diese Behauptung kaum glauben. Eine Schule ohne Schläge? Das hatte ich zuvor noch nie gehört.

In meiner Schule verprügelte nicht nur der Direktor alle Schüler, die zu spät kamen, mit einem Wasserschlauch. Bei uns hatte nahezu jeder Lehrer seine ganz persönlichen Tricks, um uns zu quälen oder zu demütigen. Wer etwas falsch machte, musste auf einem Bein stehen, oder es setzte Ohrfeigen und Kopfnüsse. Ein Lehrer forderte mich einmal auf, den Mund zu öffnen, nachdem ich einen Fehler gemacht hatte. Ich öffnete den Mund.

»Weiter!«, sagte der Lehrer.

Ich öffnete den Mund noch weiter.

Der Lehrer räusperte sich, dann spuckte er in meinen Mund. Nur knapp konnte ich verhindern, mich direkt vor ihm zu erbrechen. Ich stürzte hinaus in den Hof zu den offenen Latrinen am anderen Ende des Geländes. Aber der Würgereiz kam tagelang zurück, wenn ich an diese Demütigung dachte.

Von Monsieur Diabolos hieß es, er sei einer der reichsten Männer Agadirs. Wir wussten nicht, warum er so reich war, aber wir wussten, dass es stimmte.

In der Nacht der Macht, dem höchsten Feiertag während des Fastenmonats Ramadan, pflegten meine Schwester Jamila und ich ans Tor von Diabolos' Villa zu klopfen. Jeder gläubige Moslem ist an diesem Tag verpflichtet, zweieinhalb Prozent seines Vermögens als so genannte *zakat* an Bedürftige zu spenden. In der Sure 24 *An-nur*, »Das Licht«, heißt es:

»Allah der Gepriesene spricht: Und richtet das Gebet ein, und gebt die Zakat-Steuer, und gehorcht dem Gesandten, auf dass ihr Barmherzigkeit empfangen möget.«

Die Sure 24 ist ansonsten sehr blutrünstig. Sie empfiehlt, Ehebrechern die Haut abzuziehen, und preist zahlreiche andere unangenehme Vergeltungsmöglichkeiten an. Dass *An-nur* auch in dieser Hinsicht perfekt zu Monsieur Diabolos passte, sollte ich erst später erfahren.

In der Nacht der Macht überreichte uns Monsieur Diabolos jedenfalls fünfhundert Dirham (etwa fünfzig Euro); davon konnten wir unsere sechzehnköpfige Familie fast zwei Wochen lang ernähren.

»Allah lasse euren Eltern seine Gnade zuteil werden«, sagten wir dankend und eilten durch die Dunkelheit nach Hause, die Scheine fest in der Hand umklammert.

Eines Tages fanden wir heraus, dass der fromme Monsieur Diabolos auch auf andere Art Geld in unseren Haushalt brachte. Meine Cousinen mussten dafür allerdings sehr früh aufstehen. Monsieur Diabolos pflegte nämlich nach dem Frühgebet in der Morgendämmerung mit seinem silbernen Auto durch unser

Viertel zu fahren und sich mit kleinen Mädchen zu verabreden.

Auf dem Beifahrersitz hatte er einen großen Stapel von Geldscheinen. Meine Cousinen liebten diese Geldstapel. Obwohl sie eigentlich Langschläferinnen waren, wurden sie mit Beginn der Pubertät plötzlich sehr früh wach.

Sie lungerten auf den Straßen herum, über die Monsieur Diabolos auf dem Rückweg von der Moschee fuhr. Das Auto hielt, die Cousinen sprangen in den Fond.

»Heute um sechzehn Uhr?«, fragte Monsieur Diabolos.

»Ja, aber wir wollen uns vorher noch im Hamam reinigen«, antworteten die Cousinen.

Monsieur Diabolos reichte schweigend fünfhundert Dirham nach hinten. Er war kein Mann der großen Worte.

»Ich warte hier um sechzehn Uhr. Und jetzt raus, verschwindet!«

Einmal erwischte mein Onkel seine Töchter, als sie im ersten Morgenlicht nach Hause kamen. Er war auf dem Weg in seine Werkstatt.

»Was macht ihr denn hier?«, fragte er misstrauisch.

»Wir waren joggen.«

»Wo?«

»Am Strand.«

»Am Strand?«, fragte Onkel Hassan ungläubig. »Zeigt mal eure Schuhe.«

Er untersuchte, ob Sand an den Schuhen war. Aber da war keiner.

»Arm her!«, befahl Onkel Hassan.

Er leckte über die Arme der Cousinen.

»Da schmecke ich aber gar kein Salz«, schimpfte er. »Ihr wollt mich doch nicht belügen?«

»Nein«, wollten meine Cousinen sagen. Aber dazu kamen sie nicht mehr, weil es schon Schläge setzte.

»Wenn ihr morgens joggen geht, dann nehmt künftig Ouarda mit«, befahl der Onkel. »Sie ist die Einzige, der ich vertraue.«

Das Misstrauen meines Onkels hatte mit einem Zwischenfall zu tun, der erst kürzlich passiert war. Meine Cousinen liebten Diskotheken, obwohl sie viel zu jung waren, um offiziell Einlass zu bekommen. Onkel Hassan war großzügig, was westliche Kleidung betraf. Er hatte nicht einmal etwas dagegen, wenn Habiba und Fatima Röcke trugen und Blusen mit Ausschnitt – aber nicht nach Feierabend, wenn er zu Hause war.

»Anständige Mädchen ziehen im Dunkeln nicht um die Häuser«, schimpfte er und verriegelte die Haustür.

Deshalb schlichen sich die Cousinen nachts um ein Uhr auf das flache Dach, zogen ihre kürzesten Miniröcke an, schminkten sich in den Modefarben der Achtzigerjahre, Violett und Rosé, kletterten über die kleine Mauer zum Nachbardach hinüber und dort die Treppe hinunter. Sie hatten sich mit der Tochter des Nachbarn verabredet, die auf der anderen Seite der Mauer dafür sorgte, dass die Luft rein war.

Ich stand Schmiere auf unserem Dach. Ein paarmal klappte das prima. Aber dann strauchelte Habiba über ein Blech, und es gab einen Heidenlärm. Der Onkel und die Tante wachten auf, ebenso der Nachbar.

Die Schlafzimmer wurden durchsucht. Habiba und Fatima fehlten. Unter ihren Decken lagen Kissen, die ihre Körper vortäuschen sollten.

Die ganze Straße wurde auf Habibas und Fatimas Fehltritt aufmerksam, weil Onkel Hassan mitten in der Nacht auf dem Dach herumkrakeelte.

»Ja, seid ihr denn verrückt geworden? Bin ich eigentlich nur noch von Schlampen umgeben?«, jammerte er. »Allah allein weiß, womit ich das verdient habe.«

Onkel Hassan konnte sich gar nicht beruhigen. So bekamen alle mit, wie die Mädchen die Treppe beim Nachbarn hinunterschlichen und versuchten, unauffällig zurück ins Haus zu kommen. Das gelang ihnen natürlich nicht. Onkel Hassan fing sie noch vor der Haustür ab, und auf offener Straße setzte es unter großer Anteilnahme der Nachbarschaft Prügel für meine Cousinen.

Seit dieser Nacht war der Onkel besonders aufmerksam.

Von nun an musste ich morgens um sechs aufstehen, um meinen Cousinen ein Alibi zu verschaffen. Ich besorgte sogar Sand, damit sie etwas in den Schuhen hatten, wenn Onkel Hassan seine Kontrollen vornahm. Den Sand holte ich vom Strand, während die Cousinen mit Monsieur Diabolos im Auto unterwegs waren. Ich wollte nicht, dass sie wieder verprügelt wurden. Es gab ohnehin zu viel Gewalt in unserem Leben.

Ich fand Monsieur Diabolos nett. Einmal gab er mir dreihundert Dirham, obwohl ich nur am Straßenrand stand und zusah, wie meine Cousinen in sein Auto kletterten.

»Warte hier«, sagten sie. »Wir sind gleich zurück.«

Aber der kleine Mann am Steuer des Wagens öffnete das Beifahrerfenster und schob mir die Scheine zu. Ich dachte schon, ich hätte das große Los gezogen. Als aber die Cousinen zurückkamen, nahmen sie mir das ganze Geld sofort ab.

»Das ist unser Verdienst. Misch dich da nicht ein, du bist sowieso viel zu klein. Der Monsieur steht nicht auf Jungfrauen.«

Monsieur Diabolos war nicht der Einzige, der auf der Suche nach Kindern durch unsere Stadt fuhr. Einmal stieg ich mit den Cousinen in ein anderes Auto. Meine Cousinen verhandelten über das Geld.

Der Mann am Steuer beobachtete mich im Rückspiegel. Plötzlich sagte er: »Kann ich nicht die Kleine haben?«

Ich wusste nicht genau, was der Mann damit meinte, aber ich ahnte, dass es nichts Gutes war. Ich machte mich noch kleiner, als ich ohnehin war. Habiba lachte nur. »Die? Die ist doch halb verhungert.«

Danach ließ der Mann mich aussteigen.

Später, in der sechsten Klasse, hatte ich ein Erlebnis, das mich endgültig davon abhielt, den leichten Weg des Geldverdienens zu gehen.

Wir hatten eine Freistunde und saßen im Pausenhof. Vor dem Tor stand ein Mann, der mir gleich auffiel, weil er nicht wie ein Lehrer aussah.

»Kennst du den?«, fragte ich meine Freundin Saida.

Saida guckte zum Tor und war wie elektrisiert. »Das ist der Typ von vorgestern.«

»Was für ein Typ?«

»Der hat mir hundert Dirham gegeben.«

»Für was denn?«

»Komm mit, dann siehst du es selbst. Es kann dir nichts passieren. Der ist harmlos. Er berührt dich nicht. Er redet nicht mal mit dir. Wir müssen nur hinter ihm hergehen.«

Ich vertraute Saida. Sie war auch eine Berberin, aber größer als ich und viel heller. Sie hatte ganz weiße Haut und dicke Beine. Ein Schönheitsideal. Wir nannten solche Beine immer »Zuckerstangenbeine«.

Saida verließ den Hof. Der Mann entfernte sich. Ich folgte Saida bis zu einer menschenleeren Treppe in einem ruhigen Wohnblock unweit der Schule. Der Mann stand unten an der Treppe, wir auf der obersten Stufe. Der Mann bedeutete uns per Handzeichen, stehen zu bleiben. Der Abstand betrug etwa fünfundzwanzig Meter.

Saida kicherte: »Jetzt geht's gleich los.«

Ich beobachtete ein neues Handzeichen des Mannes.

Saida hob ihren Rock, ihre festen weißen Knie waren zu sehen. Der Mann griff in seine Hose und machte Bewegungen, von denen ich wusste, was sie bedeuteten, obwohl man wegen seines langen Sakkos kaum etwas sehen konnte.

Der Mann gab mit der anderen Hand ein weiteres Zeichen: höher.

»Jetzt ist er gleich so weit«, flüsterte Saida. Mit einem Schwung hob sie ihren Rock, dass das Höschen aufblitzte. Ich hielt den Atem an. Der Mann bewegte sich hektisch. Dann stand er still. Ich sah, wie etwas unter seinem Jackett hervorspritzte, und musste würgen.

»Schon vorbei«, beruhigte mich Saida. »Jetzt kommt das Beste.«

Der Mann zog sein Portemonnaie hervor, entnahm ihm einen Geldschein, verbeugte sich und legte seine Hand dankend ans Herz. Den Geldschein ließ er auf den Boden flattern. Dann verschwand er.

Saida rannte die Treppe hinunter und nahm das Geld: hundert Dirham.

»Schau«, sagte sie, »hundert Dirham für nichts.«

Sie lachte.

Ich konnte nicht lachen. Der Würgereiz war so stark wie damals, als der Lehrer mir in den Mund gespuckt hatte.

Ich schwor mir, auf diese Art nie auch nur einen einzigen Dirham zu verdienen. Ich fand es unehrenhaft, respektlos, schockierend und ekelhaft, wie sich dieser Mann an den weißen Beinen meiner Freundin erregt hatte.

Ich gönnte ihr das Taschengeld. Aber ich hatte einen schalen Geschmack im Mund, der auch am Abend beim Zähneputzen nicht wegging.

Als ich zwölf Jahre alt war, hatten wir die Krätze. Alle Kinder unserer Familie kratzten sich ununterbrochen, um den Juckreiz zu bekämpfen, den die Milben verursachten, die Eier in unsere Haut legten. Onkel Hassan war sehr nervös. Er hatte Angst, sich anzustecken.

»Raus hier!«, rief er uns schon bei Sonnenaufgang zu. »Geht ans Meer, das ist gut für eure Haut. Und kommt nicht wieder, bevor es dunkel wird.«

Er gab uns eine beißende gelbe Schwefellösung, mit der wir uns einpinseln sollten. Dann jagte er uns auf die Straße. Auf dem Weg zum Hafen sangen wir Jamilas aktuellen Lieblingshit *L'italiano* von Toto Cotugno. Wir hatten die Worte nicht richtig verstanden, weil niemand von uns italienisch sprach. Aber die Melodie ging uns nicht mehr aus dem Kopf.

Wir vermieden die belebten Straßen der Innenstadt, weil wir Angst hatten, jeder könne unsere von Milben zerfressene Haut sehen und uns verspotten. Auf Nebenstraßen erreichten wir den Hafen. Der Strand dort war nicht besonders schön: Es stank nach altem Fisch, und bevor man das klare Wasser erreichte, musste man gelegentlich unter einer klebrigen Ölschicht durchtauchen. Aber er hatte drei Vorteile: Außer uns war kaum jemand da; wenn es einem langweilig wurde, konnte man die großen Schiffe beobachten, die am Kai anlegten; und es gab Buden mit billigem Essen, wo man stets Abfälle fand, die einen satt machten.

Ich bettelte nicht, aber ich lungerte in der Mittagszeit so aufdringlich um die Tische herum, dass ich von den Kellnern immer wieder vertrieben wurde.

»*Sir f'halk*«, riefen sie, »hau ab!«

»Ich habe Hunger, bitte gib mir die Reste.«

»Nichts da, du störst unsere Gäste.«

Dann schnappte ich mir eine Hand voll Pommes oder ein Stück Brot und rannte weg, um die Beute mit meinen Geschwistern zu teilen, bevor die Kellner mit Steinen nach mir warfen oder andere, größere Kinder mir das Essen wegnahmen.

Ich hatte keinen eigenen Badeanzug, sondern musste die der Cousinen tragen, die ihnen nicht mehr passten. Es war nicht einfach für mich, in den viel zu großen Badeanzügen zu schwimmen. Bei jeder Welle rutschten sie von meinem Körper, und ich musste sie mit Knoten enger machen.

Vermutlich sah ich mit meiner entzündeten Haut, den großen Augen in meinem ausgemergelten Gesicht, den verfilzten Haaren mit den Läusen und dem schmächtigen Körper, der sich in dem riesigen Badeanzug verlor, aus wie ein Straßenkind. Manchmal bemerkte ich, wie Touristen mich mitleidig anschauten.

Ich schämte mich vor diesen hellen, sauberen

Menschen, die so lecker nach Sonnencreme rochen und ganz stark nach etwas, was sie sich unter die Achseln sprühten. Erst viel später erklärte mir jemand, was ein Deodorant ist. Bei uns zu Hause gab es so etwas nicht. Wir hatten nicht einmal Duschgel, Shampoo oder Zahncreme. Ich wusch mir die Haare mit Tide, dem Waschmittel für die Wäsche. Es enthielt so viel Bleiche, dass meine schwarzen Locken ganz grau wurden. Die Zähne putzten wir mit Holzkohle.

Ich wollte diese hellen Menschen und ihre Kinder näher kennen lernen, die Stunden am Strand verbrachten, ohne ins Wasser zu gehen. Dafür bauten sie unermüdlich Burgen und ganze Städte aus Sand. Leise und vorsichtig schlich ich mich näher an diese Kinder heran, die mit bunten Plastikschaufeln herumfuhrwerkten und offenbar über unbegrenzte Vorräte an Süßigkeiten und Limonade verfügten.

Ganz klein machte ich mich, aber im Kopf formulierte ich französische Sätze, um diese Kinder anzusprechen. Sollte ich »Bonjour Mademoiselle« sagen? Oder auf Arabisch »*Salam aleikum*«? Ich konnte mich nicht entscheiden und sagte lieber nichts. Ich wusste nicht, wie diese Menschen reagieren würden.

Dann setzte ich mich schüchtern außerhalb der Sandburg hin und sagte kein Wort. Langsam rutschte ich näher, und manchmal gelang es mir, auch eine der Schaufeln in die Hand zu bekommen und ein Loch zu graben oder einen kleinen Hügel aufzuschütten. Gelegentlich bekam ich ein paar Bonbons. Öfter aber wurde ich weggejagt.

Eine andere Strategie, mich den Fremden zu nähern, wandte ich nur an, wenn wir frisch von Terre des Hommes kamen und ich Kleider erwischt hatte, die mir sehr europäisch vorkamen. Dann schlenderte ich lässig auf die weißen Kinder an unserem Strand zu, tat so, als sei ich auch ein Touristenkind, und sprach sie in einer Phantasiesprache an, die meiner Meinung nach europäisch sein könnte.

»Anama andisch, anma adi uh ada khaib«, sagte ich.

»Hähh«, sagten die weißen Kinder.

»Kalamu mala mo«, sagte ich.

»Mama, die spinnt«, riefen die Kinder. Sie fielen nicht auf meine kleine Vorstellung herein. Ich hatte vergessen, dass ich von der heißen Sonne Marokkos ganz schwarz gebrannt war und dass europäische Kinder keine Tide-gebleichten grauen Locken mit Nissen auf dem Kopf trugen.

Aber ich machte mir nichts aus der Ablehnung. Ich fühlte mich wie eine Europäerin, obwohl niemand mich verstand. Okay, dachte ich mir, dann komme ich halt aus einem ganz kleinen Land in Europa, so klein wie die Schweiz, wo Schnee auf der Straße liegt. Deshalb sprechen nur wenige Menschen meine Sprache, und die anderen verstehen mich nicht.

Ich liebte das Meer. Das Meer war mein Freund. Im Wasser war ich geborgen, viel mehr als an Land. Ich rannte so weit ins Wasser hinein, bis ich fast nicht mehr stehen konnte. Ich wartete auf die nächste Welle, und wenn sie kam, duckte ich mich unter ihr hindurch und tauchte mit wirren Haaren aus ihrem

Strudel auf. Immer wieder spielte ich dieses Spiel mit dem Meer. Ich hörte erst auf, wenn mir schwindelig wurde.

Nie ist mir im Wasser etwas passiert – bis ich ins öffentliche Schwimmbad ging. Meine große Cousine Habiba hatte eine Zeit lang ein Techtelmechtel mit dem Bademeister, deshalb durften wir alle umsonst dorthin. Ich sprang in das unglaublich schöne blaue Wasser des Pools, ohne daran zu denken, wie tief es war, und ging unter wie ein Stein.

Der Bademeister zog mich aus dem Becken. Ich spuckte Wasser, japste nach Luft und wollte gleich wieder hineinhüpfen.

»Nein, meine Kleine«, lachte der Bademeister, »du glaubst doch nicht im Ernst, dass ich dich hier ständig rausziehe. Da bringe ich dir lieber gleich das Schwimmen bei.«

Es dauerte nicht lange, bis ich schwimmen und tauchen konnte. Bald war mir das Schwimmbad zu voll und zu langweilig, und ich ging zurück an den Strand. Jetzt tauchte ich unter den großen Wellen hindurch und schwamm so weit hinaus, dass die Köpfe der Menschen an Land nur noch so groß wie Pflaumen waren.

Ich legte mich auf den Rücken, schwebte schwerelos im Wasser und dachte darüber nach, was wohl auf der anderen Seite des Meeres sei. Wie oft hatte ich das gefragt, aber niemand hatte mir eine Antwort gegeben. War dort ebenfalls ein Strand? Lebten dort Menschen? War dort womöglich Europa? Oder war das Meer unendlich groß?

Die Wellen hier draußen waren ruhig und gleichmäßig wie das Atmen eines gigantischen Tieres, dessen Brustkorb sich hebt und senkt. Sie gaben mir durch ihre Kraft Geborgenheit, und ich vertraute ihnen. Ich war überzeugt, dass das Meer unendlich und mindestens so groß wie Allah ist. Wahrscheinlich konnte man sein ganzes Leben lang schwimmen und würde trotzdem nirgends ankommen. Höchstens dass einen die Fische anknabberten, vor allem wenn man einen weißen Badeanzug trug. Das hatten die alten Leute am Strand gesagt.

Die alten Leute wussten auf alles eine Antwort, außer auf die Frage nach der anderen Seite des Meeres. Wenn das linke Auge zuckt, dann gibt es unliebsamen Besuch. Wenn der Fuß juckt, gibt es neue Schuhe. Wenn es in der Handfläche kitzelt, steht dir ein Geldregen ins Haus. Und wenn du ein Kleidungsstück aus Versehen falsch herum anziehst, solltest du dich nicht grämen, dann bekommst du neue Sachen.

Während ich mich im salzigen Wasser des Atlantiks treiben ließ, dachte ich über solch banale Weisheiten nach. Vorsichtig streckte ich meine linke Hand aus dem Wasser. Kitzelte es? Nein. Ich schloss die Augen und träumte vor mich hin.

Oft trieben mich die Strömungen des Meeres so weit ab, dass ich den Strand nicht mehr erkannte, an dem ich schließlich landete, und stundenlang laufen musste, bis ich wieder am Hafen war.

Ich überantwortete mich und mein Leben dem Meer. Es hätte mich verschlingen können, aber es spuckte mich immer wieder aus. Einmal zog es mich so weit hinaus in den offenen Ozean, dass ein Boot auf mich aufmerksam wurde.

Es fuhr auf mich zu.

»Brauchst du Hilfe?«, rief der Mann am Ruder.

Ich antwortete nicht. Ich wollte nicht antworten.

»Wir können dich rausholen und an Land bringen!«, rief der Mann.

Ich schwieg. Ich wollte nicht von Menschenhand gerettet werden. Ich wollte dem Meer die Entscheidung über Leben oder Tod geben. Ich wollte nicht sterben, aber ich spielte mit dem Risiko.

Das Boot drehte ab. Das Meer spülte mich später an Land, es wollte mein Leben nicht. Es war auf meiner Seite.

Immer größer wurde meine Sehnsucht nach dem Atlantik. Ich erinnerte mich an die Tage mit Mutter am Strand. Sie hatte vor den Wellen und ihrer Kraft Angst. Ich glaube, ich versuchte die Angststarre meiner Mutter dadurch zu überwinden, dass ich mich in Gefahr begab. Ich wollte zeigen, dass ich stärker war als sie, dass ich kein Opfer war, dass ich ihren Weg bis in den Tod nicht gehen wollte. Das Meer gab mir von seiner Energie. Mit seiner Hilfe habe ich das Schicksal meiner Familie ertragen.

Kaum hatte ich den Geruch des Salzwassers in der Nase, den Sand unter den Füßen und das Geräusch der brechenden Wellen in den Ohren, fühlte ich mich befreit von der Last meiner Herkunft. Das Wasser zog meine Vergangenheit weit hinaus in die Unendlichkeit des Ozeans, es hüllte meine Zukunft in den

Schleier der Gischt und ließ mich mit der Gegenwart allein.

Das gefiel mir. Ich. Jetzt. Nur ich und das Meer. Wenn ich vom Strand zurückkam, war ich so stark und furchtlos wie ein Mann. Ich übte mich in Kampfsporttechniken und fühlte mich in mir selbst sicher. Ich schnitt meine Haare so kurz wie ein Junge, und bevor mich jemand bedrohte, bedrohte ich ihn.

Wurde ich angebaggert, griff ich sofort an. Es dauerte nicht lange, bis die Jungs erkannten, dass mit mir nicht zu spaßen war, und ich wurde nicht mehr belästigt. Bei den anständigen Mädchen meines Alters war ich deshalb sehr beliebt. Wenn sie mit mir unterwegs waren, konnte ihnen nichts passieren. Die weniger anständigen Mädchen mieden mich, denn in meiner Gegenwart lernten sie keine Männer kennen.

Ich spürte, dass meine Aggressivität mich schützte. Gleichzeitig verhinderte sie, dass ich nette Menschen kennen lernte. Alle hatten vor mir Angst. Fast alle.

Einmal, ich war gerade dreizehn Jahre alt, belästigte mich ein Mann am Strand. Es war zehn Uhr morgens, und ich las in meinen Schulbüchern. Der Mann stellte sich vor mich.

»Was machst du denn hier?«

»Ich lerne.«

»Ach, das nennst du lernen? Du kleine Schlampe.«

Der Mann war aggressiv. Er trug eine Plastiktüte in der Hand. Als er die Tüte hinstellte, rechnete ich damit, dass er ein Messer ziehen und mir das Gesicht zerschneiden würde. Meine Gedanken rasten. Ich hatte keine Angst vor dem Tod, sondern davor, gedemütigt zu werden.

»Geh voraus hinter die Dünen«, sagte der Mann, »dreh dich nicht um. Ich bin hinter dir.«

Das Gesicht des Mannes war von der Sonne verbrannt, und es trug die Narben von Messerstechereien. Seine Oberlippe war geschwollen, sein Oberkörper nackt, seine Augen rot. Er war betrunken.

»Ich bin eine Schülerin«, sagte ich, »lass mich in Ruhe.«

Badegäste flanierten an uns vorbei. In ihren Augen sah ich, dass sie bemerkten, in welcher Gefahr ich war. Aber ich sah auch ihre Angst. Niemand war bereit, mir zu helfen.

»Ich glaube, du kommst aus einer guten Familie«, sagte ich. »Willst du dich wirklich an einem kleinen Mädchen versündigen?«

Der Mann fluchte: »Hör auf zu labern. Geh hinter die Düne, oder ich mache dich fertig.«

Ich wusste, dass ich nicht fliehen konnte, ohne meine Schulbücher zurückzulassen. Das wollte ich aber auf gar keinen Fall. Die Schulbücher waren meine Zukunft. Ich musste lernen, sehr viel lernen, um meiner unglücklichen Lage entfliehen zu können.

Ich redete weiter auf den Mann ein. Meine Stimme war ruhig, obwohl mein Herz zitterte. Das hatte ich zu Hause gelernt: keine Gefühle und keine Angst zeigen. Niemals.

Schließlich gab der Mann nach. »Ich drehe mich jetzt um und schaue aufs Meer. Wenn du noch da bist, wenn ich wieder auf die Stelle sehe, an der du jetzt sitzt, gehörst du mir.«

Der Mann wandte sich ab. Das Blut in meinen Ohren rauschte lauter als die Brandung. Ich schnappte meine Bücher und rannte, so schnell ich konnte. Weg. Nach Hause. In Sicherheit. Kein einziges Mal drehte ich mich um.

Ich habe den Mann nie wiedergesehen.

Später, im Collège, schwänzte ich oft die Schule und ging stattdessen ans Meer. Meine kluge Schwester Rabiaa hatte eine Kladde mit Gedichten, Kurzgeschichten und Gedanken voll geschrieben – auf Französisch und Arabisch. Dieses Buch hatte ich bei mir und verschlang es geradezu. Rabiaas Texte waren sehr kompliziert, sie beschrieben unser schwieriges Leben in symbolischen Bildern, die nur wir verstanden, aber nicht unsere Cousinen und Cousins. Es beruhigte mich, mein Schicksal in dieser literarischen Form zu lesen, als sei es das von Fremden. Es war mir so nah, weil ich es lebte. Aber in Rabiaas Gedichten und Geschichten entfernte es sich aus meiner Seele und war nur noch in meinen Gedanken. Ich las es wie das Schicksal einer fremden Familie.

Leider ist dieses Buch verloren gegangen. Ich erinnere mich nur noch an den Anfang eines Gedichtes über unsere Schwester Jamila:

»Je t'aime si fort
car tu es ma sœur
tu m'a quittée
comme tu as blessé mon cœur …«

»Ich liebe dich sehr,
denn du bist meine Schwester,
du hast mich versetzt
und mein Herz verletzt…«

Jamila hatte mit siebzehn Jahren unsere Familie verlassen. Tante Zaina warf ihr vor, ein Verhältnis mit Onkel Hassan anzustreben. Das war lächerlich. Aber Jamila wurde rund um die Uhr von der Tante und den Cousins bewacht und belästigt. Ihr Asthma hatte sich dadurch verschlimmert. Manchmal bekam sie keine Luft mehr und fiel ohnmächtig zu Boden.

Eines Abends drückte sie mir ein Bündel mit ihren Habseligkeiten in die Hand. »Ich hau ab«, sagte sie, »wirf mir das Bündel vom Dach aus zu.«

»Wohin gehst du?«, flüsterte ich erschrocken.

»Aufs Land zu Asia und Ouafa.«

»Lass mich nicht allein, Schwester«, bettelte ich.

»Ich kann nicht mehr«, sagte Jamila, »du musst mich verstehen, du bist ein großes Mädchen. Du siehst, wie mich die Cousins belästigen. Die Tante versucht mich zu verhexen. Der Onkel prügelt mich jeden Tag. Ich glaube, er hasst mich.«

»Sehe ich dich nie wieder?«, fragte ich.

»Vielleicht. Vielleicht auch nicht«, antwortete Jamila. »Inshallah.«

Dann rief sie Tante Zaina zu: »Ich gehe mal kurz zum Laden.«

Die Tante kam in den Hof. Jamila trug ihr Nachthemd.

»Zieh dir noch was über!«, befahl die Tante.

Jamila huschte aus dem Haus. Ich warf ihr das Bündel vom Dach aus zu.

»Triff mich in dem kleinen Wald«, flüsterte sie.

Dort umarmte sie mich – ein letztes Mal für viele Jahre – und verschwand.

Auf dem Land war Jamila nicht willkommen. Sie war frech und trug die provozierend engen Kleider der Stadt, die ihren großen Busen und festen Hintern betonten.

Großmutter war empört, die Tante verzweifelt. Sie wollten Jamila in die Stadt zurückschicken. Aber das kam für meine Schwester nicht infrage. Sie suchte sich einen Mann, der sie heiraten und ihr ein eigenes Zuhause geben würde. Nach drei Monaten wurde sie fündig. Der Erste, der ihr schöne Augen machte, wurde ihr Ehemann. Sie bekamen einen Sohn.

Und natürlich sind sie heute nicht mehr zusammen.

Ich verbrachte meine Zeit weiterhin am Atlantik. Als ich fünfzehn war, besuchte ich eine der alkoholfreien Teenie-Partys am Strand, zu der Jungs Eintritt bezahlen mussten, Mädchen aber nicht.

Eigentlich waren diese Partys erst ab achtzehn, aber es gelang mir, mich dort einzuschmuggeln. Ich wollte tanzen.

In der Woche nach der Party kam ein Junge am Strand auf mich zu.

»Kennst du mich noch?«, fragte er.

»Nein, wieso?«, erwiderte ich.

»Ich habe dich am Wochenende bei der Teenie-Party gesehen.«

»Ich dich nicht«, antwortete ich.

Mohssin war schon zwanzig, aber sehr klein. Wie er jetzt vor mir stand, fand ich ihn süß. Er hatte sehr kurze, lockige Haare und einen ausrasierten Nacken. Die Locken waren mit Gel fixiert. Seine Haut war dunkel, seine Augen hell. Allerdings war Mohssin kein Berber, sondern Araber.

Wir redeten ein bisschen und fanden bald eine Gemeinsamkeit: unsere Verehrung für den ägyptischen Sänger Abdel Halim Hafez (1929–1977).

Ich begann, eines meiner Lieblingslieder von ihm zu singen. Es heißt: *Resala men tahtel maa* – »Ein Brief unter Wasser«:

»Wenn du mich wirklich liebst,
hilf mir, dich zu fliehen.
Oder wenn du mich heilen willst,
heile mich von dir.

Wenn ich gewusst hätte,
wie gefährlich Liebe ist,
hätte ich nie geliebt.

Wenn ich gewusst hätte,
wie tief das Meer ist,
hätte ich mich fern gehalten.

Wenn ich gewusst hätte,
wie es endet,
hätte ich nie begonnen.«

Dann fiel Mohssin ein mit dem Refrain:

»Ich habe nicht die Kraft,
unter Wasser zu atmen.
Deshalb werde ich ertrinken.
Ich werde ertrinken,
ertrinken, ertrinken.«

Wir sangen zusammen und redeten, wir versteckten uns hinter den Dünen, weil die Cousins uns verfolgten. Küssen durfte mich Mohssin nicht. Ich hatte Angst, wie meine Cousinen zu werden.

In seiner Verzweiflung schrieb er Postkarten per Einschreiben, die er am Kiosk gekauft hatte. Die Karten waren mit kitschigen roten Herzen bedruckt, und darunter stand in seiner Handschrift »Ich vermisse dich, Ouarda«.

Einschreiben gab es in unserer Straße selten, deshalb waren alle Nachbarn auf den Beinen, wenn der Postbote nach mir suchen ließ, damit ich die Empfangsquittung unterschrieb. Die Cousinen machten sich lustig über mich, die Cousins drohten, den aufdringlichen Verehrer aufzuspüren und zu verprügeln, aber Onkel Hassan lachte gutmütig. Ich hatte Herzrasen vor Aufregung.

Trotzdem wurde aus unserer Liebe nichts. Nach einem Jahr hatte Mohssin genug von meiner Zurückhaltung. Er suchte sich ein Mädchen zum Küssen und schrieb mir keine Postkarten mehr.

Das war hart für mich. Ich war es zwar gewöhnt, verlassen zu werden. Mutter hatte mich verlassen,

Vater und die Hälfte meiner Geschwister hatten mich verlassen. Aber nun wurde ich von einer neuen Liebe verlassen.

Das trieb mir die Tränen in die Augen. Monatelang suchte ich Mohssin am Strand, aber er ließ sich nicht mehr blicken. Er hatte ein Verhältnis mit Saida, dem Mädchen, das für hundert Dirham die weißen Beine entblößte.

Weinend stieg ich ins Meer. Lange blieb ich weit draußen, jenseits der Brandung. Als ich an den Strand zurückkam, waren die Tränen der verlorenen Liebe vom Wasser verschluckt.

Das Dorf am Fusse der Berge

Im Sommer 2003 heiratete meine Schwester Asia mit sechsundzwanzig Jahren ihren Freund Said.

Asia leitet eine Sprachenschule in Agadir. Wenn sie das Haus verlässt, trägt sie ein Kopftuch. Das hat religiöse Gründe, dient ihr aber vornehmlich als Schutz. Frauen, die keine Kopftücher tragen, gelten in manchen Gegenden der Stadt als leichte Mädchen, die man jederzeit belästigen kann.

Said ist ein Jahr älter als sie, gelernter Koch, arbeitet als Schaffner bei den Verkehrsbetrieben Zetrap und macht in seiner Freizeit Musik in einer Folklore-Band. Er entstammt einer armen, aber anständigen Familie. Sein Vater ist früh gestorben, die Mutter zog die drei Brüder allein auf.

Vierhundert Gäste waren zur Hochzeit geladen. Die Braut wurde an Händen und Füßen mit Henna bemalt und in einer Sänfte durch Agadir getragen. Der Bräutigam ritt auf einem Pferd durch die Straßen und schoss mit einem historischen Vorderlader in die Luft. Junge Berber boten den Gästen am Eingang zum Saal Milch und Datteln an, die traditionelle Begrüßungsgabe. Musikanten spielten, Köche tischten die köstlichsten Speisen des Landes auf – erst nach drei Tagen waren die Feierlichkeiten beendet.

Das Brautpaar zog sich in ein romantisches Hotel im Stadtteil Ben Sergao zurück. Natürlich war meine Schwester bis zu dieser Nacht Jungfrau. Aber das konnten die Gäste nicht überprüfen, weil sich Asia und Said weigerten, dem Publikum nach Vollzug der Hochzeitsnacht ein blutbeflecktes Bettlaken zu präsentieren.

»Wir leben doch nicht mehr im Mittelalter«, meinte Asia.

Aber das gilt nicht für alle Brautpaare. Ich erinnere mich an eine Hochzeit in unserer Nachbarschaft in Agadir. Die Feier fand in einem großen Zelt auf der Straße statt und ging bis zum nächsten Morgen. Dann verschwand das Brautpaar in einem Zimmer unseres Nachbarhauses. Die Gäste warteten auf das Bettlaken. Es dauerte eine Stunde, es dauerte zwei Stunden. Es dauerte drei Stunden, bis die Haustür sich wieder öffnete. Aber nicht die Brautmutter mit dem Laken auf einem Tablett kam heraus, um damit durch die Schar der Gäste zu tanzen, sondern der Bräutigam.

Er hatte kein Laken dabei und fluchte: »So ein Beschiss, wir sind reingelegt worden. Das Mädchen war keine Jungfrau mehr. Mir wurde Secondhandware untergeschoben. Allah soll euch strafen.«

Wutentbrannt schlug er die Tür zu, sammelte seine Familie um sich und verschwand. Auf der Straße herrschte betretenes Schweigen. Die Hochzeitsgäste verkrümelten sich unauffällig. Ein solcher Skandal ist kein gutes Omen. Die Familie der Braut

23 *(oben)* Mit Arbeitskollegen (ich stehe links)

24 *(unten)* Silvester – ich mit Hut

25 *(rechts)* In neuer Uniform beim Fototermin für Touristen

26 *(unten)* Mit zwei Gästen und meiner Kollegin Rheno (rechts), die ein Jahr danach an Brustkrebs starb

27 *(oben)* Die große Rheno (links) und eine Kollegin (rechts), an die ich mich nicht mehr erinnern kann

28 *(Mitte)* An der Eistheke. Ich stehe in der Mitte

29 *(unten)* Mit Kollegen im »Golden Gate«

30 *(oben)* Der Neffe des Besitzers zählte zu meinen Verehrern. Ich habe die Tasche schon über der Schulter: Feierabend im »Golden Gate«

31-32 *(Mitte und unten)* Zu meinem neunzehnten Geburtstag lassen die Kolleginnen vom »Golden Gate« mich hochleben

33 *(oben)* Geburtstagsfeier! Die Zweite von rechts ist Samira, von deren Selbstbewusstsein ich sehr beeindruckt war

34 *(Mitte)* Eröffnungstag im Sheraton-Hotel Agadir, wo ich mit Rabiaa (rechts) als Hostess arbeitete

35 *(unten)* Meine Cousine Habiba (links) und ich

36 *(oben links)* G'rraba, Wasserverkäufer am Strand von Agadir, umrahmen mich für ein Foto, das Touristen von uns machten

37 *(oben rechts)* Gaudi am Strand. Den durchtrainierten Surferinnen aus Europa zeige ich, dass ich sie auf den Arm nehmen kann

38 *(unten)* Familienfeier mit Cousine Fatima, Tante Zaina, Onkel Hassan und mir (v.r.n.l.)

42 *(oben)* Meiner Freundin Saida scheint es ziemlich zu stinken, dass ich bald nach Deutschland gehe

43 *(unten)* Besuch in meinem Geburtsort auf dem Land. Meine Schwester Asia trägt meinen Sohn Samuel; rechts von mir meine »kleine« Schwester Ouafa. Beide sind viel besser darin, das Kopftuch korrekt flach zu binden

39 *(oben links)* Cousine Habiba ist etwa doppelt so breit wie ich

40 *(oben rechts)* Meine Schwester Rabiaa

41 *(unten)* Im Sakko eines Freundes. Der Freund ist längst weg, das Sakko habe ich immer noch

schloss sich in ihrem Haus ein. Das Mädchen wagte sich wochenlang nicht mehr auf die Straße. Und auch später sah ich sie nur noch mit gesenktem Kopf zum Laden von Si Hussein huschen und wieder verschwinden.

In der Straße hieß es später, das Mädchen sei sehr wohl Jungfrau, der Bräutigam aber ein Trottel gewesen, nicht in der Lage, seine Pflicht in der Hochzeitsnacht zu erfüllen. Ein kleiner Makel blieb dennoch an unseren Nachbarn hängen.

Asias Fest in Agadir war der Abschluss der nahezu zwölf Monate währenden Feierlichkeiten anlässlich ihrer Vermählung. Ich fand das Ausmaß der Angelegenheit ein bisschen übertrieben, vor allem weil ich immer wieder von Deutschland nach Marokko fliegen musste, um an den Festivitäten teilzunehmen. Andererseits konnte ich Asias Bedürfnis gut verstehen, ihr Glück und ihr gesellschaftliches Ansehen zu demonstrieren.

Der Name Saillo ist in Agadir auch heute noch mit dem grausamen Tod meiner Mutter verbunden. Wir sind die Kinder eines Mörders, fast jeder kennt unser Schicksal und reagiert darauf. Ich glaube, Asia versuchte den Namen Saillo durch die ausufernden Hochzeitsfeiern zu rehabilitieren. Sie wollte damit wohl sagen: Passt auf, Leute, wir waren aus dieser Gesellschaft ausgestoßen, aber jetzt sind wir zurück.

Begonnen hatte es ein Jahr zuvor mit einem kleinen Empfang in Igraar, dem Nachbardorf meines Geburtsortes E-Dirh, wo Asia bei unserer Tante Khadija aufwuchs. In Khalti Khadijas Lehmhaus trafen sich die Frauen und Kinder des Dorfes, die Männer mussten leider draußen bleiben. Zur Feier des Tages gab es Fanta, Coca-Cola und ein Apfelsaftgetränk namens Pommes, das auf dem Land als mondän gilt.

Auf dem Weg nach Igraar verließen wir die Asphaltstraße und fuhren auf der Piste, die schon Monsieur »Autobus« benutzt hatte, als er Mutter zu meiner Geburt in ihre Heimat zurückbrachte.

Nichts hatte sich seitdem in E-Dirh und Igraar verändert, außer der Tatsache, dass eine Stromleitung über den Berg lief und die Dörfer am Fuße des Antiatlas mit Strom versorgte.

Khalti Khadija konnte die Pommes-Flaschen in einem Eisschrank kühlen und nach Sonnenuntergang elektrisches Licht im weiß getünchten Innenhof anmachen. Das Wasser aber schöpfte sie wie eh und je aus der Zisterne, und bevor es ganz dunkel wurde, hastete sie in den zweiten Hof und versorgte den Esel und ihre beiden Schafe.

Ich erinnerte mich an die unbeschwerten Wochen, die ich als Kind hier verbracht hatte. In den Sommerferien pflegte Onkel Hassan uns aufs Land zu schicken. Rabiaa, Jamila und ich packten unsere Taschen und setzten uns in den Bus. Nur Jaber und Mouna durften nicht mitfahren; Vater wollte nicht, dass seine älteste Tochter und sein einziger Sohn Kontakt mit der Familie meiner Mutter hatten. Mouna war die Tochter einer anderen Frau, und Jaber sollte vermutlich das genetische Erbe meines Vaters unverfälscht in die Zukunft tragen.

Ich freute mich auf meine Schwestern Asia und

Ouafa, die hier mit meiner Tante aufwuchsen und zu denen ich das Jahr über keinen Kontakt hatte. Bald stellte sich aber heraus, dass es gar nicht so leicht war, mit ihnen zurechtzukommen. Ouafa und Asia sprachen plötzlich Tashl'hit, die Sprache meines Stammes, die wir erst wieder lernen mussten.

Die beiden bewegten sich in dieser fremden Umgebung absolut sicher, in der es Pflanzen mit gefährlichen Dornen, Heuschreckenschwärme und Giftschlangen gab, die mir unheimlich waren.

Die ersten Tage fühlte ich mich hier stets unwohl, bis ich mich an die anderen Verhältnisse gewöhnt hatte. Großmutter gab mir Geborgenheit. Nachts schlief ich bei ihr im Bett und kuschelte mich eng an ihren Körper, der gleichzeitig so fremd und vertraut roch. Großmutter kraulte mir die Haare, bis ich einschlief, und wenn sie morgens vor Sonnenaufgang das Bett verließ, um ihre Gebete zu verrichten und in der kühlen Luft der Dämmerung mit der Feldarbeit zu beginnen, war ich sofort hellwach und wich ihr nicht mehr von der Seite.

»Kind«, sagte Großmutter, »es ist noch dunkel, bleib doch im Bett.«

»Nein«, rief ich, »ich will mitgehen!«

Großmutter trug alle Lasten auf dem Kopf, wie es heute nur noch die alten Frauen können. Sie ging sehr aufrecht, und ich fand, dass sie wie eine Königin aussah. Auf den Feldern jätete sie Unkraut und pflückte frische Früchte. Dann hastete sie zurück und bereitete zum Frühstück eine nahrhafte Maissuppe. Wir nahmen die Mahlzeit im Hof ein.

Ich liebte es, an ihr zu schnuppern, wenn sie vom Feld zurückkam. Ihre Haut roch säuerlich wie Milch nach einem heißen Tag. Und am schönsten war es, wenn sie ihr Kopftuch ablegte und die Haare öffnete. Ihre Haare waren lang und bunt von den unterschiedlichen Schattierungen des Hennapulvers, das sie benutzte.

Nach dem Frühstück fütterte sie die Hühner, die Schafe, die Ziegen und den Esel. Wenn die Sonne im Zenit stand und es zu heiß für die Arbeit war, versammelten sich die Frauen aus den zehn Familien des Dorfes, kochten Tee, saßen im Schatten zusammen und erzählten sich die aufregenden und banalen Geschichten des Alltags.

Später sangen wir die alten Lieder des Stammes, einige Frauen holten einfache Instrumente hervor und schlugen den Takt, zu dem die Mädchen tanzten.

Wir nahmen wie selbstverständlich an diesen Zusammenkünften teil, und ich genoss es, zu dieser großen, friedlichen Dorfgemeinschaft zu gehören. Wir Mädchen kochten Tee wie die Erwachsenen, und in der Argan-Saison gab es Wettbewerbe, wer von den harten Früchten die meisten brechen konnte.

Wir saßen im Schneidersitz vor den flachen, geschliffenen Steinen, auf die die sonnengetrockneten Argan-Nüsse gelegt wurden. Dann schlugen wir die harte Schale mit einem spitzen Stein auf. Es war eine schwierige Arbeit, die Nüsse zu knacken. Nur wenn man einen ganz bestimmten Punkt der Schale mit dem Stein traf, konnten die wertvollen Samen gewonnen werden.

Großmutter achtete mit Argusaugen darauf, dass die Samen nicht verletzt wurden. Diese enthalten nämlich das wertvolle Argan-Öl, das nicht nur als Nahrungsmittel dient, sondern von den *sherifas*, zu denen Großmutter gehörte, als mächtige Arznei gegen viele Krankheiten und Gebrechen verwendet wird.

Am spannendsten war es, mit Jamila Abenteuer zu erleben. Sie war das wildeste aller Mädchen und fürchtete sich vor nichts. Mit ihr kletterten wir die Felsen an den Berghängen hinter dem Dorf hinauf.

Wenn wir durch die Felder zogen, führten wir lange Zuckerrohrstangen mit uns, die am oberen Ende gespalten und mit einem Seil versehen waren. Mit diesen Stangen konnte man wie mit einer Zange süße Kaktusfeigen aus den stacheligen Büschen ziehen, die mit bloßer Hand nicht zu erreichen waren.

Jamila verwendete diese Stange einmal auch, um eine Schlange zu fangen, die wir in einem Brunnen auf dem Feld entdeckten. Ich liebte es, mein Gesicht im Brunnenwasser zu spiegeln. Es kam mir vor, als hätte ich eine Zwillingsschwester, die mich aus der unheimlichen Tiefe des Schachts anlächelte. An diesem Tag sah ich aber nicht mich, sondern ein scheußliches Reptil, als ich mich über den Brunnenrand beugte.

»Jamila«, kreischte ich, »da ist etwas Ekeliges!«

Jamila sah sich die Sache gelassen an.

»Das ist eine Schlange«, sagte sie. »Ich werde sie mal rausholen.«

»Mach das bitte nicht!«, rief ich. »Das ist doch gefährlich.« Ich fürchte mich bis heute vor Schlangen. Nicht einmal im Fernsehen ertrage ich es, sie zu sehen.

»Ich schaff das schon«, sagte Jamila, und ihr breites Gesicht war vom Jagdfieber gerötet.

Wir beugten uns über den Brunnenrand und beobachteten fasziniert, wie Jamila mit der Feigenzange nach der Schlange zielte. Das Reptil zischte böse. Dreimal konnte es sich befreien. Dann saß sein langer Körper fest.

Triumphierend zog Jamila die Schlange ans Sonnenlicht. Sie wand sich in der Umklammerung der Zange. Ich sah ihre gespaltene Zunge und die kalten Augen. Schreiend stoben wir Mädchen auseinander, als meine Schwester die Stange mit der Schlange über dem Kopf schwenkte.

»Ich mach sie schwindelig!«, schrie Jamila. »Seht ihr das? Und wenn sie schwindelig ist, treten wir auf sie drauf, bis sie stirbt.«

»Tu die Schlange sofort wieder in den Brunnen«, zeterte ich in Panik, »oder ich sage es Großmutter.«

»Feigling«, schrie Jamila, »ich werde die Schlange besiegen! Schaut nur her.«

Wir beobachteten Jamilas Kampf mit der Schlange aus sicherer Entfernung. Meiner Schwester gelang es tatsächlich, das Tier zu betäuben. Zuletzt lag die Schlange auf dem Boden, und Jamila trampelte mit ihren grünen Gummistiefeletten auf ihr herum. Als sie sich schon längst nicht mehr bewegte, kamen auch die anderen Mädchen näher und traten nach der toten Schlange. Nur ich wagte es nicht, ihr einen Tritt zu versetzen. Meine Furcht war zu groß.

Abends schimpfte Großmutter mit uns. »Schlangen können Menschen töten«, sagte sie. »Macht das nie wieder, sonst dürft ihr nicht mehr allein auf die Felder.«

Ich sah mich als Kämpferin gegen Skorpione. Vor dem Haus meiner Tante stand ein Betonbottich, in dem Regenwasser gesammelt wurde. Es regnete aber so selten, dass der Bottich meist leer war. Dann sammelten sich Käfer und Skorpione darin. Es gab schwarze Skorpione, die relativ groß wurden, und kleine rote, die extrem giftig waren. Ich beugte mich über den Bottich und zerstieß die giftigen Tiere mit einem Stock. Dabei fühlte ich mich wie die Retterin unserer Nachtruhe. Jeder tote Skorpion war eine Gefahr weniger und ließ mich ein bisschen ruhiger schlafen.

Auf dem Land rasten die Tage unbeschwert an mir vorbei. Ich fühlte mich stark und gesund und sauber. Es gab genug zu essen, wir waren an der frischen Luft, und jeden Tag seifte mich Großmutter mit der scharfen Kernseife ab, die sie im Souk von Tiznit besorgte. Es gab Zahnbürsten und Zahncreme, und mein Gebiss glänzte weiß, wenn ich mich über den Brunnenrand beugte, um mein Gesicht im Wasserspiegel zu betrachten. Einmal in der Woche heizte Großmutter den Hamam im zweiten Hof ihres Anwesens mit trockenen Ästen, und wir schwitzten im Liegen, weil der Raum so niedrig war, dass man darin nicht sitzen konnte. Wie Brote im Ofen lagen wir flach nebeneinander, und wenn unsere Haut weich gekocht war von den heißen Wasserdämpfen, rubbelte Großmutter uns den Schmutz mit einem rauen Handschuh von der Haut.

Ein paar Tage vor Schulbeginn fing Großmutter an, unsere Sachen zusammenzupacken und Bündel zu schnüren. Dann spürte ich schon den Abschiedsschmerz, der seinen Höhepunkt erreichte, wenn Monsieur »Autobus« mit seinem alten Wagen in einer großen Staubwolke auf der Piste nach Igraar und E-Dirh auftauchte.

Wir hockten auf den Stufen vor Großmutters Haus und kämpften mit den Tränen. Das ganze Dorf kam, um Abschied zu nehmen.

Und dann saßen wir in dem Bus und schauten aus dem Rückfenster: Das Dorf wurde immer kleiner und war schließlich nicht mehr zu sehen.

Der Sommer lag hinter uns. Vor uns lag der Herbst mit Onkel Hassan und Tante Zaina und dem üblichen Elend, das wir in den Wochen auf dem Land fast schon vergessen hatten.

Die Faust des Onkels

Onkel Hassan wurde zunehmend brutaler. Wenn man etwas Positives über ihn sagen will, dann, dass er gerecht war: Er verteilte seine Gewalt gleichmäßig auf seine Kinder und auf uns. Mustafa, sein Stiefsohn, wurde allerdings besonders gequält. Ihn hängte Ammi Hassan sogar mit den Füßen an einem Haken an der Wand auf, bis ihm das Blut das Gesicht rötete, und schlug ihn mit Gummischläuchen oder Keilriemen.

War er schlechter Laune, war es ratsam, Onkel Hassan aus dem Weg zu gehen. Meine Nase hatte er mir schon gebrochen, aber richtig misshandelt wurde ich von ihm erst, nachdem ich Fatimas Sonnenbrille verloren hatte.

Meine Cousine Fatima hatte eine Hautveränderung, die im Sommer schrumpfte und im Winter immer größer wurde und sogar das Gesicht erreichte. Ich glaube, es war eine Neurodermitis. Um die Flecken zu verdecken, trug sie eine große Sonnenbrille, die der Onkel ihr besorgt hatte.

Natürlich wollte ich die schicke Brille auch einmal ausprobieren. Ich lieh sie mir aus und flanierte damit die Hauptstraße auf und ab. Mein Outfit erfüllte seinen Zweck.

Einer der interessanteren Jungs stoppte sein Moped neben mir und sagte: »Hey, Ouarda, du siehst gut aus mit der coolen Brille.«

Ich lächelte geschmeichelt.

»Kann ich die mal kurz aufsetzen?«

Ich zögerte, schließlich war es ja nicht meine Brille. Aber ich wollte auch nicht verklemmt wirken. Also sagte ich: »Na klar.«

Der Junge schnappte sich die Brille, setzte sie auf – und gab Gas.

»Hey, Blödmann…«, rief ich ihm noch hinterher. Aber da war er schon um die Ecke gebogen – und kam nicht mehr zurück.

Am Abend bemerkte Fatima, dass die Brille weg war.

»Ouarda«, fragte sie, »warst du das wieder?«

Ich nickte.

»Gib sie her!«

»Ich habe sie nicht mehr. Ich habe sie ausgeliehen.«

Das war die falsche Antwort. Fatima flippte komplett aus und versuchte mir das Gesicht zu zerkratzen. Das alarmierte den Onkel, und er zog den Gürtel aus seiner Hose. Dies war eindeutig nicht der Abend, an dem er guter Laune war. Er stellte keine weiteren Fragen, sondern schlug sofort zu. Als er fertig war, wischte ich mir das Blut aus den Mundwinkeln.

Onkel Hassan schaute mitleidslos zu. »Wenn die Brille morgen nicht da ist, schlage ich dich tot.«

Ich ging zu den Eltern des Jungen.

»Bitte«, sagte ich, »ich brauche die Brille.«

Die Leute sahen die Striemen und wussten, was geschehen war. Onkel Hassan war als Schlägertyp bekannt. Bei den Prügeleien auf der Straße, in die er häufig verwickelt war, hatte er sich eine wirkungsvolle Technik angeeignet, Schmerzen zuzufügen.

Seine Hände waren hart wie Eisen, wenn sie mein Gesicht trafen. Er schlug nie mit der weichen Innenfläche, sondern mit der harten Außenseite. Wenn ich still blieb, wurde er noch wilder, dann hämmerte er meinen Kopf gegen die Wand und trat mich in den Unterleib. Wenn ich weinte, ließ seine Aggressivität langsam nach, und schließlich hörte er auf. Ich war trotzdem fast immer zu stolz, um zu weinen.

»Ja, wir haben die Brille«, sagten die Leute. »Aber leider hat unser Sohn die Gläser kaputtgemacht. Das Gestell ist beim Optiker. Wir bekommen die Brille erst übermorgen zurück.«

Das war eine schlechte Nachricht. Ich würde Tag für Tag verprügelt werden, bis diese verdammte Brille endlich wieder da war. Ich würde jeden Morgen mit der Angst aufwachen, abends Schmerzen erdulden zu müssen, gedemütigt zu werden, mit blutenden Wunden ins Bett und mit einem blauen Auge in die Schule zu gehen.

Ich schlich mich nach Hause. Onkel Hassan wartete schon.

»Wo ist die Brille?«

»Ich bekomme sie erst…«

Ich hatte meinen Satz noch nicht beendet, da

hatte ich seine Faust schon im Gesicht. An diesem Abend nahm er ein Kabel, um mich zu prügeln. Erst biss ich die Zähne zusammen, um keinen Mucks von mir zu geben, wenn die Haut mit einem widerlichen Geräusch aufplatzte. Ich wollte nicht, dass sich die gaffenden Cousins über mein Gejammer lustig machten. Aber dann entschied ich mich doch, die Tortur abzukürzen, und sackte zusammen.

Das war Cousine Habibas Trick. Wenn sie geprügelt wurde, verdrehte sie unverzüglich die Augen und glitt zu Boden. Nur einmal ging die Sache daneben. Sie war frisch beim Friseur gewesen und scharwenzelte nun aufgetakelt mit ihren glatt geföhnten Haaren durch die Stadt. Onkel Hassan wartete schon auf sie, weil er es endgültig satt hatte, dass sie ständig die von ihm persönlich verhängte Sperrstunde um acht Uhr abends ignorierte. Kaum war Habiba um elf Uhr durch die Haustür getreten, erhielt sie schon den ersten Hieb. Sofort fiel sie dramatisch in Ohnmacht, und der Onkel hastete erschrocken zur Toilette, um ein Eimerchen Wasser zu holen. Habiba beobachtete ihn aus einem Auge. Jetzt war sie in der Zwickmühle. Entweder musste sie zugeben, den Ohnmachtsanfall nur gespielt zu haben, und riskierte damit richtige Prügel – oder die neue Glatthaarfrisur war ruiniert.

Habiba entschied sich für die Prügel.

»Nicht, Vater«, rief sie, »bloß kein Wasser!«

Aber Onkel Hassan spielte das Spiel nach seinen Regeln. Er zögerte kurz, dann kippte er ihr das Wasser über den Kopf.

»Ich glaube, das tut dir viel mehr weh«, grinste er hämisch.

So glimpflich kam ich selten davon. Drei Abende wurde ich misshandelt, bis der Junge mit dem Moped die reparierte Brille zurückbrachte. Aber auch dann setzte es noch eine Tracht Prügel, weil die Ersatzgläser angeblich dünner waren als die zerbrochenen Originale.

Tante Zaina stand Onkel Hassan in Sachen Brutalität in nichts nach. Ihr gelang es zweimal, mich bewusstlos zu schlagen. Beim ersten Mal war ich noch in der Grundschule. Sie hatte mir den Nagel im Absatz ihrer Sandalen so auf den Kopf geschlagen, dass ich ohnmächtig umkippte. Ich hatte es gewagt, ein Stück von dem Brot zu essen, das sie nicht für uns alle, sondern nur für ihre Kinder gebacken hatte.

Als ich aus der Ohnmacht aufwachte, war ich klatschnass, weil sie Wasser über mich gegossen hatte. Tante Zaina saß vor mir auf einem Kissen.

»Und jetzt kommst du mal zu mir, gibst mir einen Kuss auf die Stirn und entschuldigst dich für dein schlechtes Benehmen.«

Ich wollte mich nicht entschuldigen, und ich wollte ihr erst recht keinen Kuss geben. Aber ich war so verzweifelt, dass ich beides tat. Noch heute macht mich diese Demütigung wütender als die Prügel.

Beim zweiten Mal hatte ich beim Einkaufen etwas verwechselt. Statt Paprika hatte ich gemahlenen Kümmel mitgebracht. Das ärgerte die Tante dermaßen, dass sie mir wie üblich mit ihren spitzen Fingernägeln das Gesicht zerkratzte, dann ihre Hände in die empfindliche Innenseite meiner Oberschenkel krallte und mir schließlich noch mit einem Nudelholz in den Nacken schlug, sodass ich ohnmächtig wurde.

Meine älteren Schwestern Rabiaa und Jamila versuchten uns zu schützen, aber sie waren selbst Opfer der Situation.

Rabiaa wurde seltener körperlich angegriffen, weil sie so klug und diplomatisch war. Aber einer der Cousins verletzte sie dennoch schwer, als er einen Löffel in die Holzkohle legte, mit der Rabiaa den traditionellen Eintopf Tajine zum Kochen brachte. Er drückte ihr den Löffel ins Gesicht, sodass ihre Haut und das Fleisch zischend verdampften. Nie zuvor und niemals danach habe ich sie so herzzerreißend schreien hören. Die Narbe ist heute noch zu sehen.

Vor allem Jamila war den Annäherungsversuchen Onkel Hassans ausgesetzt. Sie arbeitete mit ihm in der Werkstatt und hatte keine Chance, seinen lüsternen Blicken und Griffen zu entkommen, als ihr Körper in der Pubertät weibliche Formen annahm.

Als Tante Zaina sie beschuldigte, dem Onkel schöne Augen zu machen, wagte sie nicht zu sagen, wie es wirklich war. Sie behielt das schmutzige Geheimnis für sich. Aber schließlich wurden die Übergriffe des Onkels so heftig, dass sie sich Rabiaa anvertraute. Damals war Jamila fünfzehn Jahre alt.

Uns allen fiel auf, dass der Onkel Jamila besonders herzlich zur Begrüßung und zum Abschied küsste. Aber wir dachten uns nichts dabei. Jamila allerdings fand das unheimlich. Sie besprach sich mit Rabiaa, und beide informierten unseren Vater brieflich von den Vorgängen in seinem ehemaligen Haus.

Rabiaa hielt den engsten Kontakt zu Vater im Gefängnis. Als sie vierzehn war, heuerte sie sogar eigenmächtig einen Anwalt an, der Vater aus dem Gefängnis holen sollte. Aber der Versuch blieb erfolglos. Sie schrieb ihm regelmäßig, was aber erst herauskam, als er gestorben war und mein Bruder Jaber seinen Nachlass sichtete. Ich habe nicht alle Briefe gesehen, weil Jamila einige von ihnen zerrissen hat, die sie betrafen.

Vater regte sich sehr darüber auf, zeigte seinen eigenen Bruder bei den Behörden an und beantragte, Hassan aus dem Haus unserer Familie zu entfernen und ihm den Umgang mit uns zu untersagen.

Als Gefängnisinsasse war er allerdings kein besonders starker Schutz für uns. Der zuständige *pasha*, ein hoher Gerichtsbeamter, lud dennoch alle Beteiligten vor.

Onkel Hassan geriet regelrecht in Panik, als er seine Vorladung erhielt. Er sah sein Leben zerstört, denn ohne uns hätte er das Haus verloren, in dem er jetzt wohnte. Er würde obdachlos werden, und sein Ruf wäre endgültig ruiniert.

Er hatte nicht erwartet, dass Jamila und Rabiaa mutig genug wären, sich gegen die ständigen Misshandlungen und Belästigungen zur Wehr zu setzen. Zwei minderjährige Mädchen, die es wagten, gegen einen erwachsenen Mann vorzugehen! Das war für marokkanische Verhältnisse außergewöhnlich. Alle wussten, was uns geschah: die Nachbarn, unsere Verwandten, vermutlich auch die Behörden. Aber wie damals, als wir mit unserer Mutter das Martyrium durch unseren Vater erlitten, schritt auch jetzt niemand ein. Wir wurden bemitleidet, das schon, man steckte uns ab und zu ein paar Dirham oder eine mit Butter bestrichene Baguette zu – aber helfen wollte uns niemand.

Ich bewunderte Rabiaa und Jamila für ihren Mut. Und ich stellte mir vor, wie unser Leben sich ändern würde, wenn wir endlich den Onkel, die Tante und ihre Kinder los wären. Das Haus ganz für uns allein! Rabiaa das kluge Familienoberhaupt, Jamila das Energiebündel, Mouna entlastet von ihrer Angst und wir Kleinen frei von Repressalien! Natürlich würden wir Ouafa und Asia zu uns holen! Die Familie wäre wieder vereint! Aber meine Hoffnung erwies sich als Traum …

Vater und meine Schwestern hatten beschlossen, die sexuelle Belästigung nicht zu erwähnen. Schnell schlägt in unserer Gesellschaft ein solcher Vorwurf auf die Opfer zurück. Letztlich, so schrieb Vater aus dem Gefängnis, würden Rabiaa und Jamila als Schlampen dastehen, an denen alle wohlmeinenden pädagogischen Maßnahmen des Onkels gescheitert seien.

Dennoch hatte Onkel Hassan Angst, als wir schließlich vor dem *pasha* standen. Mit Ausnahme der beiden Kleinsten waren wir alle vorgeladen: Mouna, Rabiaa, Jamila, Jaber und ich.

Mouna stand nicht auf unserer Seite. Aus Furcht, alles zu verlieren, unterstützte sie den Onkel. Sie war ein sehr harmoniebedürftiger Mensch und hatte

Angst vor ihrem eigenen Schatten. Selbst wenn sie ganz allein auf der Straße war, ging sie immer, als werde sie bedroht. Hinzu kam, dass sie wusste, nicht zu uns zu gehören, da sie ein Adoptivkind aus der ersten Ehe meines Vaters war. Und Mutter hatte sie nicht gerade gut behandelt. Wir dagegen akzeptierten sie als vollwertige Schwester. Ich liebte sie und hege bis heute große Sympathie für sie, obwohl wir kaum noch Kontakt haben.

Ich war bereit, vor dem *pasha* klar und deutlich zu sagen, dass ich nicht mehr mit der Familie meines Onkels leben wollte. Obwohl ich erst elf Jahre alt war, war mir klar, dass ich um unsere Freiheit kämpfen musste. Freiwillig würde uns niemand unser Recht auf eine unversehrte Kindheit geben. Ich machte mit mir selbst einen Vertrag: Wenn es uns jetzt nicht gelänge, den Onkel und die Tante aus Vaters Haus zu werfen, würde ich das erledigen, sobald ich achtzehn war – oder ausziehen.

Vor dem *pasha* wurde ich aber gar nicht angehört. Ich wartete draußen vor dem Verhandlungsraum, während Jamila, Rabiaa, der Onkel, mein Großvater und sein Neffe befragt wurden.

Ammi Hassan argumentierte, Mädchen in unserem Alter dürfe man nicht allein lassen, da sie die führende Hand eines erfahrenen Familienvaters, wie er einer wäre, benötigten.

Der *pasha* schien meinen Schwestern Glauben zu schenken. Daraufhin brach Onkel Hassan vor ihm in Tränen aus und versicherte, er würde uns lieben wie seine eigenen Kinder.

Auch Großvater war dagegen, uns die Verantwortung für uns selbst zu übergeben. In seiner Generation war so etwas unvorstellbar.

»So junge Mädchen«, gab er zu bedenken, »allein in einer großen Stadt mit vielen Ausländern. Ob die da nicht auf die schiefe Bahn geraten?«

Der *pasha* entschied letztlich, Onkel Hassan eine letzte Chance zu geben. Wenn es noch einmal Anlass zur Klage gäbe, würde er eigenhändig dafür sorgen, dass der Onkel mit seiner Sippe aus unserem Haus entfernt würde.

Wir hatten unseren Kampf verloren, aber dennoch einen Sieg davongetragen. Seit Rabiaa und Jamila gezeigt hatten, dass sie bereit waren, um unsere Rechte zu kämpfen, nahm Onkel Hassan sich zusammen. Er wagte es kaum noch, uns zu verprügeln, und Jamila war jetzt vor seinen Nachstellungen sicher.

Nur Tante Zaina wurde in ihrem Hass gegen uns noch bestärkt.

In der zweiten Klasse freundete ich mich mit Siham an, einem Mädchen aus einer wohlhabenden Familie. Siham lebte ebenfalls in Nouveau Talborjt, gleich neben dem Lebensmittelladen an der Ecke. Ihr Vater war ein erfolgreicher Anwalt, die Mutter fuhr einen Mercedes. Die Familie war so reich, dass sie zwei Häuser besaß, die miteinander verbunden waren. Obwohl die Familie nur zwei Kinder hatte, hatte sie mehr als doppelt so viel Platz wie unsere sechzehnköpfige Sippe in der Rue el Ghazoua.

Ich war gern bei Sihams Familie. Es war ruhig in ihrem Haus, nie gab es Streit, selten ein lautes Wort. Außerdem hatten sie Telefon. Siham und ich machten Klingelstreiche. Zum ersten Mal in meinem Leben hatte ich ein Telefon in der Hand und bediente die Wählscheibe.

Unsicher drückte ich den Hörer an mein Ohr und lauschte den knarzenden Geräuschen, als die Verbindung aufgebaut wurde. Dann gab es eine Reihe von schrillen Tönen.

Erschrocken schaute ich Siham an. »Was ist das?«, flüsterte ich.

Siham lachte ein bisschen überheblich. »Es klingelt. Das ist normal. So funktioniert das Telefon, du Dummerchen.«

Dann hörte ich plötzlich eine fremde Stimme im Ohr – und legte sofort wieder auf.

Später wurde ich mutiger. Ich sagte zwar nichts in die Sprechmuschel, hörte mir aber an, wie die Menschen immer wieder »hallo« riefen, »wer ist dran?«. Dann hängte ich den Hörer kichernd ein, bevor sie sagen konnten: »Ich verfluche deine Mutter.« Das sagen Marokkaner schnell, wenn sie sauer sind. Ich wollte es jedoch nicht hören.

Wenn wir nicht miteinander kicherten, lernten wir zusammen. Sihams Vater mochte mich, gelegentlich strich er mir über den Kopf oder drückte mir ein paar Dirham-Münzen in die Hand, und ich war sehr stolz darauf, dass der erfolgreiche Monsieur l'avocat mich offenbar schätzte.

Siham war ein Jahr jünger als ich, aber etwas größer, weil sie sich im Gegensatz zu mir regelmäßig satt essen konnte. Außerdem spielte sie Tennis und hatte durch den Sport eine muskulöse Figur. Für mich war das gut, weil ich manchmal die Kleider bekam, aus denen Siham herausgewachsen war.

Sihams Mutter sagte zu ihrer Tochter: »Ouarda ist arm. Wir geben ihr deshalb von unserem Reichtum etwas ab. Das ist unsere Pflicht als Moslems. Aber sprich bitte nicht darüber, da wir ihren Stolz nicht verletzen wollen.«

Siham hielt sich an diese Regel, und ich hatte kein Problem damit, ihre abgelegten Sachen aufzutragen.

Eines Tages gab mir Sihams Mutter ein wunderschönes Oberteil. Sie hatte es selbst gehäkelt, und es strahlte in einem satten Burgunderrot. Am nächsten Tag zog ich es gleich zur Schule an. Unserer Lehrerin, die sehr schön war, fiel es sofort auf. Sie trug ihr Haar offen, Schuhe mit Absätzen und eine kurze Dschellaba mit Schlitz. Ihr Name war Heba.

Als ich zu Beginn des Schuljahrs in die Klasse kam, hatte ich weder Bücher noch Hefte oder Stifte, geschweige denn einen Schulranzen.

Onkel Hassan hatte gesagt: »Dieses Jahr habe ich kein Geld für dich. Du kommst vielleicht nächstes Jahr dran.«

Ich sagte: »Aber Onkel, ich brauche die Sachen jetzt.«

Onkel Hassan verstand mein Problem nicht. Er war Analphabet, und Schule bedeutete ihm nichts. Dafür wollte er sein knappes Geld nicht ausgeben.

Am zweiten Schultag kam die Lehrerin auf mich zu. »Wie heißt du?«

»Saillo, Ouarda.«

Die Lehrerin stutzte. »Saillo?«

»Ja«, sagte ich kaum hörbar.

»Wer ist deine Schwester? Jamila oder Habiba?«

»Jamila. Habiba ist meine Cousine.«

Die Lehrerin richtete sich auf.

»Schüler«, sagte sie, »in unserer Klasse gibt es Kinder, die keine Eltern und kein Geld haben. Eines davon ist Ouarda.« Sie zeigte auf mich. Ich wünschte mir, blitzschnell unsichtbar werden zu können. Aber das klappte nicht. Alle starrten mich an. »Das andere

Kind ist Joua.« Sie zeigte auf einen Jungen, der aus dem Waisenhaus in die Schule kam. Sein Name bedeutete »Hunger«. Jetzt schauten alle Kinder Joua an. »Ich fordere euch auf, nach Hause zu gehen und eure Eltern zu bitten, etwas Geld für Ouarda und Joua zu spenden, damit auch diese Kinder sich Schulsachen kaufen können.«

Am nächsten Tag brachten die Kinder so viel Geld mit, dass die Lehrerin Joua und mir Hefte, Stifte, Bücher und sogar Schulranzen kaufen konnte.

Abends setzte sich Rabiaa mit mir hin und sagte: »Ouarda, das war nett von der Lehrerin und den Kindern.«

»Ja«, sagte ich.

»Du solltest dich bedanken.«

»Wie denn?«

Rabiaa überlegte kurz. »Wir schreiben einen Brief. Den liest du morgen der Klasse vor.«

»Das kann ich nicht.«

»Doch, das kannst du, glaube mir, das ist das Mindeste, was du tun kannst. Es entspricht den Regeln der Höflichkeit, sich zu bedanken.«

Der Brief wurde wunderschön. Als ich aber vor der Klasse stand, das Blatt in der Hand, kam es mir vor, als wiege es eine Tonne. Stockend las ich den Brief vor. Mein Kopf war rot vor Aufregung und Scham. Als ich geendet hatte, klatschten alle Kinder, und Lehrerin Heba gab mir etwas Süßes aus dem großen Glas mit Bonbons, das auf ihrem Pult stand.

Jetzt, als ich in dem burgunderroten Oberteil in meiner Bank saß, kam die Lehrerin auf mich zu, nahm den Stoff prüfend zwischen die Finger und sagte bewundernd: »Das ist eine sehr feine Arbeit, meine Liebe. Kannst du mir sagen, wer das gemacht hat?«

»Ja, Lehrerin Heba«, sagte ich und senkte die Stimme. »Es ist von Sihams Mama, sie hat es mir geschenkt. Aber das soll niemand wissen. Bitte …«

Aber da war es schon zu spät. Die Lehrerin richtete sich auf, klopfte mit ihrem Lineal auf das Pult, um die Aufmerksamkeit der Klasse auf sich zu ziehen, schritt wichtig in die Mitte des Raumes, räusperte sich und sagte: »Kinder, hört mir mal gut zu. Hier ist etwas Nobles passiert. Ihr wisst doch alle, dass unsere Mitschülerin Ouarda sehr arm ist?«

Die Schüler raschelten zustimmend.

»Und heute«, sagte die Lehrerin, »trägt sie ein schönes Oberteil. Sie hat es nicht selbst gekauft. Es ist ihr von einem guten Menschen geschenkt worden. Und dieser Mensch ist …«, Frau Heba legte eine kunstvolle Pause ein, aus den Augenwinkeln sah ich, wie sich Siham ganz klein machte, »… unsere Mitschülerin Siham. Applaus für Siham!«

Die Klasse klatschte, nur Siham bewegte ihre Hände nicht. Und ich schämte mich ein wenig.

Die Freundschaft zu Siham hielt bis zur sechsten Klasse. Nach der fünften Klasse ging Siham in ein gemischtes Collège, in dem Mädchen und Jungen zusammen unterrichtet wurden, während ich in ein reines Mädchen-Gymnasium wechselte. Trotzdem besuchte ich Siham immer wieder zu Hause.

Eines Tages, als ich bei Sihams Familie klopfte, kam ihr Vater an die Tür.

»Ich muss mit dir reden, Ouarda«, sagte er.

»Ja, Monsieur l'avocat?«, fragte ich.

»Was ich dir sage, muss zwischen uns bleiben. Siham soll über unser Gespräch nichts erfahren.«

»Ja, Monsieur l'avocat«, erwiderte ich. Ich ahnte, dass dieses Gespräch unangenehm werden würde.

»Ich sage es dir ganz offen«, meinte Sihams Vater, und seine Stimme klang plötzlich so, wie ich mir die Stimme eines Anwalts vor Gericht vorstellte. »Ich möchte nicht mehr, dass du meine Tochter besuchst. Brich den Kontakt zu Siham ab. Ihr seid keine Kinder mehr, und Siham wird ein anderes Leben führen als du. Ihr passt nicht zusammen.«

Seine Worte waren wie eine Ohrfeige für mich. Sie trafen mich direkt ins Herz. Ich verstand sofort, was Sihams Vater mir sagen wollte: dass ich arm und ohne Zukunft und für ein Mädchen der Oberschicht kein guter Umgang sei. Er wollte mir sagen, dass ich Abschaum sei. Er machte mir klar, dass die Freundschaft seiner Tochter eine Gnade für mich sei, kein Recht. Und diese Gnade hatte nun ein Ende.

Ich spürte einen sauren Geschmack in meiner Kehle und das Salz der Tränen in meinen Augen.

»Ja, Monsieur l'avocat«, sagte ich, »selbstverständlich.«

Dann ging ich weg, ohne mich umzuschauen. Ich habe nie wieder an die Tür von Siham geklopft.

Mit gesenktem Kopf schlich ich mich zur Bank an der Straße hinter unserem Haus. Dort setzte ich mich immer hin, wenn ich traurig war. Ich stützte den Kopf in die Hände. Vor meinem inneren Auge sah ich mich im Spiegel: ein kleines, hartes dunkles Gesicht mit kurz geschorenen Haaren und großen Augen, in denen das Unglück der Welt lag.

Eine alte Frau hatte mich darauf aufmerksam gemacht. Sie hatte auf der Straße meiner Freundin Karima aus der Hand gelesen. Karima war ein helles, fröhliches Mädchen mit Grübchen in den Wangen, wenn sie lachte.

Ich hielt ihr meine Hand hin. »Und was ist mit mir, alte Frau?«

Die alte Frau nahm meine Hand, betrachtete aber nicht die Linien, sondern schaute mir in die Augen.

»Deine Augen sind voller Elend«, sagte sie und stieß meine Hand zurück. »Ich kann dir nichts sagen.«

Ich war schockiert, ließ es mir aber nicht anmerken. Im Außenspiegel eines Autos betrachtete ich mich später. Ich musste mich ziemlich verrenken, um meine Augen zu sehen. Lange schaute ich mich an. Und ich wusste: Die alte Frau hatte Recht. Ich sah in dem Außenspiegel alte Augen voller Leid und Trauer. Meine Augen.

Ich konnte Sihams Vater verstehen. Seine Tochter war ein unschuldiges, behütetes Mädchen. Nie hatte sie erlitten, was ich erdulden musste. Er wollte nicht, dass mein Unglück auf Siham abfärbte. Ich verstand ihn, er wollte seine Tochter vor dem Bösen beschützen, das mir widerfahren war. Aber es verletzte mein Herz.

Das Gymnasium lag direkt gegenüber dem Friedhof, auf dem Mutter beerdigt worden war. Ihr Grab existierte nicht mehr, sondern war bereits aufgelassen worden. Aber ich saß nach der Schule gern auf dem höchsten Punkt des Geländes und überblickte die Anlage. Ich stellte mir vor, dass Mutters Seele mir nahe war, wenn ich mich dort aufhielt. Ich redete oft mit ihr.

»Mama, ich muss dir erzählen, was heute passiert ist…«

Und dann berichtete ich ihr von dem täglichen Unglück, in dem wir lebten. Stumm bewegte ich den Mund, stumm füllten sich meine Augen mit Tränen. Ich hatte nie das Gefühl, dass Mutter mir antworten würde. Aber ich wusste, sie hörte mich. Das beruhigte mich. Ich wusste, dass sie da war. Vor allem wenn ich den Kopf in den Nacken legte und in den diesigen Himmel über der Stadt schaute, spürte ich ihre Nähe.

In den Freistunden lungerte ich an der Bushaltestelle herum. Dort gab es einen Stand mit Süßigkeiten. Er gehörte einem jungen Mann, der ein Fahrrad besaß. Ich redete mit ihm.

Er sagte: »Weißt du, Mädchen, ich habe Abitur. Aber in dieser Scheiß-Demokratie gibt es keinen guten Job für mich. Deshalb bin ich jeden verdammten Tag, den Allah geschaffen hat, hier an diesem staubigen Stand.«

Daraufhin ich: »Okay, das ist nicht gut. Darf ich mal mit deinem Fahrrad fahren?«

Es war ein altes, klapperiges Herrenfahrrad, viel zu groß für mich. Ich erreichte kaum die Pedale und konnte nicht bremsen.

»Sei vorsichtig«, rief der junge Mann noch, »und fahr nicht zum Strand hinunter!«

Aber da saß ich schon im Sattel und ließ das Rad den Berg hinunterrollen Richtung Strand. Der Fahrtwind zerstrubbelte meine kurzen Haare und trieb mir Tränen in die Augen. Das Rad wurde immer schneller. Ich hatte ein bisschen Angst. Aber das Gefühl von Freiheit und Geschwindigkeit überwog. Ich raste den Berg hinunter, juchzte und versuchte nicht daran zu denken, dass ich später das schwere Rad den ganzen Berg würde wieder hinaufschieben müssen.

Zu jener Zeit war ich in der Schule nicht gut. Selten hatte ich meine Hausaufgaben erledigt, oft schlief ich im Unterricht ein. Das lag an der harten Arbeit, die ich zu Hause verrichten musste. Ich war verantwortlich für die Wäsche unserer großen Familie, die im Hof in einem Zuber eingeweicht wurde. Jedes einzelne Wäschestück rubbelte ich auf dem Waschbrett, bis mein rechter Arm dicke Muskeln entwickelte, meine Hand eine dicke Hornhaut bekam und mein Rücken ganz krumm wurde. Am Wochenende nahm mich die Tante mit zum Souk. Tante Zaina trug ihre kleine Geldbörse, ich schleppte die Einkäufe auf dem Rücken zum Taxi. Einmal war ich so erschöpft, dass ich im Stehen einschlief, während die Tante mit einem Händler den Preis für Kartoffeln aushandelte.

Onkel Hassan beschäftigte mich mit seiner Lotto-Leidenschaft und erklärte mich zu seiner Glücksfee. Sorgfältig malte er die Zahlen auf Papierschnipsel, die ich blind ziehen musste. Dann schrieb er meine Nummern auf einen Zettel und schickte mich zum Cinéma Sahara in der Hauptstraße, wo sich eine Wettbude befand. Ich übertrug die Zahlen des Onkels auf den Wettschein, zahlte das Geld ein und war dann verantwortlich dafür, die Ergebnisse zu kontrollieren. Ich rannte zur Bude, merkte mir die Gewinnzahlen und flitzte zurück nach Hause, wobei ich sie fleißig memorierte. Ich hoffte immer, dass mich niemand ansprach. Dann vergaß ich die Zahlen nämlich und musste noch einmal zur Bude und die Gewinnzahlen erfragen.

Die meisten Lehrer mochten mich nicht mehr, weil meine Leistungen nachließen und es mir mit fortschreitender Pubertät immer schwerer fiel, als liebenswertes kleines Mädchen aufzutreten. Ich wollte nicht mehr schleimen, mich zurücknehmen, nett sein. Ich wollte Respekt!

Respekt wurde für mich immer wichtiger. Ich wollte als Mensch geachtet werden und akzeptierte keine Freundschaft mehr aus Mitleid. Deshalb wurde ich frech, vorlaut und pampig. Ich ließ mir nichts gefallen. Die lüsternen Blicke der Männer auf meinen knospenden Busen machten mich aggressiv. Die Art der Lehrer machte mich wütend. Die Atmosphäre zu Hause wurde für mich unerträglich.

Ich entschloss mich, eine Kämpferin zu werden und nicht mehr nachzugeben, sondern anzugreifen. Bevor ich verprügelt wurde, schlug ich zu. Ich hatte die Mentalität eines Straßenkindes entwickelt. Das passte nicht in diese Schule.

Die achte Klasse musste ich wiederholen. Danach

gab ich auf und verließ das Gymnasium ohne Abschluss.

Mein Körper veränderte sich. Wenn ich in den Spiegel schaute, sah ich plötzlich eine Frau vor mir. Ich hoffte, dass mein Busen nicht wachsen würde, dann müsste ich nämlich an Ramadan wie die Erwachsenen fasten. Ich versteckte ihn, so lange ich konnte, aber eines Tages ließ sich meine Schwester Rabiaa nicht mehr täuschen.

»Was ist das denn?«, fragte sie, als ich vierzehn war.

»Was?«, sagte ich unschuldig.

»Da, an deiner Brust, das ist doch ein Busen!«

»Nein«, sagte ich, »da ist gar nichts.«

In religiösen Fragen war mit Rabiaa jedoch nicht zu spaßen. Derb griff sie nach meinem kleinen Busen und zwickte mich.

»Bitte«, rief sie, »ein Busen. Das bedeutet für dich: fasten.«

»Aber ich habe noch keine Periode«, trumpfte ich auf.

»Egal«, sagte Rabiaa. »Busen ist Busen. Du wirst mit uns den Ramadan begehen.«

In dieser Zeit mochte ich meinen Körper nicht. Er war verantwortlich dafür, dass ich einen Monat lang tagsüber nichts zu essen bekam. Dabei hatte ich doch stets Hunger. Rabiaa ließ sich schließlich erweichen, und ich musste nur vierzehn Tage fasten.

Aber langsam gewöhnte ich mich daran, erwachsen zu werden.

Wenn ich in die Scherben schaute, die wir als Spiegel verwendeten, begann ich mir zu gefallen. Ich ließ die Haare wachsen und klaute heimlich die Schminke meiner Cousinen. Dabei musste ich aufpassen, dass Rabiaa mich nicht erwischte, denn sie war gegen Make-up.

Ein Problem konnte ich allerdings nicht so schnell lösen: Ich hatte nichts anzuziehen. Die Klamotten von Terre des Hommes waren zwar gut erhalten und aus Europa, dem neuesten Schrei der Mode in Marokko entsprachen sie jedoch nicht. Meine Cousinen hatten schöne Kleider an, aber meine Geschwister und ich liefen weiterhin in den Sachen herum, die Menschen in Deutschland, Frankreich oder Österreich in den Kleidercontainer geworfen hatten.

Ich hatte keine andere Wahl, als mir gelegentlich die schönen Sachen der Cousinen auszuleihen. Ich schlüpfte in ihre Klamotten, um mich mit Freundinnen auf der Hauptstraße oder unten auf der Strandpromenade zu treffen.

Eines Tages fehlte Habibas Lieblingsrock.

»Ouarda«, keifte Habiba, »hast du meinen Rock genommen?«

»Nein.« Das war meine Standardantwort auf solche Fragen.

»Den braunen, kurzen, aus Seide.«

»Den erst recht nicht, der ist mir nämlich viel zu weit.«

Peng! Schon gab mir Habiba die erste Ohrfeige. Ihre dicken Goldringe schlugen mir eine blutende Wunde in die Wange.

Ich hatte den braunen Rock wirklich nicht. Aber das nützte mir nichts, denn der Rock blieb verschwunden, und Habiba ging täglich auf mich los, weil sie mich verdächtigte. Sie durchsuchte meine Sachen, und wenn sie nichts fand, zerkratzte sie mir das Gesicht.

Rabiaa litt sehr unter diesen Attacken und versuchte mich zu schützen. Aber es dauerte etwa zwei Wochen, bis sie eine Lösung für das Problem fand.

Habiba arbeitete zu jener Zeit in einem Laden für Touristen. Jeden Tag klaute sie dort kleine bunte Kissenbezüge aus Samt mit marokkanischen Motiven. Ich hasste diese Bezüge, weil Habiba sie, zu einer Wurst zusammengerollt, in die Unterhose zu stecken pflegte, damit sie bei den Kontrollen am Personalausgang nicht erwischt wurde. Mein Job war es, diese Kissenbezüge zu waschen. Leider war Habiba kein besonders hygienischer Mensch und führte ein Leben, das den Kissenbezügen in ihrer Unterhose nicht gut tat.

Tante Zaina fand die Kissenbezüge schön, stopfte Lumpen und alte Kleider hinein und verteilte sie über die Sitzgruppe im Wohnzimmer, in dem nachts die Jungs schliefen. Schließlich hatten wir wahrscheinlich dreißig prall gefüllte Samtkissen mit eingestickten touristischen Motiven, alle von Habiba als Slipeinlage aus dem Laden geschmuggelt, alle von mir handgewaschen.

In einer der Nächte, die so heiß und drückend waren, dass wir kaum schlafen konnten, schreckte Rabiaa von ihrem Lager auf.

»Ich hab's«, murmelte sie und verschwand im Nebenzimmer. Ich sah, wie sie hektisch begann, die Kissen zu öffnen und die Stofffetzen herauszuzerren.

»Bitte«, sagte sie schließlich zu sich selbst und hielt triumphierend Habibas braunen Rock hoch. »Da ist er ja.«

Sie hatte geträumt, dass er aus Versehen in einem der Kissen gelandet war. Von diesem Moment an war ich noch sicherer als bisher, dass Allah mir Rabiaa als meinen persönlichen Schutzengel geschickt hatte.

Seit der kurzen, aber kusslosen Affäre mit dem lockenköpfigen Mohssin war mein Interesse an Jungs geweckt. Der coolste Typ unseres Viertels war Hisham, dessen Eltern so reich waren, dass sie ihn auf eine Privatschule schicken und ihm eine Vespa kaufen konnten. Er trug Baseball-Mützen mit perfekt rund gebogenem Schirm, extraweite Jeans und sogar echte Adidas-Schuhe, nicht die billigen Imitate vom Souk. Mit seiner Vespa düste Hisham, so schnell er konnte, durch unsere staubigen Straßen und machte dabei einen Heidenlärm. Saida, das Mädchen mit den Zuckerstangenbeinen, hatte sich in Hisham verliebt.

Einmal mietete sie sich sogar eine Vespa und brauste hinter ihm her bis zu dem Spielsalon am Strand, wo die Jungs so viel Gel im Haar trugen, dass es bei der großen Hitze auf die Schultern tropfte, und die Mädchen mit Frisuren auftauchten, die so blond und glatt waren wie auf den Titelbildern der ausländischen Magazine an den Zeitungskiosken. Obwohl auch Saida beim Friseur blondes Haar bestellt hatte, war nur ein helles Braun herausgekommen, und Hisham beachtete sie überhaupt nicht. Er war nicht nur reich, sondern auch arrogant.

Irgendwie gelang es Saida, seine Telefonnummer herauszubekommen. Sie beschloss, ihn zu Hause anzurufen. Das heißt, sie beschloss, dass *ich* ihn anrufen sollte. Ich hatte nichts dagegen, da ich hoffte, die Sache zwischen Saida und Hisham würde klappen. Vielleicht bekam ich dann Mohssin zurück.

Wir bereiteten diese Aktion generalstabsmäßig vor. Tagelang arbeiteten wir an dem Text, den ich Hisham vorlesen sollte. Dann besorgten wir uns Münzen für das öffentliche Telefon im Tante-Emma-Laden an der Ecke. Von zu Hause aus konnte Saida nicht anrufen, weil ihre Mutter ein Schloss an der Wählscheibe angebracht hatte.

Ich war sehr nervös, als ich den Telefonhörer in der linken und den Zettel mit dem Text in der rechten Hand hielt, der Hisham davon überzeugen sollte, sich mit dem tollsten Mädchen der ganzen Stadt zu treffen. Hinter mir stand Saida und stupste mich auffordernd in die Nieren. Am Regal lungerte der Ladenbesitzer herum, und es kam mir so vor, als habe er plötzlich größere Ohren als ein Esel.

Schließlich wählte ich, und es klingelte am anderen Ende. Eine Frau sagte: »Oui, hallo.«

Es war seine Mutter.

Ich nuschelte: »Bonjour Madame, mein Name ist Nadja.«

Ich nannte mich immer Nadja, wenn ich meinen

wahren Namen nicht verraten wollte. »Kann ich bitte Hisham sprechen?«

Ich hoffte inständig, Hisham möge nicht zu Hause sein. Meine Hände waren schweißnass. Saida presste ihr Ohr ebenfalls an den Hörer, wobei mich ihre Haare kitzelten.

»Einen Moment, bitte«, sagte Hishams Mutter, »ich hole meinen Sohn.«

Meine Knie wurden so weich wie Wackelpudding. Ich lehnte mich ein wenig an Saida. Aber Saida war keine große Stütze, da sie selbst vor Aufregung zitterte. Der Ladenbesitzer kam einen Schritt näher.

»Hallo, hier ist Hisham.« Es war seine Stimme. »Wer spricht?«

Ich spähte auf meinen Zettel, die Worte kamen mir plötzlich sehr klein und unscharf vor. Dann ratterte ich in Windeseile den ganzen Text herunter, ohne Punkt und Komma, möglichst leise, damit der Ladenbesitzer nichts hörte. Ich ließ ganze Zeilen aus und musste sie stotternd wiederholen. Und dann war ich fertig und legte auf.

Saida stand wie erstarrt: »Warum hast du aufgelegt?«

»Weiß ich auch nicht«, sagte ich und zerrte sie auf die Straße.

»Aber er hätte sich doch mit uns verabreden sollen!«, rief Saida.

»Ich weiß«, sagte ich. »Scheiße.«

»Das war wohl nix«, sagte Saida resigniert. »Künftig mach ich das selbst.«

Diesen Sommer verbrachten wir am Strand von Tamrhakh. Onkel Hassan hatte uns ein paar hundert Meter von seiner Werkstatt entfernt Zelte in einer Bucht aufgestellt. Links von der Bucht ragten Felsen ins Meer, auf denen fromme Moslems bei Sonnenuntergang zu beten pflegten. Rechts von der Bucht öffnete sich der Strand in weitem Bogen Richtung Norden, wo die luxuriösen Wohnwagen der Touristen standen.

In einem dieser Wohnwagen verbrachte Khalil den Urlaub mit seinen Eltern. Khalil war Marokkaner, aber er lebte in Frankreich. Er war siebzehn Jahre alt, sehr groß und trug eine Zahnspange. Als ich mich in ihn verliebte, machte ich mir deshalb ein paar Gedanken. Ich plante nämlich, in diesem Sommer geküsst zu werden. Schließlich war ich schon sechzehn. Aber würde das mit all den Drähten in seinem Mund gehen?

Wie sich herausstellte, waren meine Sorgen überflüssig. Die Drähte störten überhaupt nicht, als wir abends eng nebeneinander am Strand saßen und zuschauten, wie die Sonne als riesengroße rote Scheibe im Meer versank. Khalil hielt meine Hand, und ich war mir sicher, dass es jetzt bald passieren musste. Aber wie?

Ich überlegte schon, was ich unternehmen sollte, damit ich endlich geküsst wurde. Aber da legte mich Khalil einfach auf den Rücken, beugte sich über mich, öffnete seinen Mund ein wenig und drückte seine großen, weichen Lippen auf meine. Ich hielt die Luft an und machte schnell die Augen zu. Und dann spürte ich etwas Warmes, Feuchtes zwischen meinen

Zähnen, so warm und feucht wie der Sand unter meinem Rücken.

Es war zuerst ziemlich unheimlich, die Zunge eines fremden Menschen im eigenen Mund zu spüren, aber es war auch sehr schön. Ich versuchte es noch eine Weile zu unterdrücken, um den Zauber des Augenblicks nicht zu brechen, aber dann musste ich doch atmen. In meinem Bauch kribbelte es wie verrückt und in meinem Mund auch, weil Khalil jetzt mit der Zunge darin herumfuhrwerkte.

Ich öffnete die Augen und schaute an seinem Kopf vorbei zum Himmel, der schon dunkel wurde. Ich sah mehr Sterne am Firmament als jemals zuvor. Ich vermute, ich sah sogar Sterne, die es gar nicht gab.

Mir kam es so vor, als sei Khalil ein ziemlich routinierter Küsser. Zumindest war es sehr angenehm, was er da in meinem Mund machte. Ich hatte nur Angst, vor lauter Genuss ohnmächtig zu werden.

Aber dann küsste ich ihn vorsichtig zurück und dann etwas weniger vorsichtig, und am Schluss war ich überhaupt nicht mehr vorsichtig und wurde auch nicht ohnmächtig.

Von diesem Abend an küssten wir uns regelmäßig, während die Sterne am Nachthimmel so hell strahlten wie nie zuvor, und einmal berührte Khalil meine Brust. Dann war der Sommer zu Ende, und er musste nach Frankreich zurückfahren.

»Ich möchte ein Foto von dir mit nach Hause nehmen, meine geliebte Ouarda«, sagte Khalil, »damit ich dich immer anschauen kann. Sonst bricht mir das Herz.«

»Ich habe keines«, sagte ich. »Aber wenn du willst, fahre ich morgen nach Agadir und lasse Bilder machen.«

Am nächsten Tag stieg ich in den Bus, fuhr in die Stadt, ging zu einem Fotografen, wartete, bis die Bilder entwickelt waren, und machte mich wieder auf den Weg nach Tamrhakh. Schnell rannte ich über den Strand zu den Wohnwagen. Aber Khalil war nicht mehr da, sondern schon abgereist.

Ich habe ihn nie wiedergesehen.

Die Enttäuschung in Safi

Vater war unterdessen in das Gefängnis von Safi verlegt worden, einer hässlichen Küstenstadt auf halbem Weg zwischen Agadir und Casablanca. Ich war nur zweimal in meinem Leben dort und jedes Mal nur aus dem einen Grund, um Vater im Gefängnis zu besuchen. Vielleicht hat das meinen Blick für die möglichen Schönheiten dieses Ortes getrübt.

Großvater war so sehr damit beschäftigt, sein riesiges Vermögen zu verspielen und in den plüschigen Hinterzimmern fragwürdiger Etablissements für die willfährigen jungen Männer auszugeben, die ihm ein schnelles Vergnügen bereiteten, dass er sich kaum um seine Enkelkinder kümmern konnte.

Ich trage ihm das heute noch nach. Großvater wusste genau, wie es uns bei seinem Sohn Hassan erging und in welchem Elend wir dort lebten. Aber er scherte sich nicht darum. Entweder war Großvater sehr dumm oder ein extremer Egoist. Einmal im Jahr feierte er Eid al-Adha, das große Opferfest, mit uns und schlachtete ein Lamm. Schließlich war sein erlernter Beruf Metzger. Aber mehr tat er nicht.

Von mir aus hätten wir gut darauf verzichten können. Meine Aufgabe war es nämlich, nach dem Schlachtfest das Blut aus dem Hof zu entfernen. Es klebte zäh und stinkend in jedem Winkel, und mir wurde dabei regelmäßig schlecht. Glücklicherweise gab es gelegentlich die Anweisung des Königs, auf das Schlachtopfer zu verzichten – vermutlich aus wirtschaftlichen Gründen oder weil es ein schlechtes Lämmerjahr war. Die Gründe waren mir egal, es befreite mich jedenfalls davon, Blut zu schrubben und mir das Gesicht mit der ekelhaften schleimigen Innenseite des Fells abzureiben. Onkel Hassan bestand auf dem Ritual, weil es angeblich Pickel bekämpfte und zu reiner Haut führte.

Erst als ich schon fünfzehn war, schien Großvater sich daran zu erinnern, dass es uns gab. Jaber und mir spendierte er eine Reise nach Safi zu unserem Vater.

Der Ausflug nach Norden wurde ein Fiasko. Wir stiegen mit Großvater an der großen Straße hinter unserem Haus in den Bus, der uns nach Safi bringen sollte. Es war Winter, und Großvater trug wie üblich eine schwarze Dschellaba aus dicker Wolle mit Nadelstreifen. Seinen Kopf, den er nach Berberart rasieren ließ, bedeckte eine *tagija*, ein knappes weißes Käppi. Unter der Dschellaba versteckte er eine flache Ledertasche, die er mit einem Riemen über die Schulter trug, mit seinen Papieren und dem Geld. Die Marrakeschi, die arabischen Einwohner der Königsstadt Marrakesch, tragen ihre Taschen stets über der Dschellaba. Sie zeigen, was sie haben. Wir Berber hingegen sind wie die Schwaben, die ich erst in Deutschland kennen lernte: Wir verbergen unseren

Wohlstand, unsere Bildung, unsere Intelligenz und unseren Stolz.

Unterdessen behaupten seriöse Wissenschaftler, die Berber seien womöglich Nachfahren der Germanen, die während der Völkerwanderung Italien überrannten und bis Nordafrika vordrangen. Ich weiß nicht, ob das stimmt, aber wenn ich Berber und Schwaben vergleiche, erscheint es mir nicht unwahrscheinlich.

Der Bus verließ Agadir vor der Morgendämmerung, sodass wir schon um zehn Uhr vormittags in Safi waren. Wir hasteten zum Gefängnis, das von einer hohen, abweisenden Mauer umgeben war. Am Eingang standen bereits Angehörige, die auf Einlass warteten. Großvater hatte in einer Plastiktüte frisches Brot und gebratenen Fisch für Vater dabei, aber wir wurden die Mitbringsel nicht los. Das Gefängnis war geschlossen.

»Kommen Sie morgen wieder«, sagten die Gefängnisaufseher.

Großvater regte sich sehr auf.

»Ich habe für meinen Sohn Fisch dabei«, rief er und wedelte anklagend mit einem toten Fisch, »und Brot. Das vergammelt doch alles.«

Doch die Aufseher ließen sich nicht erweichen. Deshalb gingen wir zum Strand und aßen die Leckerbissen selbst. Danach suchte Großvater nach einem billigen Hotel. Es war so billig, dass es noch nicht einmal Betten gab. Wir schliefen auf dem Boden. Aber wenigstens gab es eine Toilette im Zimmer.

Ich war froh, als wir endlich auf den Strohmatten lagen. Ich wusste nie, was ich mit Großvater reden sollte.

Er wiederholte immer wieder einen Satz. »Es tut mir Leid, was ihr mit eurer Tante Zaina erdulden müsst. Aber wisst ihr, da kann ich auch nichts machen.«

Für mich war das belangloses Geschwätz. Natürlich hätte Großvater etwas unternehmen können! Er war wohlhabend und Onkel Hassans Vater. Aber anscheinend wollte er nichts tun, und so sollte er meiner Meinung nach auch nicht darüber reden. Ich wagte nicht, ihm das zu sagen. Immerhin war er der Großvater, eine Person, die Respekt verdiente, auch wenn er alles falsch machte.

Außerdem war Großvater schwerhörig. Wenn man mit ihm redete, musste man immer schreien, sonst reagierte er nicht. Andererseits verstand er alles, was er nicht hören sollte.

Zu Jaber sagte ich nach einem unserer lauten Gespräche: »Hey, der Typ ist so reich, der könnte ruhig mal zum Ohrenarzt gehen.«

Großvater meckerte: »Na, na, na. Ich habe alles gehört.«

Das lag vielleicht auch daran, dass man mit Jaber nicht richtig flüstern konnte. Als Kind hatte er häufig Mittelohrentzündung, und mittlerweile ist er auf einem Ohr fast taub.

Großvater war eine Nervensäge. Abgesehen davon, dass er unser Erbe verprasste, liebte er es, Gäste, die sein Haus betraten, mit billigem Parfüm zu bespritzen. Das machen heute nur noch alte Leute auf dem Land zum Zeichen der Gastfreundschaft oder besonders freundliche Bedienstete an Tankstellen. Kaum hat man bezahlt: psch!, wird man von einer Wolke billigem Rêve d'Or, »Goldener Traum«, getroffen.

Zuletzt erlebte ich das im Sommer 2003, als ich einen entfernten Onkel in Großvaters Heimatort Fask besuchte und von ihm trotz meines Protestes eingesprüht wurde.

Großvater lebte jetzt aber in der Stadt. Er misstraute den Banken und bewahrte sein Vermögen in Kissenbezügen und unter Polstern auf. Das war dumm, weil er sich immer wieder geschmeidige Jungs nach Hause einlud, die seine mit Geld voll gestopften Kissen mitnahmen, sobald er befriedigt eingeschlafen war. Am meisten störte mich aber, dass er mir stets sagte, wie gut ich es getroffen hätte.

»Du hast so viel Glück, dass es einen Stein brechen könnte«, pflegte er zu sagen, wenn ich ihn gelegentlich besuchte.

Bei mir dachte ich, Großvater, du solltest es besser wissen, mein Glück ist mit meiner Mutter, deiner Schwiegertochter, gestorben.

Am nächsten Tag weckte uns Großvater kurz nach Sonnenaufgang und scheuchte uns zum Gefängnis. Wir gingen zum Souk und kauften noch einmal gebratenen Fisch für Vater. Obwohl es früh war, stand schon eine Menge Angehöriger vor dem Eingang zur Haftanstalt. Die Aufseher ließen sich die Namen geben. Dann verschwanden sie hinter dem Tor.

Ich stand zwischen Frauen mit Batterien von Einkaufstüten mit Lebensmitteln für ihre Angehörigen, zwischen hageren Männern in Dschellabas mit Stangen von Casa-Zigaretten und zwischen quengelnden Kindern, die ihren Vater oder Onkel besuchen wollten.

Es dauerte lange, bis die Aufseher zurückkamen.

»Saillo, Mohammed!«, riefen sie.

Großvater, Jaber und ich traten vor.

»Wer ist das?«, fragte der Aufseher barsch.

»Das sind meine Enkelkinder, Sidi«, antwortete Großvater, »der Häftling Saillo ist ihr Vater.«

Er erwähnte das Wort Häftling, als sei es selbstverständlich, so vom eigenen Sohn zu reden. Mich schmerzte das Wort. Mein Vater war ein Häftling, klar, aber ich wollte ihn so nicht nennen.

»Wo sind die Ausweise der Kinder?«, bellte der Aufseher.

»Sie haben keine«, erwiderte Großvater, »sie sind noch Kinder.«

Ausweise gibt es in Marokko erst ab achtzehn Jahren.

»Geburtsurkunden!«, forderte der Aufseher.

Die hatten wir nicht dabei. Großvater versuchte noch zu diskutieren, aber der Gefängnisaufseher hatte keine Lust dazu.

»Entweder Sie gehen jetzt rein und lassen die Kinder draußen«, schnauzte er, »oder ich rufe die nächste Familie auf.«

Großvater entschloss sich, uns vor der Mauer zurückzulassen. Er schlurfte durch das Tor. Wir suchten im Schatten Schutz vor der brennenden Sonne. Ich stellte mir vor, wie Großvater mit Vater sprach. Ich hoffte, Vater würde nach mir fragen, aber dessen war ich mir nicht sicher. Ich ärgerte mich, die Strapazen der langen Reise auf mich genommen zu haben und jetzt so kurz vor dem Ziel gescheitert zu sein. Ich hatte mich darauf gefreut, Vater nach Jahren wiederzusehen. Ich glaube, ich hatte mich irgendwann in der Vergangenheit entschlossen, nicht mehr in die Dunkelheit meiner Kindheit zurückzuschauen. Ich wollte nach vorn blicken, in die Zukunft, ins Licht.

Der Mann auf der anderen Seite der Mauer war nicht mehr der Mörder meiner Mutter, sondern mein Vater, der unserer Hilfe bedurfte. Ich fühlte mich verantwortlich für diesen Mann, den ich gar nicht kannte.

Aber ich konnte ihm nicht in die Augen sehen. Irgendwelche unverständlichen Vorschriften verhinderten unsere Begegnung, obwohl ich jetzt dazu bereit gewesen wäre.

Großvater war nicht lange weg.

»Ach, ihm geht's gut«, sagte er mit seinem fröhlichen Lachen, das der Situation überhaupt nicht angemessen war. »Gut geht's ihm, ganz gut.«

Großvater neigte dazu, seine Sätze kichernd zu wiederholen, obwohl es zum Kichern keinen Grund gab. Das nervte uns alle. Ich konnte diesen alten Mann nie ganz ernst nehmen. Hinter seinem Kichern und seinen Schrullen versteckte er seine Gefühle.

Wenn ich heute darüber nachdenke, wird mir klar, dass ich über Großvaters Empfindungen nichts weiß. Er hat sie vor uns verborgen.

»Super Reise«, sagte ich zu Jaber, meinem Bruder, »ganz toll. Dann lass uns mal zum Bus gehen und zurückfahren.«

Ich versuchte schnodderig zu sein, weil Jaber ebenso wie Großvater nie bereit war, Gefühle zu zeigen. Mir aber war zum Heulen zumute, als wir uns in den Bus setzten und die lange Fahrt zurück nach Agadir antraten.

Erst ein Jahr später sah ich Vater. Jaber war mittlerweile achtzehn und hatte seinen Ausweis. Ich hatte meine Geburtsurkunde dabei. Großvater war genauso gekleidet wie zwölf Monate zuvor. Er hatte wieder Fisch und Brot dabei. Wir saßen wieder in einem klapperigen Bus, der die Serpentinen der Küstenstraße nach Norden mit halsbrecherischer Geschwindigkeit nahm.

Dieses Mal wurden wir ins Gefängnis hineingelassen. Wir sammelten uns mit anderen Besuchern in einem Innenhof vor einem Drahtzaun. Jenseits des Zauns lag ein staubiger Streifen Erde. Dahinter gab es einen weiteren Zaun, hinter dem sich die Häftlinge drängten.

Ich hielt Ausschau nach Vater, konnte ihn aber in der Menge der Männer nicht ausmachen. Da sah ich einen Mann, den ich für Vater hielt.

»Hier bin ich!«, schrie ich durch das Stimmengewirr der anderen Menschen.

Der Mann reagierte aber nicht. Es war nicht Vater. Ich hatte ihn verwechselt. Ich stellte fest, dass ich meinen eigenen Vater nicht mehr kannte.

Schließlich gab sich jenseits der Zaunbarriere ein alter, abgemagerter Mann mit gesenktem Kopf zu erkennen. Er trug einen Jogginganzug, der schon die Form verloren hatte.

»Bist du Ouafa, meine kleine Tochter?«, rief er durch den Zaun. Man konnte seine dünne Stimme zwischen all den Fragen und Antworten der anderen Leute kaum hören.

»Nein«, rief ich, »ich bin Ouarda!«

»Ouafa«, antwortete Vater, »es ist schön, dass du an mich gedacht hast. Warum hast du mich nicht früher besucht?« Vater hatte mich nicht verstanden.

»Ich bin nicht Ouafa«, schrie ich wütend, »ich bin Ouarda!«

Vater sprach schreiend mit Großvater und Jaber. Ich sagte nichts mehr.

Dann mussten wir das Gefängnis verlassen. Aus den Augenwinkeln sah ich, wie der Mann, der mein Vater war, durch den Staub des Hofes davonschlurfte. Die Aufseher scheuchten ihn mit derben Worten weiter.

»Ab, ab in die Zellen«, schrien sie, »die Zeit ist um. Schneller!«

Vater hatte alle Würde verloren. Ich war entsetzt und enttäuscht. Dann fiel das Tor hinter mir zu.

Ich hatte Vater gesehen, aber er hatte mich nicht erkannt. Ich hatte mit Vater nicht geredet, ihn nicht berührt. Unsere Herzen waren sich nicht begegnet.

Sie hatten keine Chance dazu, da sie hinter Zäunen aus Eisen gefangen waren.

Ich hätte genauso gut zu Hause bleiben können. Mir stiegen Tränen in die Augen. Ich hatte meinen Vater wiedergefunden. Aber jetzt war er weiter entfernt von mir als je zuvor.

Das Ende der Schulzeit

Ab Frühjahr 1991 ging ich nicht mehr zur Schule. Ich war siebzehn und hatte keine Lust mehr. Neun Jahre hatte ich jeden Tag darum gekämpft, zu lernen, Wissen zu sammeln, mehr von der Welt zu erfahren, weil ich das als die einzige Rettung aus meiner unerträglichen Lage ansah. Ich hatte mich entschlossen, mich nicht zu prostituieren und schnell Geld zu verdienen – wie viele Mädchen in meiner Umgebung. Ich wollte den seriösen Weg in eine bessere Zukunft gehen.

Und plötzlich, in der neunten Klasse, brach ich diese Bemühungen ab. Ich war selbst darüber schockiert, wie schnell sich meine Motivation in Luft auflöste, wie schnell ich aufgab.

Ich hatte die Schule ein Jahr zuvor gewechselt, weil mein Rücken dermaßen zu schmerzen anfing, dass ich den weiten Weg zum Lycée Lala Miriam am Friedhof nur unter Mühen zurücklegen konnte. Nachts fand ich keinen Schlaf, weil meine Wirbelsäule brannte. Meine Muskeln waren völlig verspannt und wurden so hart, dass ich kaum atmen konnte. Ich hustete monatelang Blut und erbrach mich immer wieder. Mir ging es schlecht.

Die Probleme hatten begonnen, als mich ein Cousin so heftig gegen die Wand schubste, dass ich flach zu Boden fiel. Damals war ich fünfzehn. Ich glaubte, mein Steißbein sei gebrochen. Und noch heute fühle ich einen Knubbel an dieser Stelle.

Rabiaa brachte mich zwar ins Krankenhaus, wo ich geröntgt wurde, aber dann verschrieb mir der Arzt nur eine Salbe, die Rabiaa oder Mouna an der schmerzenden Stelle einmassierten. Es dauerte lange, bis die Schmerzen zurückgingen. Aber da hatte ich schon so viele Tage in der Schule gefehlt, dass ich die achte Klasse wiederholen musste.

In der neuen Klasse hatte ich keine Freundinnen mehr, sodass ich plötzlich aus meiner sozialen Umgebung herausgerissen war, in der ich wenigstens etwas von der Sicherheit bekommen hatte, die ich zu Hause vermisste. Meine früheren Freundinnen wurden mir fremd. Saida hatte mir den Freund weggeschnappt; Hayat zog nachts um die Häuser, tanzte in den Diskotheken und verhielt sich wie eine Europäerin; Karima war fromm geworden, trug Kopftuch und Socken, um ihre Haut zu verbergen, und weigerte sich, Männern auch nur die Hand zu geben; Siham durfte ich auf Anordnung ihres Vaters nicht mehr besuchen.

Ich war allein.

Im Nachhinein glaube ich, dass diese Häufung von Problemen meinen Willen brach, eine gute Schülerin zu sein. Ich hatte keine Kraft mehr, gleichzeitig den bedrückenden Alltag in der Rue el Ghazoua zu ertragen und gute Noten in der Schule zu erzielen. Meine Leistungen ließen nach, ich begann den Unterricht zu schwänzen.

Statt ins Gymnasium zu gehen, trieb ich mich am Strand herum. Ich las meine Bücher und träumte von einer anderen Welt, einer Welt ohne Täter und Opfer, einer Welt ohne Gewalt, ohne Misshandlungen und Vergewaltigungen, einer Welt, in der Frauen und Männer gleich sind und respektvoll miteinander umgehen.

Kaum war ich aber vom Strand zurück, holte die Realität mich wieder ein. In der Schule wurde ich geächtet, weil ich so selten anwesend war. Zu Hause wuchs der Druck, endlich Geld zu verdienen und abzuliefern.

Ich glaube, dies war die Zeit, in der ich am meisten gefährdet war, die Kontrolle über mich zu verlieren und in ein Leben der Oberflächlichkeiten, Ablenkungen und schnellen Freuden abzurutschen, wie es so vielen Mädchen geschehen war. Aber die Engel oder die Dschinn scheinen ihre Hand über mich gehalten zu haben. Ich war zwar vom Weg abgekommen, aber noch nicht in der Gosse gelandet.

Im Jahr 1990 wechselte ich die Schule und besuchte nun das Oualiu-al-ahid-Collège, in dessen Nähe sich heute ein berühmtes Restaurant befindet, das sich auf die Zubereitung von Hühnerbeinen, Tajines und Hammelköpfen spezialisiert hat. Wenn ich an dieser Gaststätte vorbeikomme, versuche ich stets, die Straßenseite zu wechseln, weil bei mir die toten Augen der Schafsköpfe auf den Tellern der Gäste einen Würgereiz verursachen.

Ich versuchte das Image des Waisenkindes loszuwerden, indem ich irgendeine seriös aussehende Frau auf der Straße ansprach und sie bat, meine Mutter zu spielen.

»Entschuldigung, Lala«, sagte ich, »können Sie mich vielleicht zur Schule bringen?«

»Bitte?«, fragte die Frau verständnislos.

»Ich bin zu spät, und wenn meine Mutter mich nicht zum Eingang bringt und sich für die Verspätung entschuldigt, lassen sie mich nicht rein.«

Ich hatte extra getrödelt, um dieses Schauspiel aufführen zu können. Ich hoffte, damit das Stigma als Tochter eines Mörders loswerden zu können.

Die fremde Frau verstand mich nicht: »Aber ich bin nicht deine Mutter!«

»Ich weiß«, sagte ich. »Meine Mutter ist sehr krank und kann mich nicht zur Schule begleiten. Und mein Vater verprügelt mich, wenn er erfährt, dass ich zu spät gekommen bin.«

Die Frau zögerte, aber ich spürte, dass ihr Interesse geweckt war.

»Was soll ich tun?«

»Sie müssen mich nur zum Schultor begleiten. Wenn Sie wollen, können Sie mich anschreien und mir eine Ohrfeige geben.«

Die Frau war erschrocken: »Eine Ohrfeige?«

»Ja«, sagte ich, »das machen Mütter doch, wenn ihre Kinder zu spät zur Schule kommen.«

Ich muss sehr überzeugend gewirkt haben, denn die Frau brachte mich tatsächlich zum Schultor. Ihr Schimpfen war ein wenig schwach, die Ohrfeige brachte sie überhaupt nicht zuwege, und der ganze Auftritt wirkte so wenig überzeugend, dass ich diese Strategie nicht weiterverfolgte.

Ich fand einen neuen Weg, in der Schule nicht mehr die zu sein, die ich war: Ich ging einfach nicht mehr hin. Am Ende des Schuljahrs weigerten sich die Lehrer, mir ein Zeugnis auszustellen; sie kannten mich ja kaum. Sie schlugen mir vor, auch dieses Schuljahr zu wiederholen.

Ich lehnte das Angebot jedoch ab. Ich wollte zu Hause endlich respektiert werden und glaubte, das am ehesten zu erreichen, wenn ich selbst Geld verdiente und zum Familienunterhalt beitrug.

Als Schülerin wurde ich von Tante Zaina nicht ernst genommen. Sie zwang mich, den ganzen Tag Hausarbeiten zu verrichten, während meine älteren Geschwister schon arbeiten gingen. Jaber machte eine Ausbildung als Schlosser, Mouna war bei Terre des Hommes, Jamila war schon verheiratet und hatte einen Sohn, Rabiaa hatte eine Ausbildung zur Sekretärin absolviert, aber keinen Job gefunden. Jetzt ging sie bei einer französischen Familie putzen und konnte dort auch wohnen.

In dieser Zeit entfernte sie sich von mir. Ich verstand es, aber es schmerzte mich, meine wichtigste Bezugsperson zu verlieren. Rabiaa war eine Lady geworden, sehr gepflegt, sehr elegant, ganz anders als wir in der Rue el Ghazoua.

Sogar ihr Buch hatte sie mitgenommen, das mir immer Trost und Ansporn war, wenn Rabiaa selbst nicht bei mir war. Ihr Freundeskreis bestand aus Studenten und Philosophen. Mit diesen klugen Menschen diskutierte sie, und sie hatte einen Freund, der sie so glücklich machte, dass sie sogar meinen Geburtstag vergaß.

Das traf mich mitten ins Herz. Zufällig begegnete ich ihr auf der Straße. Es war der 25. Januar 1991, ein Tag nach meinem siebzehnten Geburtstag.

»Schwester, weißt du, welcher Tag gestern war?«

Rabiaa schaute überrascht. »Ja, Donnerstag.«

»Was für ein Donnerstag?«

Rabiaa grübelte, doch die richtige Antwort fiel ihr nicht ein! Ich spürte, wie ein Kloß meine Kehle verstopfte. Es fiel mir schwer, weiterzureden.

»Mein Geburtstag«, sagte ich und konnte die Tränen nicht mehr zurückhalten. »Du hast meinen Geburtstag vergessen!«

Rabiaa schluckte.

»Du hast dich verändert«, sagte ich, »du bist nicht mehr wie früher.«

»Da hast du Recht«, antwortete Rabiaa, »ich lebe jetzt mein eigenes Leben. Ich habe einen Freund, und ich habe einen Beruf. Aber das entschuldigt nicht meine Nachlässigkeit. Du bist meine kleine Schwester, die ich liebe. Und du wirst es immer bleiben.«

Mitten auf der Straße umarmte sie mich. Ihre Augen waren feucht. Ich weinte, aber ich war versöhnt mit ihr.

Ich wollte auch eine Lady wie Rabiaa werden, mit Job, eigenem Geld und eigenem Freund. Ich hoffte, mein künftiger Freund würde so klug sein wie der Mann, der Rabiaa begehrte. Aber zuerst musste ich mich darum kümmern, mich durch einen bezahlten Job aus der Abhängigkeit von und der Bevormundung durch Onkel und Tante zu befreien.

Deshalb zog ich eines Tages durch die besseren Straßen Agadirs und klingelte an den wuchtigen Türen der schönen Häuser. Gleich am ersten Tag hatte ich Erfolg. Eine Ärztin mit einem Baby stellte mich ein. Abends kam ich stolz nach Hause und hoffte, gelobt zu werden. Aber Lob gab es nur von Tante Zaina, die in mir vermutlich eine weitere Geldquelle sah. Meine Geschwister dagegen stellten sich gegen mich, insbesondere Mouna war empört.

»Du willst doch nicht auch als Putze dein Leben verbringen«, schimpfte sie. »Hör auf mit dem Mist, geh zur Schule, und lerne etwas Gescheites.«

»Aber ich will nicht mehr zur Schule gehen. Ich will arbeiten und Geld verdienen wie du und Rabiaa.«

»Unsinn.« Mouna war in dieser Sache so eindeutig wie selten. »Du wirst morgen kündigen. Das ist nichts für dich.«

Ich kündigte erst am übernächsten Tag. Insgeheim wusste ich, dass Mouna Recht hatte. Ich war zur Putzfrau nicht geeignet. Allah, oder wer auch immer mein Schicksal bestimmte, hatte etwas anderes für mich vorgesehen. Nur was?

Ich jobbte in einer Bäckerei als Mädchen für alles, putzte die Backstube, schleppte Torten, wischte den Boden und verkaufte Croissants. Dann war ich einen Tag Kellnerin in einem Café in unserem Stadtviertel. Aber ich wurde bereits am zweiten Tag gefeuert, weil ich nach Dienstschluss meine Schürze nicht ordentlich zusammengefaltet in mein Fach gelegt, sondern sie nur hineingestopft hatte.

Fünfzehn Stunden hatte ich in diesem Kaffeehaus geschuftet, und als ich entlassen wurde, wollte die Chefin mir kein Geld geben.

»Okay«, sagte ich, »ich bin zwar klein. Aber ich werde nicht zulassen, dass Sie mich betrügen. Ich habe sehr hart gearbeitet und den mickerigen Lohn, den Sie mir zugesagt haben, ehrlich verdient. Wenn ich mein Geld nicht bekomme, werde ich jeden Tag vor Ihrem Café stehen und jedem, der vorbeikommt, erzählen, was für ein schlechter Mensch Sie sind.«

Die Chefin glaubte mir nicht. Aber schon am nächsten Tag stand ich vor ihrer Terrasse. Am übernächsten Tag wieder. Am dritten Tag bekam ich meinen Lohn. Fünfzig Dirham, fünf Euro. Wenig Geld, aber ich fand, mein Kampf um diese kleine Summe hatte sich gelohnt. Aus Prinzip.

Ich hatte schon längst beschlossen, mir nichts mehr gefallen zu lassen. Ich war hart geworden im Herzen und nicht mehr bereit, Kompromisse einzugehen. Warum auch? Ob ich hart war oder weich, groß oder klein – ich wurde verprügelt, misshandelt, gedemütigt und übers Ohr gehauen. Mir war klar geworden, schlimmer konnte es nicht mehr werden, egal, wie ich mich verhielt. Es musste jetzt langsam mal aufwärts gehen. Ich fühlte, dass ich wieder bereit war, um meine Zukunft zu kämpfen. Den kleinen Erfolg in dem Kaffeehaus betrachtete ich als guten Anfang für diesen neuen Abschnitt meines Lebens.

Mein nächster Job brachte mich zum ersten Mal

in meinem Leben in engeren Kontakt mit Deutschen. Es war ein Ehepaar aus dem fernen Land jenseits des Mittelmeers, das den führenden Eissalon Agadirs betrieb.

Ich bekam eine Uniform, die aus einer schwarzen Hose und einem roten T-Shirt bestand, und umgerechnet hundertzwanzig Euro im Monat. Dafür musste ich tagaus, tagein Waffeln backen und Eis verkaufen. Das Eisverkaufen machte Spaß, das Waffelbacken hingegen war eine Tortur. Ich musste den flüssigen Teig mit einer Kelle ins Waffeleisen füllen, das Gerät kurz schließen, dann wieder öffnen und die gebräunte Masse auf dem heißen Eisen zu einer Tüte drehen.

Dabei ging es um Sekunden. Ein paar Sekunden zu früh – und der Teig war noch roh. Ein paar Sekunden zu spät – und der Teig war so hart, dass er sich nicht mehr rollen ließ.

Heute noch sind die Innenseiten meiner Unterarme von den Brandnarben der Wunden gezeichnet, die ich mir beim hektischen Hantieren an dem heißen Eisen zugezogen habe.

Die Deutschen waren komische Menschen. In ihrem Eissalon lief ständig derbe Musik, in der Männer mit rauer Stimme schrien »Verdammt, ich lieb' dich«. Meine Chefin trug Overalls und verwendete schweres Parfüm, von dem mir ganz schwindelig wurde. Der Chef roch unangenehm nach Schweiß.

»Riechst du das?«, flüsterte meine Kollegin mir zu.

»Natürlich.«

»Und weißt du auch, woher das kommt?«

»Nein.«

»Schweinefleisch«, sagte meine Kollegin und kicherte. »So stinken Schweinefresser. Alle Deutschen sind Schweinefresser.«

Ich stellte es mir schwierig vor, in einem Land zu leben, in dem alle Menschen Schweinefleisch aßen und so rochen wie mein Chef.

Im Eissalon sah ich zum ersten Mal einen Transvestiten. Natürlich kannte ich Schwule; mein Cousin Ali brachte sie ja immer wieder mit nach Hause. Dann hörte man ein unterdrücktes Stöhnen im Nebenraum, und die Männer verließen anschließend das Zimmer mit gerötetem Gesicht. Danach hatte Ali ein paar Geldscheine in der Tasche.

Dieser Schwule war aber ganz anders. Er trug eine blonde Perücke, hatte lange Fingernägel, künstliche Wimpern und einen knallrot geschminkten Mund. Ich wäre gar nicht darauf gekommen, dass er ein Mann ist, wenn meine Kollegen es mir nicht gesagt hätten.

»Ehrlich?«, flüsterte ich. »Die hässliche Frau ist in Wahrheit ein hässlicher Mann?«

»Ja«, antwortete der Oberkellner, »ich schwöre es bei Allah.«

Das ließ mir keine Ruhe. Ich pirschte mich unauffällig an die Frau heran, die ein Mann war. Ja, aus der Nähe betrachtet sah ich, dass die Schminke über Bartstoppeln geschmiert war. Ich fand das faszinierend und abstoßend zugleich. Ich starrte die Frau, die ein Mann war, so auffällig an, dass der Oberkellner mich an den Ohren nahm und hinter das Waffeleisen zurückscheuchte.

»Bist du verrückt«, schimpfte er, »so penetrant zu glotzen. Das ist doch unhöflich.«

»Aber warum macht der das?«, fragte ich. »Ist es nicht viel besser, ein Mann zu sein? Der ist doch blöd, wenn er sich als Frau verkleidet.«

»Ja, bei uns schon«, gab der Oberkellner zu, »aber in Europa ist das ganz anders. Da sind Frauen die Chefs.«

Angeekelt schürzte er die Oberlippe. »Frauen!«, sagte er. »Chefs! Lächerlich!«

Am Ende des Sommers sagte der Besitzer zu mir: »Es tut mir Leid, die Saison ist vorbei. Du bist gekündigt. Wenn ich dich brauche, rufe ich wieder an.«

Mir kam das gelegen, denn zum ersten Mal in meinem Leben war ich ernsthaft verliebt. Das kostete Zeit und Kraft.

Der junge Mann hieß Rachid und war auf der Marine-Schule. Er war fünf Jahre älter als ich und auf dem Weg, Kapitän der königlichen Handelsmarine zu werden. Rachid hatte eine helle Haut und braune Augen. Sein Körper gefiel mir, vor allem wenn er Jeans trug.

Rachid war mir in der Teenie-Diskothek Rendezvous begegnet. Dort hatte ich an einem Nachmittag getanzt und war bei Einbruch der Dämmerung auf dem Weg nach Hause. Ich musste mich beeilen, um vor Onkel Hassan dort einzutreffen. Er wurde leicht ärgerlich, wenn man nach ihm kam.

Während ich in Richtung Nouveau Talborjt hastete, bemerkte ich, dass mir jemand folgte. Normalerweise war ich schneller als meine Verehrer. Dieser junge Mann stand aber plötzlich vor mir. Er war nicht mal außer Atem, als er fragte: »Na, war's schön im Rendez-vous?«

»Ich gehe nicht ins Rendez-vous«, log ich. Das Rendez-vous war eine alkoholfreie Teenie-Disco. Ich genierte mich ein wenig, gerade dort von diesem gut aussehenden Typen erwischt worden zu sein.

»Ach so«, sagte er, »ich habe mich wohl geirrt. Du bist eine schöne Frau. Wo warst du denn eben?«

Mir gefiel, dass er mich nicht »schönes Mädchen«, sondern »schöne Frau« genannt hatte. Ich fand ohnehin, dass ich mittlerweile eine Frau geworden war. Nur die Menschen in meiner Umgebung schienen das nicht zu bemerken. Aber hier war einer, der die Wahrheit erkannte.

Trotzdem antwortete ich distanziert: »Spazieren. Ich war spazieren.«

»Spazieren gehen ist sehr gesund«, meinte der junge Mann. »Darf ich dich ein bisschen begleiten?«

Ich ging meinen gewohnten Weg durch die dunklen kleinen Gassen unseres Viertels, die mich am schnellsten nach Hause brachten.

»Hast du denn keine Angst hier im Dunkeln?«, fragte er.

»Nein«, sagte ich. »Wieso?«

»Du bist ja mutig, schöne Frau«, sagte Rachid. Bevor ich in unsere Straße einbog, verabschiedete ich mich von ihm.

Von diesem Tag an trafen wir uns jeden Mittwoch

und Freitag, da Rachid angeblich nur an diesen Tagen Landgang hatte. Oder wir verabredeten uns um sechs Uhr morgens am Strand, bevor er auf sein Schiff oder zur Schule musste.

Wir gingen Hand in Hand den Strand entlang und redeten und küssten uns.

Eines Tages erwischte mich mein Cousin Aziz mit Rachid. Aziz, der zwei Jahre älter war als ich, hatte sich ebenfalls in mich verliebt. Er schlich ständig hinter mir her. Überall, wo ich war, war auch Aziz. Er war zu meinem Schatten geworden. Dabei war er nicht aggressiv, eher unterwürfig. Er kämpfte regelrecht um meine Liebe. Ich fand das besser als die ständigen Belästigungen durch seinen Bruder Ali. Aber es nervte mich trotzdem. Ich war täglich damit beschäftigt, ihn abzuschütteln.

Als er mitbekam, dass es einen anderen Mann in meinem Leben gab, wurde er depressiv. Das hatte mit seinem Liebeskummer zu tun, aber auch mit den Drogen, die er nahm. Ich machte mir Sorgen um ihn, aber mehr als nett konnte ich nicht zu ihm sein.

Aziz war das zu wenig. Er steigerte sich in einen regelrechten Wahn hinein. Täglich schrieb er mir Liebesbriefe und überreichte sie mir mit irren, vom Drogenmissbrauch geröteten Augen. Später begann er, sich selbst zu verletzen. Er schlug seinen Kopf im Innenhof gegen die Wand, wenn ich versuchte einzuschlafen, und heulte wie ein Wolf. Mich belastete das sehr. Schließlich versuchte er sich die Pulsadern zu öffnen.

Der Druck auf mich wuchs. Tante Zaina machte

mich für Aziz' Leiden verantwortlich. »Ouarda«, sagte sie, »verlobe dich mit Aziz. Sonst zerstörst du sein Leben.«

Ich hatte den Eindruck, dass meine Tante von mir forderte, ihrem Sohn meinen Körper zu schenken, um ihn zu heilen. Dieses Ansinnen fand ich unsittlich. Was hatte ich mit den psychischen Problemen meines Cousins zu tun? Meine Tante hatte in der Erziehung ihrer Kinder versagt, sie hatte ihnen nicht genug Liebe gegeben. Es war nicht meine Aufgabe, dieses Versäumnis auszubaden.

Nein, Tante, dachte ich mir. Ich kann Aziz nicht helfen. Du hast ihn kaputtgemacht, nicht ich. Sieh zu, wie du das wieder in Ordnung bringst.

Seit ich Arbeit hatte und meinen Teil zur Finanzierung der Familie beisteuerte, fühlte ich mich frei und stark genug, um dem ständigen Psychoterror durch meine Verwandten Widerstand entgegenzusetzen.

Einige Wochen zuvor hatte ich meiner Cousine Habiba gezeigt, dass ich nicht mehr bereit war, mich von ihr fast täglich schlagen zu lassen. Sie hatte mich geohrfeigt, weil sie ihre Unterhosen nicht fand.

An diesem Tag schlug ich jedoch sofort zurück. Ich gab ihr einen Tritt, Habiba ging zu Boden, und wie von Sinnen prügelte ich auf sie ein. Alle waren entsetzt, ich auch. So hatte ich noch nie die Kontrolle über mich verloren. Aber es wirkte: Habiba hat mich nie wieder angegriffen.

Seit diesem Abend war mein Spitzname »Karateweltmeisterin«.

Schließlich gab Aziz auf. Er sah ein, keine Chance bei mir zu haben. Die innere Kälte, die ich unterdessen entwickelt hatte, um mich selbst zu schützen, schreckte ihn ab.

Nachdem wir Aziz losgeworden waren, hatten Rachid und ich noch immer keine Ruhe vor Nachstellungen. Jetzt waren es die Polizisten. Wir wurden häufig kontrolliert, weil Rachid sehr europäisch aussah. In Marokko wird es nicht gern gesehen, wenn einheimische Mädchen mit ausländischen Männern gehen.

Dann zeigte Rachid seinen Kadettenausweis, worauf die Polizisten salutierten: »Entschuldigung, Sidi, ich wünsche Ihnen und Ihrer Begleitung noch einen schönen Tag.«

Das fand ich cool. Ich hatte einen Freund, vor dem Polizisten die Hacken zusammenschlugen! So einen Menschen hatte es bisher in meinem Leben noch nicht gegeben. Die Männer, die ich bisher kennen gelernt hatte, wurden von Polizisten im besten Fall weitergescheucht und im schlechtesten Fall abgeführt.

Uncool fand ich, dass Rachid ständig mit anderen Mädchen über die Uferpromenade flanierte. Er schien auf Blondinen zu stehen, und das störte mich.

Aber Rachid erklärte es mir. »Weißt du«, sagte er, »diese Frauen liebe ich nicht. Ich liebe dich. Aber du bist ja Jungfrau und sollst das auch bis zu deiner Hochzeitsnacht bleiben. Deshalb habe ich keinen Sex mit dir, sondern mit diesen Blondinen. Sie sind unwichtig. Du bist meine unberührte Blume.«

Ich schluckte. Wollte ich denn eine unberührte Blume sein? Aber dann war mir klar, dass ich nichts anderes sein konnte. Die Liebe, die ich empfand, änderte nichts an meiner Einstellung. Ich würde erst Sex haben, wenn ich verheiratet wäre. Ich beschloss, diese Situation zu akzeptieren. Es tat mir weh, dass Rachid mit anderen Frauen ins Bett ging. Aber ich blieb konsequent.

Mir reichte es, dass sein Herz mir gehörte. Dass er immer wieder zu mir zurückkam, bewies mir, dass ich, so wie ich war, liebenswert war.

Diese Beziehung dauerte ein Jahr. Dann nahm mich Rachid auf dem Weg von Nouveau Talborjt zum Strand in den Arm und sagte: »Ich habe mich entschieden, mit dir Schluss zu machen.«

Mein Herz blieb stehen, jemand knipste die Sonne aus, die Luft war zäh wie Kaugummi. Wie durch Watte hörte ich ihn sagen: »Du bist eine wunderbare Frau. Aber ich kann mit dir nicht zusammen sein. Ich fahre zur See, treffe Frauen in anderen Häfen, will mein Leben genießen und bin noch nicht bereit zu heiraten.«

»Wieso heiraten?«, stammelte ich. »Ich wollte gar nicht heiraten.«

Ich hoffte, dass er sagen würde: »Ach so, ja dann …«

Aber er antwortete: »Trotzdem, ich kann dir nicht geben, was du dir wünschst. Ich würde dich nur unglücklich machen.«

Meine Knie gaben nach, und ich brauchte ein paar Minuten, bis ich mich wieder gefangen hatte.

»Bleib sauber«, sagte Rachid. »Adieu, *bislama*.«

Dann ließ er mich los.

Ich versuchte meine Schwäche, meine Verzweiflung nicht zu zeigen. Mit hoch erhobenem Kopf ging ich zurück in Richtung Nouveau Talborjt. Heimlich sah ich mich um: Rachid schlurfte mit hängenden Schultern zum Strand.

Als ich ihn nicht mehr sehen konnte, begann mein Körper zu zittern, obwohl ich ihm befahl, ruhig zu bleiben. Meine Beine verweigerten den Gehorsam, obwohl ich sie aufforderte, einen Schritt vor den anderen zu machen. Meine Augen wurden nass. Ich brach zusammen. Wie ein Häufchen Elend saß ich am Straßenrand, den Kopf zwischen den Armen. Ich hoffte auf ein Wunder. Ich hoffte, seine Hand auf meiner Schulter zu spüren, seine Stimme sagen zu hören: »Liebes, ich bin wieder da. Ich kann nicht ohne dich sein.«

Aber als mich endlich eine Hand an der Schulter berührte, war es die eines alten Mannes.

»Was ist los, Mädchen?«, fragte er. »Brauchst du Hilfe?«

Ich schüttelte den Kopf und rannte weg.

Die Arbeit

Mit siebzehn bekam ich zum ersten Mal meine Tage. Ich glaube, ich war eine Spätzünderin. Aber in den Monaten danach veränderte sich mein Körper so schnell vom Mädchen zur Frau, als wolle er den Vorsprung meiner mentalen Entwicklung einholen. Im Kopf wusste ich nämlich schon längst, dass meine Kindheit vorbei war.

Mein kleiner Busen wuchs, bis die Männer nur noch dorthin starrten, obwohl ich große, ausdrucksstarke Augen habe, die ich viel attraktiver finde als mein Dekolleté.

Ich betrachtete mich jetzt öfter im Spiegel und war zufrieden mit mir, obwohl ich nicht dem Schönheitsideal der Marokkaner entsprach. Sie lieben große, hell geschminkte Mädchen mit dicken Hinterteilen in engen Jeans, unter welche nicht einmal mehr eine Unterhose passt. Außerdem durften die Haare keinesfalls dunkel und lockig sein. Die meisten Mädchen ließen sich die Haare blondieren und vom Friseur in einer aufwändigen Prozedur glatt ziehen.

Ich hatte schwarze, schulterlange Locken, trug

kein Make-up, dafür aber einen Slip unter der Hose und war wohl eher der natürliche Typ. Ich hatte einen sportlichen Körper mit weiblichen Rundungen. Mein Gesicht mit den vollen Lippen war freundlich und offen. Die Narben, die mir Tante Zaina zugefügt hatte, waren noch zu sehen. Aber sie verblassten langsam. Nur lächeln durfte ich nicht. Meine Zähne waren kariös und hässlich. Später erklärte mir ein Zahnarzt, das sei bei Menschen, die in ihrer Kindheit hungern mussten, kein Wunder.

Ich achtete jetzt sehr auf meine Gesundheit. Jeden Morgen stand ich um sechs Uhr auf und ging hinunter an den Strand, auch wenn Rachid dort nicht mehr auf mich wartete. Ich zog meine Laufschuhe an und rannte fast eine Stunde am Meer entlang, bevor ich ins Wasser sprang und weit in den Atlantik hinausschwamm. Um neun Uhr trat ich frisch geduscht meinen Dienst an.

Inzwischen arbeitete ich in einem Restaurant namens Golden Gate. Es ist eine der größten und bekanntesten Gaststätten in Agadir und wird von einem Marokkaner namens Khassim geleitet, der lange in Deutschland gelebt hat.

Khassim heuerte mich sozusagen en passant an. Ich trug eine Latzhose und Turnschuhe, als ich an seinem Restaurant vorbeirannte. Ich war auf dem Weg zu meiner Schwester Rabiaa, die damals in der Wäscherei des Club Valtur arbeitete. Vielleicht gab es dort auch Arbeit für mich.

Khassim guckte mir nach. Er war bekannt dafür, ein gutes Auge für hübsche Mädchen zu haben. Erst dachte ich, er meine nicht mich, sondern eine der blondierten Tussen auf der gegenüberliegenden Straßenseite. Ich sah mich um, aber da war keine andere. Damit war klar, Khassim, einer der erfolgreichsten Restaurantbesitzer von Agadir, schaute mir hinterher.

Ich sagte mir, Ouarda, das ist deine Chance. Du drehst jetzt um und redest mit dem Mann. Vielleicht hast du ja bald wieder einen Job.

Ich drehte um und ging auf Khassim zu. Er war etwas überrascht, wie schnell ich gebremst und gewendet hatte.

»Wo kommst du denn her?«, fragte er.

Er kannte mich nicht, weil ich nicht zu den Mädchen gehörte, die sich in der Touristengegend von Agadir herumtrieben. Deshalb hatte mich noch nie jemand ins Golden Gate eingeladen. Und ich selbst konnte es mir nicht leisten, dort etwas zu essen oder zu trinken.

»Aus Nouveau Talborjt«, antwortete ich.

»Ach so«, sagte Khassim. »Ich habe dich hier noch nie gesehen.«

»Aber ich habe nebenan im Eissalon gearbeitet«, sagte ich.

»Das ist gut.« Khassim konnte die Besitzer des Eissalons nicht leiden, da es ihn ärgerte, dass die beiden Deutschen für ihre Eiswaffeln ein Geheimrezept hatten und beim Backen ein Geruch durch die Straßen zog, der einem das Wasser im Mund zusammenlaufen ließ. Khassim machte auch Eiswaffeln, aber sie rochen nicht halb so lecker wie die von nebenan.

»Kannst du Waffeln backen?«, fragte Khassim.

»Na klar«, sagte ich und zeigte ihm meine verbrannten Unterarme als Beweis.

Khassim lächelte: »Wenn du willst, kannst du morgen um neun bei mir anfangen. Pünktlich bitte. Auf der Terrasse.«

Ich schluckte, denn einen so schnellen Erfolg hatte ich nicht erwartet.

»Was soll ich anziehen?«

»Weiße Bluse, schwarzen Minirock.«

Ich hatte einen kurzen schwarzen Rock, aber keine weiße Bluse. Deshalb flitzte ich nach Hause und fragte meine Nachbarinnen. Eine von ihnen, Fatima, besaß eine elegante weiße Bluse – dicker Stoff, dicke Schulterpolster –, die ich ausleihen durfte.

Stolz trat ich damit am nächsten Morgen zur Arbeit an. Khassim war aber nicht zufrieden. »Was ist das denn?«, fragte er und zeigte auf die weiße, bauschige Bluse. »Eine Ritterrüstung?«

Ich sagte nichts.

»Glaubst du, ich stelle dich ein, damit du hier die größte und weiteste Bluse Agadirs spazieren führst? Warte hier!«

Khassim verschwand in seinem Büro. Nach kurzer Zeit kam er mit zweihundert Dirham und einer Quittung zurück, auf der »Vorschuss« stand.

»Nimm das Geld«, sagte er, »unterschreibe hier, und komm morgen mit einer Bluse zurück, in der du sexy aussiehst. Okay?«

»Okay«, murmelte ich und kam mir in Fatimas bauschigem Oberteil ein wenig blöd vor. Am Abend besorgte ich mir eine Bluse, die aus so leichtem Stoff bestand, dass sie fast durchsichtig war. Ich kam mir in dieser Bluse sehr weiblich vor. Lange drehte ich mich vor dem Spiegel im Laden hin und her. Es schien mir etwas gewagt zu sein, so herumzulaufen, aber es war ja für eine gute Sache.

Anscheinend hatte ich die richtige Wahl getroffen, denn Khassim schnalzte genießerisch mit der Zunge, als ich am nächsten Morgen zum Dienst erschien.

»Gut so«, sagte er.

Ich war nicht sicher, ob es wirklich gut war. Khassims Augen schienen mir ein wenig zu gierig zu sein. Er war als Frauenheld bekannt. Und ich wollte nicht in die Situation kommen, seine Avancen zurückweisen zu müssen und dann womöglich meinen Job zu verlieren.

Tatsächlich gab es schon bald Probleme. Meine Kollegin Hayat überreichte mir eines Tages einen Briefumschlag mit dreihundert Dirham und einem Zettel: »Heute Abend, nach der Arbeit, vor dem Hotel soundso.« Ich habe den Namen des Hotels vergessen, es lag in einer ruhigen Straße, existiert aber heute nicht mehr.

»Scheiße«, murmelte ich.

»Tut mir Leid«, sagte Hayat, »aber er hat ein Auge auf dich geworfen. Du bist jetzt dran, Kleines.«

Den ganzen Tag ging ich meinem Chef aus dem Weg und überlegte, was ich tun sollte. Ich hatte den Eindruck, dass mich alle Kollegen beobachteten. Für mich ging es darum, meinen Job zu behalten oder wieder auf der Straße zu stehen.

Ich entschied mich, trotzdem keine Kompromisse einzugehen und meiner Linie treu zu bleiben. Hätte ich Khassim vor dem Hotel getroffen, wäre ich nicht sehr viel anders gewesen als meine Cousinen, die ich verachtete. Ich gab die dreihundert Dirham zurück und machte abends auf dem Weg nach Hause einen großen Bogen um das Viertel, in dem sich das Hotel befand.

Am nächsten Tag hatte sich die Stimmung im Golden Gate verändert. Khassim sprach mich auf den vergangenen Abend nicht an, aber er wurde strenger. Ich durfte mir keinen Fehler erlauben, weil es sonst sofort Ärger gab. Ich glaube, Khassim wartete nur darauf, mich zu feuern.

Aber es gab so viele hübsche Mädchen im Golden Gate, dass mein Chef sich bald für eine andere interessierte und mich aus den Augen verlor. Vielleicht respektierte er sogar meine stolze Ablehnung. Jedenfalls wurde ich von ihm nicht mehr angemacht und konnte künftig unbehelligt arbeiten.

Es war ein guter Job. Der Lohn war nicht sonderlich beeindruckend. Zunächst bekam ich tausend Dirham im Monat. Später, als ich von der Eistheke in die Pizzeria versetzt wurde, erhielt ich tausendfünfhundert Dirham plus Trinkgeld. Ich hatte nicht viel von dem Geld, weil ich es zum größten Teil bei Tante Zaina abliefern musste.

Aber ich entdeckte, dass ich in meinem Job gut war. Die Kollegen respektierten und die Gäste mochten mich. Ich hatte Kontakt mit Europäern, die vor allem im Sommer das Lokal füllten, und obwohl mir ihr Verhalten oft seltsam vorkam, bewunderte ich sie doch für ihr Selbstbewusstsein und für den fairen Umgang, der zwischen Frauen und Männern zu herrschen schien.

Ich spürte, wie mein eigenes Selbstbewusstsein wuchs, vor allem als Khassim eine Marokkanerin aus Düsseldorf einstellte, die das Restaurant führte. Diese Frau hatte so viel Energie und Mut, dass es bald keiner der männlichen Kollegen mehr wagte, ihr zu widersprechen.

Am Anfang hatte der Wortführer der Angestellten, ein groß gewachsener Araber, ihr noch frech ins Gesicht gesagt: »Hör zu, ich habe keine Lust, mich von Weibern rumkommandieren zu lassen. Geh zurück nach Deutschland, wenn du den Chef spielen willst. Hier haben wir Männer das Sagen.«

Der Mann hatte noch nicht ganz ausgeredet, da stellte sich die Neue aus Düsseldorf schon auf die Zehenspitzen und scheuerte ihm eine, dass ihm vor Überraschung der Mund offen stehen blieb.

Wir schwiegen erwartungsvoll. Was würde der Mann jetzt unternehmen? Mir war klar, dass dies ein Machtkampf war, in dem es nicht nur um zwei Personen, sondern um ein Prinzip ging. Würde diese Frau in der Lage sein, sich gegen die Männer durchzusetzen? Oder würde sie scheitern wie so viele vor ihr?

Die Frage war schnell beantwortet. Der Kellner bekam den Mund nicht mehr zu. Mit dümmlichem Gesichtsausdruck und ihrem Handabdruck auf der Backe zog er sich zurück. Ich glaube, er entschuldigte sich sogar. Jetzt war klar, wer hier gewinnen würde: die Frau aus Deutschland.

Für mich war es fast wie ein Wunder, wie schnell die Neue sich Respekt verschafft hatte. Sie war nicht zurückgewichen, sondern hatte ihre Position verteidigt – und zwar erfolgreich. Ich nahm mir vor, so zu sein wie sie.

Die Kolleginnen mochte ich gern. Alle hatten ihr eigenes Schicksal zu tragen. Unsere Toilettenfrau Hadda zum Beispiel verdiente allein das Geld für sich und ihre drei Kinder, nachdem ihr Mann gestorben war. Sie hatte den miesesten Job in unserem Restaurant, weil sie vom Nachmittag bis zur Sperrstunde um fünf Uhr morgens die Toiletten sauber halten musste. Unsere Gäste tranken sehr viel und erbrachen sich in den Waschräumen. Die ganze Nacht war Hadda damit beschäftigt, die Schweinereien zu entfernen, die die Gäste anrichteten. Aber sie verlor nie ihre Würde. Stolz und aufrecht kam sie zum Dienst. Stolz und aufrecht verließ sie ihn. Ich bewunderte Hadda sehr.

Meine Kollegin Rheno hatte ein anderes Problem. Sie wohnte außerhalb der Stadt und kam jeden Morgen mit dem Bus nach Agadir. Zu Hause lebte ihre Mutter mit Rhenos Brüdern, die arbeitslos und missraten waren. Sie tranken, rauchten Haschisch und prügelten ihre Mutter und ihre Schwester im Rausch.

Rheno war trotzdem ein lebenslustiger Mensch. Wenn wir morgens das Restaurant vorbereiteten, sangen wir zusammen die Lieder von Najat Aatabou, einer berühmten berberischen Künstlerin. Unser Lieblingslied war Aatabous Hit *J'en ai marre!* – »Ich habe genug!«, in dem sie über die männerdominierte Gesellschaft unseres Landes lästert. Najat war von ihrer Wirkung her so etwas wie die Alice Schwarzer Marokkos. Sie hatte ihren Schleier abgelegt und rief mit ihrer unvergleichlichen Stimme die Frauen dazu auf, sich nicht mehr alles gefallen zu lassen. Ihre Lieder wurden im staatlichen Radio boykottiert, aber die Kassetten verkauften sich in den Souks des Landes millionenfach.

Rheno verliebte sich später in einen Jungen aus Casablanca, der sie heiraten wollte. Aber ihre Mutter gab nicht ihr Einverständnis.

»Wenn du mich mit deinen missratenen Brüdern allein lässt, verfluche ich dich für immer«, drohte sie.

Rheno traf sich dennoch mit ihrem Freund, aber die Bürde des Fluchs lag auf ihr, als sie ihn schließlich heimlich heiratete. Wenige Monate später wurde bei ihr Brustkrebs festgestellt.

Mir war schon lange aufgefallen, dass meine Kollegin immer mit einer Hand ihre Brust festhielt, wenn sie morgens von der Bushaltestelle zur Arbeit lief.

»Rheno«, sagte ich, »da stimmt doch etwas nicht. Geh mal zum Arzt.«

»Ach was«, antwortete sie, »da ist nichts. Das Leben ist viel zu kurz, um es mit Sorgen zu belasten.«

In Wahrheit konnte sie sich aber wie viele arme

Marokkaner keinen Arztbesuch leisten. Erst als es für eine rettende Therapie zu spät war, ging sie ins Krankenhaus.

Kurz darauf starb sie. Ich glaube, sie konnte den Druck ihrer Familie nicht mehr ertragen.

Der Scheich

Im Dezember hatten wir einen Gast aus Kuwait, der mich einige Tage lang beobachtete und mich dann direkt ansprach.

»Entschuldigung«, sagte er, »ich möchte nicht lange um den heißen Brei herumreden. Aber Sie gefallen mir so gut, dass ich um Ihre Hand anhalten will.«

»Bitte?«, fragte ich. Der Mann sprach Arabisch mit seltsamem Akzent. Vielleicht hatte ich mich verhört.

»Ich möchte Sie heiraten«, wiederholte der Mann.

Ich betrachtete ihn genauer. Er war jung, vielleicht sechsundzwanzig Jahre, und eindeutig aus dem Nahen Osten, obwohl er Jeans und Hemd trug statt Kaftan und Kopftuch. Ich hielt nicht viel von den Männern aus dem Morgenland, denn mit ihrem Geld hatten sie die Prostitution in Agadir gefördert. Alles, was zu Hause bei ihnen verboten war, lebten sie in unserem Land aus. Die schönsten Mädchen kauften sie sich, und mir tat es in der Seele weh, wie diese ekeligen alten Männer die Mädchen betatschten und in ihre Mercedes-Limousinen luden, um sie in irgendwelche versteckten Villen zu bringen, wo sie mit ihnen ihren Spaß hatten.

Dieser junge Mann vor mir hatte jedoch ein sympathisches Lächeln. Ich ließ mich auf ein Gespräch ein. Wie sich herausstellte, arbeitete er in seinem Heimatland als Polizist. Er machte Urlaub in Marokko. Offenbar suchte er nach einer Ehefrau. In der arabischen Welt heißt es, die schönsten Frauen leben in Marokko.

Der Mann brach das Gespräch allerdings ab, bevor es richtig in Schwung kam. »Entschuldigung«, sagte er höflich. »Aber ich möchte mich mit Ihnen nicht länger unterhalten, bevor ich nicht offiziell um Ihre Hand angehalten habe. Das ist in meinem Land so üblich. Wann kann ich Ihre Eltern treffen?«

Mir kam der Typ etwas kauzig vor. Andererseits würde es mir aber Ruhe vor den Nachstellungen meiner marokkanischen Verehrer verschaffen, wenn ich verlobt wäre. Ich bat ihn, am nächsten Tag noch einmal vorbeizukommen.

Am Morgen sagte ich im Hinausgehen: »Onkel Hassan, heute Abend kommt eventuell ein Mann vorbei, der um meine Hand anhalten will.«

»Um deine Hand?!«, prustete Tante Zaina. »Veräpple uns nicht.«

»Ich veräpple euch nicht. Es kann sein, dass er heute Abend hier vorbeikommt.«

»Was ist das denn für einer?«, fragte Onkel Hassan misstrauisch. »Ein Neger?«

Onkel Hassan konnte sich nicht vorstellen, dass sich irgendjemand anders für ein so dunkelhäutiges

Mädchen wie mich interessierte. In Wahrheit war er nämlich Rassist. Als ich klein war, wurde ich von ihm verprügelt, wenn ich mit Kindern spielte, die eine dunklere Hautfarbe hatten als ich.

»Spiel nicht mit den schwarzen Oliven«, rief er dann, »sonst wirst du selbst noch zu einer!«

Auch Juden konnte Onkel Hassan nicht leiden. Von ihnen leben einige in Marokko. Stets wurde uns gesagt, diese Menschen seien nicht gut. Und es hieß, man müsse sich ganz nackt in Olivenöl baden, wenn man einem Juden aus Versehen die Hand gegeben hätte. Sonst könne Allah diese Sünde nicht verzeihen. Es war sogar verboten, mit Juden zu reden.

Ich kannte nur einen Juden, den Besitzer des Supermarktes neben dem Golden Gate. Ich fand diesen Mann sehr nett und konnte nicht begreifen, was alle Welt gegen ihn hatte.

»Nein«, sagte ich, »der Mann, der uns heute Abend besuchen will, ist ein Kuwaiter.«

Onkel Hassan schluckte. »Ein Scheich?«

In den Augen meiner Cousinen sah man förmlich die Dollarzeichen aufblitzen, die ihnen bei der Erwähnung Kuwaits durch den Kopf schossen.

»Nein, ich glaube, er ist Polizist. Sind Polizisten auch Scheichs?«

Niemand wusste darauf eine Antwort. Aber die Spannung in der Rue el Ghazoua war an diesem Tag groß.

Ich hatte im Golden Gate so viel zu tun, dass ich den Kuwaiter fast vergessen hätte. Aber dann saß er plötzlich da und fragte höflich: »Fräulein, Entschuldigung, haben Sie mit Ihrem Vater gesprochen?«

»Nein, mein Vater ist nicht da«, antwortete ich, »aber Sie können mit meinem Onkel reden. Er ist der Herr des Hauses und erwartet Sie heute Abend.«

Ich hoffte, dass der Onkel auch wirklich da sein würde.

»Sehr gut«, sagte der Kuwaiter, »ich werde Sie um neun Uhr vor dem Restaurant abholen.«

Ich wusste nicht genau, ob ich lachen oder weinen sollte. Irgendwie lief die ganze Angelegenheit aus dem Ruder. Was wollte dieser Mann wirklich von mir? Wollte er mich tatsächlich heiraten? Oder erlaubte sich da jemand einen üblen Scherz mit mir? Mir wurde die Sache allmählich unheimlich.

Pünktlich um neun Uhr fuhr ein Taxi vor dem Golden Gate vor. Der Kuwaiter öffnete die Fondtür und bat mich herein.

»Verzeihen Sie, wenn ich zunächst noch Gebäck für Ihre Familie kaufe«, sagte er. »Für Sie habe ich bereits ein sehr schönes Parfüm erworben.«

Er drückte mir ein Geschenkpaket mit Schleife in die Hand. Noch nie in meinem Leben hatte ich jemanden getroffen, der so geschwollen daherredete. Oder war das wahre arabische Höflichkeit?

Der Kuwaiter besorgte Kekse, und dann fuhren wir nach Hause. Meine Cousinen hatten sich aufgebretzelt, als komme der König von Saudi-Arabien persönlich vorbei. Dabei war er nur ein Polizist aus der Wüste. Onkel Hassan trug seine beste Dschellaba und Tante Zaina ihren edlen Feiertagskaftan. Die

Wohnung blitzte und funkelte, offenbar hatte die Familie den ganzen Tag geputzt.

Der Kuwaiter stellte sich vor und sagte: »Ich finde Ihre Nichte hinreißend und möchte sie gerne zu meiner Frau machen, wenn Sie nichts dagegen haben.«

Onkel Hassan nickte hoheitsvoll. Aber man sah ihm an, dass er froh war, mich auf so elegante Weise loszuwerden. Das Gespräch ging noch ein wenig hin und her. Ich musste für den Onkel und die Tante übersetzen, weil der Kuwaiter nur hocharabisch und nicht marokkanisch sprach. Dann fragte unser Gast stilvoll, ob er womöglich einen seiner Kekse essen dürfe. Er knabberte zwei Kekse und verabschiedete sich dann, nicht ohne zuvor den einen oder anderen Vers aus dem Koran rezitiert und mit Onkel Hassan einen Termin für die offiziellen Hochzeitsverhandlungen ausgemacht zu haben.

Die Tür ging zu – und es war, als habe ein seltsamer Spuk unser Haus verlassen. Meine Cousinen bestürmten mich mit Fragen zu meinem Bräutigam, von denen ich keine beantworten konnte, da ich den Mann ja gar nicht kannte.

An diesem Abend schlief ich nur schwer ein. Auf was hatte ich mich da eingelassen? Noch war es für mich ein Spaß. Aber es sah so aus, als nähme der Kuwaiter die Sache bitterernst.

Er wollte mich die letzten Tage, bevor er nach Kuwait zurückflog, regelmäßig treffen, allerdings nicht im kurzen Rock und in der durchsichtigen Bluse, sondern in einer blickdichten Dschellaba und im seidenen Kopftuch. Leider verfügte ich nicht über solche Sachen. Also stand er eines Tages mit einem Paket vor mir, das die seiner Ansicht nach angemessenen Kleidungsstücke enthielt. Dazu gab es Stöckelschuhe, da er fand, dass Damen hohe Schuhe tragen müssen.

Etwas anderes hatte ich von einem Araber nicht erwartet. Ich wunderte mich ohnehin, dass er einer Frau wie mir einen Heiratsantrag gemacht hatte. Minirock, offenes Haar, keine Eltern. Er hatte nicht einmal direkt gefragt, ob ich noch Jungfrau sei. Ich hatte ihm die ungestellte Frage deshalb von mir aus beantwortet.

»Falls Sie sich überlegen, ob ich noch Jungfrau bin«, sagte ich, »kann ich Ihnen versichern, dass die Antwort positiv ausfällt.«

Ich fand, in Hocharabisch könnte ich unter diesen Umständen auch ein wenig geschwollen reden.

Ich zog seine Sachen einmal an, aber das Tuch wickelte ich nicht um den Kopf, sondern legte es dezent um meine Schultern. Dann schenkte ich sie meiner Tante. Sie fand den Kuwaiter von da an noch sympathischer als zuvor.

Unsere Begegnungen waren nicht gerade prickelnd. Ich zeigte dem Kuwaiter den Souk, und er lud mich zu einer Cola ein. Ich trug, den Umständen angemessen, ein knielanges Kleid. Er erzählte von seinem Leben in Kuwait. Anscheinend lebte er nach einer Scheidung noch in dem großen Anwesen seiner Eltern, er bewohnte einen eigenen Flügel des Hauses und war sich sicher, dass ich mich mit seiner Mutter gut verstehen würde.

Ich hoffte immer, er würde mich einmal richtig küssen. Das hätte mir gezeigt, dass er mich begehrte. Aber Küsse vor der Ehe schienen bei ihm nicht vorgesehen zu sein. Das höchste der Gefühle war ein distanziertes Küsschen auf die Stirn. Auch nicht schlecht.

Und dann musste er wieder nach Kuwait zurückfliegen.

Es war klar, dass er nicht meine große Liebe war. Dafür war mir sein Verhalten zu fremd. Aber er war ein sympathischer und interessanter junger Mann, der eventuell meine Rettung sein konnte. Alles war besser, als mit diesen Menschen zu leben, die jetzt meine Familie waren.

Es war geplant, dass er mich in einigen Monaten in Agadir heiraten sollte. Er dachte an eine große Hochzeit und wollte seine Verwandtschaft mitbringen, um sie meiner Familie vorzustellen. Das machte mir ein wenig Sorgen. Ich hatte ihm zwar erzählt, dass meine Mutter gestorben sei, aber nicht gesagt, dass mein Vater ihren Tod verursacht hatte und dafür im Gefängnis saß.

Ich war erleichtert, als der Kuwaiter weg war. Das gab mir ein wenig Bedenkzeit. Jetzt schickte er jedoch Briefe. Er legte Fotos bei und schrieb mir Gedichte. In einem Brief erwähnte er, dass er bereits meine Zimmerflucht im elterlichen Anwesen in Rosa und Lila getüncht hätte; ich solle dort leben wie eine Prinzessin. Bisher hatte ich mich noch nie in rosa-lila gestrichenen Räumen gesehen, aber ich würde mich daran gewöhnen. In den Ferien wollte er mit mir nach Paris und Italien fahren, Orte, von denen ich bisher noch nicht einmal zu träumen gewagt hatte. Aber dann gab es auch ein paar kleine Haken. Ob ich vielleicht künftig Röcke tragen könnte, die meine Knie bedeckten, fragte er in seiner höflichen Art. Und es sei durchaus wichtig, dass ich die arabische, französische und deutsche Küche aus dem Effeff beherrsche. Er sei gerne bereit, entsprechende Kochkurse zu finanzieren.

Ein wenig aufdringlich fand ich das alles schon, aber zugleich schmeichelte es mir. Was konnte mir Besseres passieren, als von einem gläubigen Moslem geehelicht zu werden, der zudem noch einigermaßen wohlhabend zu sein schien und mich auf Händen tragen wollte. Andererseits hörte man in Marokko viel von den Harems der Araber im Morgenland – nicht dass ich als Dritt- oder Viertfrau in der Fremde endete.

Besonders intensiv beschäftigte ich mich mit solchen Gedanken allerdings nicht. Ich war in meinem neuen Job so ausgefüllt, dass ich keine Zeit hatte, über meine Zukunft zu grübeln. Außerdem hatte ich einige Brieffreunde. Es gab einen Italiener, der meinetwegen emsig zur Post rannte, einen Franzosen und einen Marokkaner aus Casablanca. Je länger die Abreise des Kuwaiters zurücklag, desto mehr verblasste seine Faszination.

Sie ließ endgültig nach, als ein gewisser Walter aus München Stammgast im Golden Gate wurde.

Walter wohnte im Hotel Safir-Europa auf der anderen Straßenseite. Jeden Morgen, Punkt zehn Uhr, saß er im Golden Gate auf der Terrasse und bestellte einen frisch gepressten Orangensaft und einen Espresso. Walter war mein Gast, er wollte nur von mir bedient werden, weil ich angeblich den besten Orangensaft zubereitete. Ich nahm ihn nicht aus der Karaffe, sondern stellte ihn ganz frisch her und verzichtete darauf, ihn mit Wasser zu verdünnen.

Unsere Gespräche beschränkten sich auf das Nötigste.

»Bonjour Monsieur«, sagte ich.

»Bonjour Mademoiselle«, antwortete er.

Dann gab er seine Bestellung auf, und ich bediente ihn.

»Merci, au revoir.«

Und weg war er.

So ging das einige Tage, bis es im Februar zu einem Zwischenfall kam.

Polizisten stürmten das Restaurant und verlangten die Ausweise der Angestellten zu sehen. Sie wollten kontrollieren, ob Personen unter zweiundzwanzig mit Alkohol in Berührung kämen. Das ist in Marokko verboten.

Natürlich war ich von dieser Razzia betroffen. Ich war gerade erst neunzehn geworden und servierte auf der Terrasse Bier.

»Sie dürfen hier nicht arbeiten«, sagten die Polizisten.

»Wieso nicht?«, fragte ich.

»Weil Sie erst neunzehn sind und in diesem Lokal Alkohol verkauft wird.«

»Na und«, sagte ich, »ich serviere den Gästen vielleicht Alkohol. Aber ich habe selbst noch nie einen Schluck getrunken.«

Das war den Beamten egal. »Bitte nehmen Sie Ihre Sachen, und verlassen Sie das Lokal.«

Ich war entsetzt. »Wie bitte?«

»Bitte nehmen Sie Ihre Sachen, und verlassen Sie das Lokal«, wiederholten die Polizisten. »Und zwar auf der Stelle, sonst nehmen wir Sie mit.«

Ich begann zu weinen.

»Sie nehmen mir meinen Job weg. Und dann fragen Sie sich, warum wir Mädchen auf den Strich gehen. Das ist doch verrückt.«

Das Wort »verrückt« gefiel den Männern nicht. »Passen Sie gut auf, was Sie sagen, sonst sind Sie auch noch wegen Beamtenbeleidigung dran.«

Die Angelegenheit drohte außer Kontrolle zu geraten. Alle Gäste auf der Terrasse, darunter Walter, verfolgten gespannt das Geschehen.

Die Kellner zogen mich ins Restaurant. Khassim mischte sich ein, die anderen Mädchen zeterten. Ich war verzweifelt. Ohne Bakschisch würde ich meinen Job verlieren. Aber war Khassim bereit, die Polizisten zu schmieren? Davon war ich nicht überzeugt.

Plötzlich hörte ich eine Stimme. »Entschuldigen Sie, machen Sie sich bitte keine Sorgen. Ich habe einen Job für Sie.«

Ich schaute auf. Vor mir stand Walter, der Gast aus Deutschland.

»Kennen Sie ›Die Braut des Südens‹?«, fragte er.

»Natürlich«, sagte ich. »Das ist die große Textilfabrik in der Nähe des Souk.«

»Die Besitzer sind gute Freunde von mir«, sagte Walter, »ich kann mit ihnen reden. Wenn Sie interessiert sind, treffen wir uns morgen. Gleiche Zeit, gleiche Stelle.«

Dann war der Herr aus Deutschland verschwunden.

Die Polizisten zwangen mich tatsächlich, meine Arbeitsstelle zu verlassen. Ich hatte nicht den Eindruck, dass Khassim sich besonders ins Zeug legte, um mich zu behalten.

Ich war wieder arbeitslos.

Am nächsten Tag nahm ich Rabiaa zu dem Treffen mit Walter mit. Mir war die Sache nicht ganz geheuer. Meine Schwester nahm sich extra frei, um mich zu begleiten.

Walter besorgte ein Taxi und fuhr mit uns zur Braut des Südens. Die Besitzer waren zwei junge Brüder mit langem Bart, die so religiös waren, dass sie sich weigerten, mir die Hand zu geben. Ich wunderte mich, dass diese Männer Kontakt zu einem Deutschen hatten. Sie waren eindeutig strenge Islamisten, Walter hingegen ebenso eindeutig kein Moslem.

Die beiden bärtigen Männer sprachen deutsch und übersetzten, was Walter mir sagen wollte.

»Schwester«, sagten sie, »dieser Mann ist ein guter Freund. Er hat Mitgliedern unserer Familie geholfen, nach Deutschland zu kommen. Sein Herz ist so groß, dass er jetzt dir helfen will. Nimm seine Hilfe an, er ist zwar ein Deutscher, aber er ist ein Bruder. Selbstverständlich haben wir eine Beschäftigung für dich, wenn Monsieur Walter das wünscht.«

Für mich war das wie ein Traum, in den ich aus Versehen geraten war. Ich war mir ziemlich sicher, dass ich gleich aufwachen würde und meine Lage so aussichtslos wäre wie zuvor.

Unauffällig zwickte ich mich in den linken Arm. Und tatsächlich: Walter war verschwunden, kam aber gleich wieder – mit einer Swatch-Uhr.

»Die ist für Sie«, sagte er.

»Für mich? Warum machen Sie das alles?«

Nun antworteten wieder die beiden Brüder von der Braut des Südens: »Er tut das, Schwester, weil er ein guter Mensch ist. Du kannst ihm vertrauen, wir versichern dir, dass alles seriös ist. Er hat sehr viel Geld und unterstützt Kinder in verschiedenen Ländern der Welt. Du bist nicht die Einzige. Er möchte, dass du Deutsch lernst.«

Deutsch? Ich verstand die Welt nicht mehr. Warum sollte dieser wildfremde Mann wünschen, dass ich Deutsch lerne? Warum interessierte er sich überhaupt für mich? Da stimmte doch etwas nicht.

Hilfe suchend sah ich Rabiaa an. Meine Schwester schien das alles völlig normal zu finden. Sie zwinkerte mir aufmunternd zu.

»Deutsch?«, sagte ich.

»Natürlich«, erklärten die beiden bärtigen Männer. »Unser Bruder Walter ist ein sehr kluger Mensch. Er weiß, dass du Tashl'hit, Marokkanisch, Französisch und sogar Hocharabisch sprichst. Er traut dir zu, noch eine Sprache zu lernen. Und wir halten das für eine gute Idee, Schwester.«

Während sie mit mir sprachen, schauten die beiden Männer auf ihre Füße. Sie vermieden es, mich zu betrachten. Wie es bei frommen Moslems Sitte ist, wandten sie ihren Blick von einer fremden Frau ab.

Mir war das unangenehm. Ich mag es lieber, wenn ich den Menschen, die mit mir sprechen, in die Augen sehen kann. Ich entschied mich, nicht bei der Braut des Südens zu arbeiten. Mir erschien das alles ein wenig zu fundamentalistisch. Alle Frauen, die ich in diesem Betrieb sah, trugen Kopftücher, und die Männer schielten verklemmt an unserer Gruppe vorbei. Damit wollte ich nichts zu tun haben.

»Vielen Dank, Brüder«, sagte ich, »euer Angebot ist sehr großzügig. Aber ich möchte mich selbst um eine Arbeit kümmern. *Salam aleikum*, Friede sei mit euch.«

Walter brachte uns in die Stadt zurück und flog schon bald für einige Tage nach Deutschland. Über die beiden Bartträger hielt er Kontakt zu mir. Inzwischen hatten wir Telefon zu Hause. Mindestens dreimal die Woche riefen die Brüder von der Braut des

Südens an und richteten Grüße von Walter in Deutschland aus.

»Wie geht dein Deutschkurs voran, Schwester?«, erkundigten sie sich.

Ich wagte nicht, ihnen zu sagen, dass ich die Deutschstunde nur einmal besucht hatte, da der Lehrer ein Palästinenser war, der nicht einmal ein verständliches Arabisch sprechen konnte. Wie sollte dieser Mann mir eine fremde Sprache beibringen?

Ich antwortete: »Es ist nicht so einfach mit dem Deutsch, Brüder, aber mit Allahs Hilfe wird es schon werden.«

»Walter schlägt vor, dass du deine Zähne richten lässt«, sagten die Brüder. »Er hat uns dafür bereits Geld überwiesen. Sollen wir dir einen Zahnarzt empfehlen, Schwester?«

Auf der Stelle taten mir mindestens sieben Karieslöcher in meinem ruinierten Gebiss weh. Trotzdem fand ich, dass dieser Walter etwas zu weit ging. Er schien mein Leben komplett in die Hand nehmen zu wollen. Was durfte ich noch selbst entscheiden?

Andererseits sind Zahnschmerzen ein überzeugendes Argument. Ich ging zum Zahnarzt der Brüder. Er war sehr jung, gerade mal zwanzig. Die Praxis war klein, aber sauber, und die Instrumente blitzten. Später stellte sich heraus, dass Walter sie aus Deutschland mitgebracht hatte. Der Zahnarzt beschäftigte einen Zahntechniker ohne Zähne. Das sah komisch aus, aber er war ein guter Handwerker und fertigte mir Kronen, die besser aussahen als meine eigenen Zähne, bevor sie Karies hatten.

Der junge Zahnarzt untersuchte meine Zähne mit Walters Instrumenten, erstellte einen Kostenvoranschlag für Walter und brachte meine Zähne für Walter in Ordnung. Er kam sogar zu uns in die Rue el Ghazoua und hielt unter großer Anteilnahme der Nachbarschaft im Sonnenlicht vor der Haustür kleine Täfelchen an meine Zähne, um die Farbe der Kronen zu bestimmen. Ich war sehr stolz auf all die Aufmerksamkeit.

Meiner Familie kam die Sache ebenfalls seltsam vor. Einerseits sah es so aus, als könnte dieser Walter zu einer goldenen Gans für uns werden. Andererseits war ich ja mit dem Kuwaiter verlobt, der allerdings keine Zahnarztrechnungen beglich, sondern nur Briefe schickte. Vermutlich hatte der Kuwaiter noch nicht einmal bemerkt, wie ruinös mein Gebiss war.

Onkel Hassan geriet in einen echten Gewissenskonflikt. Als Familienältester konnte er schlecht gutheißen, dass ein fremder und noch dazu deutscher Mann die Sanierung meiner Zähne bezahlte.

Er nahm mich zur Seite und sagte: »Ouarda, was ist das für ein Benehmen? Was will der *almani*, der Mann aus Deutschland, von dir? Hast du schon vergessen, dass du verlobt bist?«

»Das ist ja was ganz anderes«, meinte ich, »dieser Mann ist sehr alt und reich. Er unterstützt viele Kinder.«

Walter war kaum achtundvierzig – aber für ein neunzehnjähriges Mädchen wie mich geradezu ein Methusalem.

Onkel Hassan runzelte die Stirn: »Er möchte wirklich nur arme Leute in Marokko unterstützen?«

»Ich glaube schon.«

»Dann lade den *almani* mal nach Hause ein. Ich möchte diesen Mann kennen lernen.«

Als Walter nach einigen Tagen wieder in Agadir eintraf und ich ihn fragte, ob er zu uns kommen wolle, sagte er zu.

Tante Zaina bereitete ein wahrhaft üppiges Abendessen mit Lammfleisch und Tajine vor. Der Abend verlief sehr angenehm mit Smalltalk, bis Ammi Hassan das Gespräch auf ein bestimmtes Thema lenkte, das ihm offenbar sehr am Herzen lag.

»Monsieur Walter«, begann er ein wenig förmlich, »Sie wissen bestimmt, dass ich Automechaniker bin.«

Walter nickte.

»Und wissen Sie auch, was ich immer wieder feststelle?«

Walter schüttelte den Kopf.

»Dass die Ersatzteile fehlen. Ich will ein Auto reparieren, aber es geht nicht, weil die Teile fehlen.«

Ich wusste nicht, worauf dieses Gespräch hinauslaufen würde, aber ich sollte es bald erfahren.

»Seit einiger Zeit schon denke ich darüber nach«, sagte der Onkel, »wie ich diese Ersatzteile beschaffen kann.«

Walter reagierte nicht.

»Ich glaube, ich sollte Ersatzteile importieren. Von Europa nach Marokko.«

Das Gespräch drohte für mich ein wenig langweilig zu werden, denn ich interessierte mich nicht besonders für Autoersatzteile.

Aber meine Cousinen liefen zur Höchstform auf. Sie kicherten die ganze Zeit und flüsterten auf Berberisch: »So alt ist er nun auch wieder nicht.« – »In der Hose hat er auch noch genug.«

Ich fand, dass sie Walter ziemlich schamlos zwischen die Beine guckten. Er trug eine dünne beigefarbene Stoffhose und saß wie viele Ausländer, die an unsere flachen Diwanpolster nicht gewöhnt sind, ein wenig unbequem und breitbeinig da.

»Vielleicht ist er doch nicht so edel und will nur helfen«, kicherten sie. »Oder er will doch helfen, aber ganz anders, als Ouarda sich das vorstellt.«

»Wenn er dich als Kind unterstützen will, Ouarda – in Ordnung. Aber ich bin eine Frau.«

»He, he, he! Der steht doch auf Ouarda. Wie der sie anguckt!«

Onkel Hassan sprach unterdessen weiter über das Ersatzteilproblem: »Sehr geehrter Monsieur Walter, vielleicht wollen Sie sich an diesem einträglichen Geschäft beteiligen?«

Endlich war es raus: Onkel Hassan wollte Geld. Ich hatte es schon befürchtet. Jetzt war ich gespannt, wie Walter reagierte.

Er nickte. »Warum nicht?«

Der Onkel wirkte zufrieden, und Tante Zaina war seltsam aufgedreht. Sie lachte und herzte mich, zwickte mich in die Wange, strich mir übers Haar und tat überhaupt so, als sei ich ihr absoluter Liebling.

Ich war ein wenig überrascht und merkte natürlich, dass die Tante ein falsches Spiel spielte. Gleichzeitig genoss ich diese Aufmerksamkeit und Zuneigung. Ich fühlte mich wie eine Königin. Anscheinend hatte ich hier tatsächlich einen Menschen getroffen, der uns helfen konnte. Auch wenn ich keine wirklich liebevollen Gefühle für meine Verwandten hegte, wünschte ich ihnen doch einen großzügigen Sponsor. Vielleicht konnte Walter uns vom Stigma der Armut, der Not und der Sorgen befreien.

Kurz vor Mitternacht verließ Walter unser Haus. Aber wir konnten noch nicht schlafen. Onkel Hassan, die Tante und die Cousins und Cousinen waren ganz euphorisch.

Ich war zufrieden und hatte den Eindruck, dass Allah mir in Gestalt von Walter einen Engel geschickt hatte. Durch ihn hatte ich jenen Respekt meiner Familie gewonnen, um den ich immer gekämpft hatte. Als ich einschlief, spürte ich, dass Walter ein wenig in mein Herz eingedrungen war. Es war keine Liebe. Es war ein schönes Gefühl – und ein wenig mehr.

Am nächsten Tag begannen Onkel Hassan und Tante Zaina, offen für Walter zu werben. Sie lobten ihn über den grünen Klee, erklärten, wie sympathisch er sei, wie reich, wie liebenswert.

Beim Wäschewaschen im Hof gesellte sich die Tante zu mir.

»Dieser Monsieur Walter«, sagte sie, »ist ein sehr warmherziger und angenehmer Mensch. Ich finde ihn viel ehrenwerter als den Kuwaiter. Da bist du doch nur die Nebenfrau, er wird noch andere nehmen, und plötzlich bist du eine unter vielen. In Deutschland gibt es keinen Harem, das weiß ich, da bist du die einzige Frau. Ich kenne Frauen, die einen Deutschen geheiratet haben. Jetzt haben sie Villen hier in Agadir. Mir gefällt der *almani* viel besser als der Kuwaiter.«

»Aber er ist kein Moslem«, wandte ich ein.

»Papperlapapp! Moslem hin oder her«, erwiderte die Tante. »Er ist ein guter Mensch.« Damit meinte sie: Er hat Geld.

Ich spürte, wie Walter nicht nur für mich, sondern auch für meine ganze Familie immer wichtiger wurde. Er gab mir eine Bedeutung, die ich bisher nicht gespürt hatte. Er ging mit mir gut essen, war höflich und aufmerksam, kümmerte sich um meine Zähne, kaufte mir schöne Kleider, schenkte mir eine Swatch-Uhr, beeindruckte meine Verwandtschaft – und bedrängte mich nicht sexuell. Ein solches Verhalten war ich nicht gewohnt.

Einmal lud er mich an den Pool in seinem Hotel ein. Danach gab es Ärger an der Rezeption, denn die Hotelleitung wünschte nicht, dass die Gäste von einheimischen Mädchen belästigt wurden.

Walter regte sich darüber sehr auf, und es gab Streit mit dem Hoteldirektor. Er verteidigte mich. »Sehen Sie nicht, dass dies ein tugendhaftes Mädchen ist? Sie können doch nicht alle Frauen in ihrem Land diskriminieren. Ich finde das unerhört.«

Dann sagte er zu mir: »Weißt du was, Ouarda, ich habe keine Lust mehr auf diese arabische Mentalität.

Ich fliege nach Deutschland zurück und werde in Zukunft wieder Urlaub in Asien machen. Da sind die Menschen offener und höflicher.«

Für mich war das ein Schock. Plötzlich spürte ich, wie viel ich für diesen *almani* empfand. Ohne ihn wäre mein Leben ärmer. Ich hatte Angst, ihn zu verlieren. Er war überraschend und sanft in mein Leben getreten – wie die Sonne, die morgens über den Bergen im Osten aufgeht und das Land und die Herzen erwärmt. Jetzt drohte er zu verschwinden, so plötzlich, wie er gekommen war.

»Mach dir keine Sorgen«, sagte Walter, »ich kümmere mich auch künftig um dich. Wenn du weiter zur Schule gehen willst, werde ich das natürlich bezahlen.«

Ich glaube, ich wurde ganz bleich.

»Ich will aber nicht, dass du gehst«, sagte ich. »Wenn du gehst, musst du mich mitnehmen.«

Fast hätte ich nicht gewagt, diesen Satz auszusprechen. Ich weiß noch, wie ich in meinem nassen Bikini am Pool saß und all meinen Mut zusammennehmen musste, um zu sagen: »Wenn du gehst, musst du mich mitnehmen.«

Jetzt war es raus. Wie würde Walter reagieren? Mein Herz klopfte, als wollte es meine Brust sprengen. Das Blut rauschte in meinen Ohren. Deshalb konnte ich seine Antwort kaum verstehen.

»Dich mitnehmen? Wieso denn?« Walter war überrumpelt worden. »Das geht nur, wenn ich dich adoptiere. Da du aber schon über achtzehn bist, müsste ich dich heiraten.«

Ich hörte mich zu meiner eigenen Überraschung sagen: »Dann heirate mich eben.«

Walter wirkte mindestens ebenso erstaunt wie ich. »Bist du denn in mich verliebt?«

Ich zögerte, wurde rot und horchte noch einmal tief in mein Herz. »Ja, ich bin in dich verliebt. Und du? Liebst du mich?«

»Vom ersten Augenblick an!«, bekannte Walter. »Ich liebte dich von dem Moment an, als ich dich zum ersten Mal sah.«

Der feuchte Bikini fühlte sich plötzlich kalt an. Was hatte ich getan? Ich hatte mich exakt so verhalten, wie es ein ehrenwertes Mädchen in unserer Gesellschaft unter gar keinen Umständen tun darf. Ich hatte nicht bescheiden und demütig abgewartet, was mit mir geschehen würde, sondern die Initiative ergriffen, obwohl ich eine Frau war. Ich hatte einem Mann, den ich kaum kannte, einen Heiratsantrag gemacht, einem Mann, der mein Vater hätte sein können. Einem *almani*, einem Nichtgläubigen, einem Fremden. Konnte das gut gehen?

Ich war stolz auf meinen Mut und zugleich beschämt über mein Verhalten.

Walter wirkte plötzlich ein wenig nervös. Er hippelte in seiner nassen Badehose am Pool herum und wurde ganz hektisch. Aber zuerst küsste er mich auf die Lippen. Es war ein warmer, weicher, angenehmer Kuss. In seinen Armen ließ meine Aufregung nach.

Walter hatte plötzlich viele Fragen.

»Was machen wir denn jetzt?«, fragte er.

»Tja, ich glaube, du solltest jetzt offiziell um meine Hand anhalten.«

»Bei wem denn?«

»Bei meinem Onkel.«

»Okay, kein Problem. Aber du brauchst einen Pass, wenn du nach Europa mitkommen willst.«

»Ja«, pflichtete ich ihm bei. Daran hatte ich noch gar nicht gedacht.

»Ich werde die Brüder von der Braut des Südens damit beauftragen, denn ich muss bald wieder zurück nach Deutschland. Geschäfte. Die Brüder werden sich um alles kümmern.«

Er rannte weg, um mit den Brüdern zu telefonieren. Ich saß allein am Pool. Die Gedanken überschlugen sich in meinem Kopf. War das alles richtig? Machte ich nicht irgendeinen großen Fehler? Oder war es meine Rettung? Wie brachte ich die neue Entwicklung meiner Familie bei? Wie dem Kuwaiter?

Mir war ein wenig schwindelig. Ich sprang ins Wasser und tauchte so lange, bis ich keine Luft mehr hatte. Dann tauchte ich wieder auf und schwamm bis zur Erschöpfung in dem Becken hin und her. Ich wusste, mein Leben würde nie wieder so sein wie zuvor. Ich vertraute Walter. Ich vertraute dem Schicksal. Ich vertraute dieser neuen Zukunft, die plötzlich zum Greifen nah war.

Am Abend sprach ich mit Onkel Hassan, Tante Zaina und meinen Geschwistern. Ich hatte ein wenig Angst davor.

»Der Mann aus Deutschland«, fing ich an, »will mich heiraten.«

Onkel Hassan sagte nichts, aber Tante Zaina reagierte sofort, ganz anders, als ich es erwartet hatte. »Allah sei Dank«, sagte sie, »meine heimlichsten Wünsche wurden erhört.«

»Deine Wünsche wurden erhört?«

»Ja, das ist ein guter Schwiegersohn«, sagte Tante Zaina. »Er scheint viel Geld zu haben.«

Auch Onkel Hassan fand wieder Worte.

»Weißt du«, sagte er, »dieser Mann ist ein guter Mann. Ich habe geahnt, dass es so kommen würde. Ich habe dem Kuwaiter bereits abgesagt.«

»Du hast was?«, fragte ich erstaunt.

»Ja, ich bin zu einem Sekretär gegangen und habe einen Brief an den Kuwaiter diktiert.«

Wie sich herausstellte, hatte der Onkel, gleich nachdem Walter zum ersten Mal bei uns gewesen war, beschlossen, dass der *almani* viel besser sei als der Kuwaiter. Weil er selbst nicht schreiben konnte, ließ er jenem durch den Sekretär mitteilen, dass mein leiblicher Vater dem Wunsch des Kuwaiters nicht zugestimmt habe, mich in den Nahen Osten mitzunehmen. Die Verlobung und das Heiratsversprechen seien dadurch hinfällig. Allah möge dies in seiner Größe und Gnade mit Wohlgefallen zur Kenntnis nehmen.

Meine Geschwister waren unterschiedlicher Meinung. Mouna lehnte die neue Entwicklung ab, was Tante Zaina zu der Feststellung veranlasste, sie sei nur neidisch auf mein Glück. Aber das glaube ich nicht. Rabiaa unterstützte mich. Sie hatte in den Tagen zuvor viel mit Walter geredet, um zu ergründen, was für ein Mensch er sei. Sie fand ihn sympathisch und vertrauenswürdig. Jamila konnte ich nicht fragen, denn sie lebte mit ihrem ersten Mann in Tiznit. Und Jaber freute sich für mich.

Später aber behauptete er: »Wenn ich damals schon erwachsen gewesen wäre, hätte ich niemals zugestimmt, dass du mit einem solchen Typen weggehst.«

Aber das war, lange nachdem ich Marokko verlassen hatte und schon in Deutschland lebte.

Am nächsten Tag war Walter sehr beschäftigt. Gleich nach Sonnenaufgang ging er zur Moschee und sagte die *shahada*, den Satz, der jeden Menschen zum Moslem macht: »Ich bezeuge, dass es keine Gottheit gibt außer Allah. Ich bezeuge, dass Mohammed der Gesandte Allahs ist.« Die beiden bärtigen Brüder von der Braut des Südens waren seine Zeugen.

Als Walter mich um zehn Uhr traf, war er nicht mehr Walter, sondern er hieß nun Oualid und war Moslem. Er hatte sogar eine schriftliche Bestätigung des Imam mit Stempel und Unterschrift dabei.

Ich war ein wenig überrascht. Niemand hatte das von Walter verlangt, am allerwenigsten ich. Nun war er also Oualid. Für mich machte das keinen Unterschied, solange ansonsten alles beim Alten blieb.

An diesem Tag fuhr er mit mir zum Souk nach Inezgane und kaufte mir Goldschmuck. Zwei Kreolen, ein teures Armband für zweieinhalbtausend Dirham, einen dicken Ring mit einem Katzengesicht und einen Verlobungsring. Solch wertvolle Dinge hatte ich in meinem ganzen Leben noch nicht besessen. Mir war das alles ein wenig unheimlich. Ich hatte keine Ahnung, wieso Walter so viel Geld besaß. Ich wusste nur, dass er einige Häuser in München geerbt hatte und von den Mieteinnahmen lebte. Darunter konnte ich mir nicht viel vorstellen. Aber ablehnen wollte ich seine schönen Geschenke auch nicht. Insbesondere deshalb nicht, weil es in Marokko üblich ist, dass der Bräutigam durch wertvolle Gaben zeigt, dass er in der Lage ist, seine künftige Ehefrau gut zu versorgen. Für marokkanische Verhältnisse seien seine Geschenke ohnehin bescheiden gewesen, behauptete Onkel Hassan später.

Mir war das egal. Durch seine großzügigen Gaben hatte Walter mir bewiesen, wie viel ich ihm bedeutete. Das war gut für mein Selbstwertgefühl. Endlich nahm mich meine Familie ernst.

Am Abend fand die Verlobung statt. Tante Zaina und die Cousinen hatten wieder gekocht. Alle weiblichen Mitglieder der Familie waren beim Friseur gewesen, auch ich. Nun saß ich da in meinem besten Kaftan und hatte glatt gezerrte Haare wie die Mädchen aus Europa. Das gilt bei uns als Schönheitsideal.

Als Walter endlich auftauchte, natürlich mit den beiden Brüdern von der Braut des Südens im Schlepptau, herrschte bereits große Anspannung bei uns. Onkel Hassan war seit zwei Stunden vor dem Haus hin und her getigert. Die Cousinen überprüften immer wieder ihr Make-up. Jaber stellte den Fernseher immer feiner ein, um ein optimales Bild zu bekommen. Wer in Marokko einen Fernsehapparat besitzt, lässt ihn bei wichtigem Besuch laufen.

Zunächst verschwanden die Männer im Hof und

besprachen die finanziellen Bedingungen. Ein Umschlag wechselte den Besitzer. Onkel Hassan war sehr glücklich und nannte Walter plötzlich seinen »Sohn«. Tante Zaina umarmte mich derart liebevoll, dass mir fast ein wenig schwindelig wurde. Die Brüder von der Braut des Südens sprachen mehrere *duaa*, Gebete. Erst nachdem sie gegangen waren, stellten die Cousinen die Musik an, und es wurde getanzt.

Jetzt war ich erneut verlobt. Dieses Mal mit einem Deutschen. Und dieses Mal war es kein Spiel wie bei dem Kuwaiter, nun war es ernst.

Ich konnte nicht einschlafen. Unruhig wälzte ich mich auf der dünnen Matratze hin und her, die ich mir unterdessen von meinem selbst verdienten Geld geleistet hatte. Ich spürte, dass ein wichtiger Abschnitt meines Lebens vorbei war. Ich war kein Kind mehr, sondern eine künftige Ehefrau. Das würde viel verändern. Ich würde Marokko verlassen und nach Deutschland gehen. Ich würde mich einem Mann ausliefern, der mir fremd war, obwohl ich glaubte, ihn zu lieben. Ich würde meine Jungfernschaft verlieren und erwachsen sein.

Darauf freute ich mich. Gleichzeitig spürte ich jedoch ein Unbehagen. War ich nicht verkauft worden wie ein Lamm? War meine Familie dabei, diesen *almani* mit meiner Hilfe abzuzocken und auszunehmen? Ging es hier nur um Geld, während ich meinte, Gefühle zu spüren?

Als ich endlich einschlief, stieg die Sonne am Horizont des Morgens schon auf und verscheuchte die Schatten der Nacht.

Walter flog zurück nach Deutschland. Die Brüder von der Braut des Südens waren meine Kontaktpersonen zu ihm. Sie verwalteten das Geld, das ich für die Behördengänge benötigte. Ein Pass musste ausgestellt werden, und mein Vater hatte ebenso wie die Regierung seine Zustimmung zur Heirat zu geben. Das Hochzeitsfest sollte vorbereitet werden.

Meine Verwandten gerieten völlig aus dem Häuschen. Sie hatten das Gefühl, nun würde ein Geldsegen über sie hereinbrechen, wie sie ihn sich nicht einmal zu erträumen gewagt hatten. Der *almani* kam ihnen unendlich vermögend vor. Und ich war der Hebel, mit dem man an seinen Reichtum herankam. Onkel Hassan, Tante Zaina und die Cousinen verbrachten Abende damit, sich auszumalen, was sie nun alles bekommen würden. Sie schrieben Listen mit dringenden und weniger dringenden Wünschen, verwarfen sie wieder, machten neue Notizen. Die Wunschzettel wurden immer länger. Eine Wohnung in Agadir. Einen Lastwagen für den Onkel. Ein Festkleid für die Tante. Ein Konto für alle. Ein Hochzeitsfest, wie es die Stadt noch nie gesehen hatte, und, und, und …

Mir wurde von all den Wünschen, die an mich herangetragen wurden, ganz wirr im Kopf. Wildfremde Menschen sprachen mich auf der Straße an, gratulierten mir zu meinem wohlhabenden Bräutigam und wiesen dezent auf ihre eigene Bedürftigkeit hin. Die Behörden verlangten Gebühren für jedes Papier, das sie zur Vorbereitung der Hochzeit und Ausreise auszustellen hatten. Allein der Pass kostete zweitausend Dirham. Dafür war er aber schon innerhalb von zwei Wochen da, während es sonst Monate dauerte.

Alles lief wie geschmiert. Mir erschien es manchmal wie ein Wunder. Aber immer öfter hatte ich ein ungutes Gefühl, wenn ich den Aufruhr sah, den ich in meiner Familie und in der Nachbarschaft auslöste. Unsere Straße kochte vor Hoffnung auf eine Zukunft in Saus und Braus.

Und ich? Ich war nichts als das Mittel zum Zweck.

Eines Tages hatte ich genug davon. Ich lieh mir bei den bärtigen Brüdern etwas von Walters Geld und rief in München an. »Walter«, sagte ich. »Mir ist das alles zu viel. Ich will nicht in Marokko heiraten. Du musst mich bei meiner Familie nicht kaufen wie ein Kamel. Du hast mich schon. Ich liebe dich. Hol mich nach Deutschland, bevor ich durchdrehe.«

Walter dachte kurz nach. Er war ein Mann schneller Entscheidungen.

»Okay«, sagte er. »Wir heiraten in München. Ich beschaffe dir einen Arbeitsvertrag in Marokko und eine Einladung für Deutschland, damit du ein Visum bekommst. Gib mir ein paar Tage Zeit, ich kümmere mich darum.«

Die letzten Wochen in Marokko wurden für mich zur Hölle. Onkel Hassan war so scharf auf Walters Geld, dass er alle Hemmungen verlor und mich mit seiner Gier terrorisierte.

Walter hatte für mich ein Konto mit ein paar tausend Dirham eingerichtet. Das war nötig, um den deutschen Behörden zu bestätigen, dass ich genug Geld hatte, um nach Europa und wieder zurück zu reisen. Onkel Hassan fand, das Geld könne er ausgeben, schließlich sei er der Herr der Familie. Ich war da anderer Ansicht. Es war Walters Geld, das er unangetastet zurückerhalten sollte.

Darüber kam es zu einem schlimmen Streit.

»Gib mir die Kontonummer!«, sagte der Onkel.

»Nein«, antwortete ich, »es ist nicht dein, sondern Walters Geld.«

»Ich bin dein Onkel, und ich befehle dir, gib mir die Kontonummer. Wir brauchen das Geld.«

Schon lange hatte er es nicht mehr gewagt, mich zu schlagen, aber jetzt war er kurz davor.

»Onkel Hassan«, entgegnete ich, »was immer du tust, ich werde dir das Geld nicht geben. Es gehört nicht uns, und es ist unredlich, es auszugeben.«

Der Streit eskalierte immer mehr, und schließlich zerriss ich den Zettel mit der Kontonummer in winzige Fetzen und warf diese auf die Straße.

Von diesem Augenblick an war Walter nicht mehr Hassans »Sohn«. Stattdessen führte der Onkel einen Krieg gegen meinen Bräutigam und mich.

»Du bist dumm, du verkaufst dich zu billig«, warf er mir vor. »Dein Mann ist so alt, dass er froh sein kann, ein so junges Mädchen zu bekommen. Aber dafür muss er bezahlen. Wirf dich nicht weg für ein paar tausend Dirham. Wir haben dich großgezogen. Jetzt hast du die Chance, alles zurückzuzahlen. Du bist eine Egoistin und denkst nur an dich und dein kleines Glück, aber nicht an deine Familie, die dich liebt.«

Ich hatte keine Lust mehr auf diese Streitereien. Ich war von dieser Familie nie geliebt worden, sie hatte mich nur gedemütigt und misshandelt. Meine Verwandten waren jahrelang auf meinen Gefühlen herumgetrampelt und hatten mich ausgenutzt. Jetzt war ich nicht mehr bereit, das hinzunehmen. Ich fühlte mich stark und stolz und war nicht länger gewillt, auf meine Ehre zu verzichten.

Plötzlich hatte ich ein klares Gefühl dafür, was richtig und was falsch ist. Ich hatte den Mut, meine Person zu verteidigen. Ich wollte mich nicht in die moralische Gosse ziehen lassen, in der ich meine Verwandten sah.

Es war genug! Es war endlich genug!

Mit Rabiaa ging ich zu einer Frauenärztin. Sie bestätigte mir, dass ich Jungfrau war. Heute kommt mir das lächerlich vor, aber damals war es wichtig für mich. Ein Mädchen sollte seine Familie unberührt verlassen. Ich wollte dem Onkel, der Tante und den Cousinen zeigen, dass ich ehrenwert war. Das Papier der Ärztin ließ ich zu Hause auf dem Fensterbrett liegen.

Als Walter nach Marokko zurückkam, beschlossen wir, gemeinsam nach Casablanca zu fliegen, um mein Visum abzuholen. Der Onkel weigerte sich, mich allein mit diesem Mann reisen zu lassen.

»Ihr müsst dort übernachten«, zeterte er. »Ich weiß schon, was dann geschieht: Ihr schlaft in einem Zimmer und habt Sex. Unzucht. Entehrung. Ich werde das nicht zulassen. Ihr müsst mich mitnehmen.«

Mir war klar, dass es dem Onkel um etwas ganz anderes ging. Er wollte dabei sein, um noch mehr Geld aus Walter herauszuquetschen.

Wir entschieden uns, etwas Unmögliches zu versuchen und das Visum an einem einzigen Tag zu besorgen.

Walter buchte den ersten Flug nach Casablanca und die letzte Maschine zurück. Sechs Stunden blieben uns für den Gang zur Botschaft. Die Tickets präsentierte er dem Onkel, der uns zähneknirschend ziehen ließ, da keine Übernachtung vorgesehen war.

Es war mein erster Flug. Meine Hände waren ganz feucht, als ich mich beim Start der Royal-Air-Maroc-Maschine in die Armlehnen krallte. Insgesamt verlief der Flug ziemlich problemlos, bis das Frühstück serviert wurde. Ich hatte nicht damit gerechnet, dass es Plastikdöschen mit Milch gab. Als ich eines davon schwungvoll öffnete, landete der ganze Inhalt auf Walters Hemd.

Überrascht schaute er mich an: »Warum tust du das?«

»Ich weiß auch nicht«, stammelte ich. »Ich dachte, es sei Marmelade.«

Bei der rumpelnden Landung hielt ich seine Hand. Das gab mir ein warmes Gefühl von Geborgenheit, das ich so lange gesucht hatte.

Am Flughafen stiegen wir in ein Taxi, das von einem älteren Mann gefahren wurde. »Darf ich dich fragen, wohin du in Deutschland willst, meine Tochter, wenn du dein Visum erhältst?«

»Nach München, Sidi.«

Der Taxifahrer steuerte sein Auto an den Straßenrand und stoppte. Er wandte sich zu mir um. »Nach München!«, rief er begeistert. »Du bist ein Glückskind! München ist das Paradies, meine Tochter. Wenn du erst einmal dort bist, kann dir nichts mehr passieren. Allah muss dich sehr gern haben, dass er dich schon zu Lebzeiten direkt ins Paradies schickt. Möge er dir auch künftig gewogen sein. Amen.«

»Amen«, antwortete ich.

Ich betrachtete diesen Freudenausbruch als ein gutes Omen für meine Zukunft.

Vor der deutschen Botschaft gab es eine Menschenschlange, die auf der Straße begann und sich die Treppen bis zur Konsularabteilung hinaufzog. Die Schlange schien sich nicht zu bewegen.

Viele der Menschen standen schon seit Tagen da. Es waren vor allem junge Männer, die neuen Pässe in der Hand, erschöpft vom Warten, aber voller Hoffnung auf eine bessere Zukunft.

Walter ging einfach an der Schlange vorbei. Mir war das sehr unangenehm. Die Männer glotzten mich neidisch an, weil ich in Begleitung eines Ausländers war.

Am Empfang saß ein Araber mit mächtigem Schnurrbart.

»*Salam aleikum*«, sagte ich, »ich möchte bitte mein Visum abholen.«

Der Sekretär blickte kaum auf. »Willkommen, schöne Frau, das können Sie gerne tun. Aber Sie müssen sich hinten anstellen.«

Ich drehte mich um und sah in die Gesichter der Wartenden. »Sie meinen, ich soll die Treppen hinuntergehen und mich unten auf der Straße am Ende der Schlange anstellen?«

»Genau das, schöne Frau«, sagte der Sekretär, »alle machen das so.«

Walter erkannte, dass die Sache nicht so lief, wie er es erwartet hatte.

»Was ist los?«, fragte er.

»Wir sollen uns hinten anstellen«, übersetzte ich den Inhalt des Gesprächs.

»Spinnt der?«, murmelte Walter und drehte sich zu dem Sekretär um. Er hatte alles sehr sorgfältig vorbereitet. Walter pflegte für jede Kleinigkeit des Lebens Strategien zu entwickeln, die er schriftlich auf Zettelchen festhielt. Auch für die Visa-Beschaffung hatte er einen Plan entworfen.

Der kam nun zum Einsatz. Walter beugte sich zu dem bärtigen Sekretär hinunter. Obwohl er Nichtraucher war, hatte er plötzlich eine Zigarettenschachtel in der Hand. Die Cellophanhülle war aufgerissen, und in der Hülle steckte ein zusammengefalteter Fünfhundert-Dirham-Schein.

»Entschuldigung«, sagte Walter und legte seinen

deutschen Pass und die Zigarettenschachtel auf den Tisch des Sekretärs. Dieses Manöver fand ich etwas plump. »Ich bin Deutscher und möchte jetzt unverzüglich meinen Konsul sprechen.«

Der Sekretär schaute Walter an. Es war eine sehr unangenehme Situation. Langsam zog jener den Geldschein aus der Schachtel und warf ihn achtlos auf den Tisch.

»Vielen Dank für die Zigaretten«, sagte er, »aber Ihnen ist da etwas in die Schachtel gerutscht.«

Ich war stolz auf meinen Landsmann, der sich nicht hatte bestechen lassen. Würdevoll hatte er den kleinen Korruptionsversuch meines Bräutigams abgeschmettert. Eins zu null für Marokko, dachte ich bei mir und genierte mich gleichzeitig ein wenig dafür, dass ich mich mit diesem Gedanken gegen meinen zukünftigen Ehemann gestellt hatte, der ja nur in meinem Interesse handelte.

Dennoch hatte Walters Auftritt Erfolg. Eine deutsch sprechende Dame kam aus einem der Hinterzimmer, und die beiden diskutierten ein paar Minuten in ihrer Sprache miteinander.

Dann sagte Walter: »Komm, lass uns gehen und etwas essen. In zwei Stunden ist das Visum fertig.«

Wir setzten uns in ein Restaurant und gingen am frühen Nachmittag zur Botschaft zurück. Das Visum lag tatsächlich bereit, und es erlaubte mir, Deutschland drei Wochen lang zu besuchen.

Der Sekretär drückte mir den Pass in die Hand. »Wenn es nach diesem Visum geht«, sagte er, »sind Sie in drei Wochen wieder hier. Aber Sie sind viel zu schön, um noch einmal zurückzukehren. Allah möge Sie in Ihrer neuen Heimat schützen. Ich wünsche Ihnen eine gute Reise. Friede sei mit Ihnen.«

Er hatte mich durchschaut. Auf dem Weg die Treppen hinunter, an all den Menschen vorbei, die mit dem Pass in der Hand und der Hoffnung im Herzen auf die Zugangsberechtigung zu einem besseren Leben warteten, spürte ich plötzlich so klar wie noch nie, dass dies alles hier meine Vergangenheit war. Ich hatte mein Leben in Marokko gelebt, und ein neues Leben wartete auf mich. Ich hatte Angst davor, aber eigentlich konnte es nur besser werden.

»Es kann nur besser werden«, flüsterte ich auf Arabisch, als wir die Botschaft verließen. »Es kann nur besser werden.«

»Was sagst du?«, fragte Walter.

»Es kann nur besser werden«, sagte ich auf Französisch. Das war unsere gemeinsame Sprache. Deutsch sollte ich erst nach meiner Ankunft in München lernen.

»Es *wird* besser werden«, meinte Walter und griff nach meiner linken Hand. Meine rechte umklammerte noch immer den Pass mit dem wertvollen Visum, das mir so überraschend schnell gewährt worden war.

In Agadir bat mich Walter: »Gib mir den Pass, ich verwahre ihn für dich.«

Aber ich hatte ihm schon so viel von mir anvertraut, meine Zukunft, mein ganzes Leben hatte ich in seine Hand gelegt, dass ich wenigstens den Beweis für meine Identität bei mir behalten wollte. Außerdem war ich so stolz auf das Visum, dass ich es unbedingt meinen Geschwistern zeigen musste. Dieses kleine grüne Büchlein mit meinem Passfoto und dem deutschen Stempel war meine Eintrittskarte ins Paradies, wenn der Taxifahrer aus Casablanca Recht hatte.

Zu Hause warteten schon alle auf mich. Das Zimmer war abgedunkelt wie immer, der Fernseher lief, der Onkel lag rücklings auf dem Diwan und rauchte hustend seine Abendzigarette. Auf dem Fußboden stand die Kanne mit dem bittersüßen Tee der Wüstenbewohner.

»Hast du es?«, fragten alle.

Ich machte die Sache spannend. »Was denn?«

»Na, das Visum!«

Ich hielt den Pass in der Hand. Aber ich ließ sie noch ein wenig zappeln und genoss die Spannung.

»Tja«, sagte ich gedehnt. »Die Sache ist die…« Ich machte eine Pause.

»Sag schon!«, riefen die anderen.

»Die Sache ist die…« Jetzt konnte ich es nicht länger hinauszögern. »Ja, ich habe das Visum.«

Rabiaas Gesicht strahlte. Jaber strahlte. Mouna strahlte. Mein Cousin Ali schaute neidisch. Er hatte mehrfach vergeblich versucht, ein Visum für Europa zu bekommen. Die Cousinen und Tante Zaina lachten mit gespielter Anteilnahme.

Onkel Hassan schnappte sich den Pass. »Zeig mal!«

Langsam blätterte er die Seiten um. Dann hatte er den Visumstempel entdeckt.

»Sehr schön«, sagte er und steckte den Pass in die

Hosentasche. »Aber es wird dir nichts nützen, da dein Bräutigam uns nicht genügend Geld gegeben hat. Er hat die Vereinbarungen gebrochen. Leider kann er dich nicht mitnehmen.«

Ich war fassungslos und spürte, wie mir das Blut aus dem Gesicht wich. Tränen stiegen mir in die Augen, aber ich zwang mich, nicht zu weinen. Meine Hände zitterten.

»Gib mir meinen Pass zurück!«, schrie ich. »Er gehört mir, es ist mein Pass und mein Leben.«

Der Onkel lächelte nur böse, dann verließ er den Raum. Niemand sagte ein Wort. Meine Geschwister schwiegen entsetzt, die anderen schadenfroh. Es war, als würde mir der Boden unter den Füßen weggezogen. Innerhalb von einer Sekunde hatte Onkel Hassan das Glück zerstört, das schon zum Greifen nahe schien.

In dieser Nacht konnte ich wieder einmal vor Verzweiflung nicht schlafen. Die Verwandten hatten mir verboten, Walter noch einmal zu treffen. Die Cousins bewachten mich. Erneut war ich die Gefangene meiner Familie.

Schließlich beruhigte ich mich damit, dass dies vielleicht nur eine letzte Machtdemonstration des Onkels sei, eine letzte Anstrengung, mich zu demütigen und seelisch zu misshandeln. Ich beschloss, dies nicht zuzulassen. Ich würde auf jeden Fall gehen, ob mit oder ohne Pass. Dies würde die letzte Nacht in diesem Haus sein.

Am nächsten Tag gelang es mir zu fliehen. Ich rief Walter an und berichtete, was vorgefallen war.

»Kruzifünferl!«, schimpfte er am Telefon.

»Wie bitte?«, fragte ich. Erst später erfuhr ich, dass Walter immer auf Bayerisch fluchte, wenn er erregt war.

»Ich habe dieses Spiel mit deiner Familie satt«, sagte er. »Ich habe keine Lust mehr. Vergiss das alles. Vergiss die Heirat. Vergiss Deutschland. Vergiss mich. Dann fliege ich eben allein zurück.«

Ich weinte. Walter war meine letzte Hoffnung gewesen, ihm hatte ich zugetraut, die verfahrene Situation noch einmal zu retten. Aber jetzt ließ auch er mich fallen.

Schließlich beruhigte sich Walter und entwickelte, wie es seine Art ist, eine neue Strategie. Natürlich spielten die bärtigen Besitzer der Braut des Südens wieder eine Rolle.

»Geh bitte zu ihrer Fabrik«, sagte Walter. »Sie werden dich dort verstecken, bis mir einfällt, was ich noch tun kann.«

Die Brüder stellten mir einen kleinen Raum zur Verfügung. Sie beteten mit mir zu Allah, und ich band mir dabei ein Kopftuch um, damit ihre religiösen Gefühle nicht verletzt wurden.

Onkel Hassan kam in die Fabrik und suchte nach mir, aber die Brüder wiesen ihn ab. Der Onkel ging sogar zur Polizei und zeigte Walter wegen Entführung einer Minderjährigen an. Er schreckte nicht einmal davor zurück, ein Bild von mir zu kopieren und es bei der Flughafenpolizei abzugeben. Als Fahndungsfoto, falls ich versuchen sollte, illegal auszureisen. Offenbar nahm er die Sache richtig ernst.

Für ihn war klar, dass er spätestens jetzt alle Register ziehen musste, wenn er Walter um noch mehr Geld erleichtern wollte.

Während ich in der Braut des Südens vorerst in Sicherheit war, begannen zähe Verhandlungen zwischen Onkel Hassan auf der einen und Walter sowie den bärtigen Brüdern auf der anderen Seite. Ich erfuhr erst am nächsten Tag davon, als die Brüder mich in ihr Auto luden, Walter abholten und wir gemeinsam in die Rue el Ghazoua fuhren.

Walter händigte Onkel Hassan wieder einen Briefumschlag mit Geld aus. Der Onkel zählte die Scheine, dann gab er Walter den Pass und verließ den Raum, ohne mich noch eines Blickes zu würdigen.

Weinend umarmten mich meine Geschwister. Es blieb jedoch nicht viel Zeit für einen herzlichen Abschied. Walter drängte zum Aufbruch, denn er wollte nicht das Risiko eingehen, dass Onkel Hassan sich weitere teure Schikanen ausdachte. Tante Zaina drückte mir zum Abschied ein kleines, verschnürtes Päckchen in die Hand.

»Das geben alle Mütter ihren Töchtern, wenn diese das Haus verlassen«, flüsterte sie. »Es soll dir Glück bringen.«

Ich traute ihrem Geschenk nicht. Wahrscheinlich war es ein böser Voodoo-Zauber für meine Zukunft. Noch in der Rue el Ghazoua warf ich es aus dem Auto auf die Straße, in der ich so viel Leid erlebt und so viele Hoffnungen verloren hatte.

Als wir den Olivenbaum an der Ecke passierten, drehte ich mich noch einmal um. Mein Blick wanderte über den staubigen Platz vor unserem Haus, die blaue Eingangstür, die Bettwäsche, die zum Lüften aus den Fenstern hing, den Laden des Schreiners Saidi und die Nachbarn in ihren Dschellabas.

Ich weinte nicht. Ich winkte nicht zum Abschied. Ich wusste nicht, ob ich jemals hierher zurückkehren würde. Und ich fühlte keine Trauer. In diesem Moment spürte ich aber auch noch nicht das Glück, das in jenem kalten Land jenseits des Meeres und der Berge auf mich wartete.

In Deutschland sollte es für mich nicht einfach werden. Es hielt schwere Prüfungen für mich bereit, aber keine davon war auch nur annähernd so hart wie das Schicksal, das meine Kindheit zerstört hatte. Und schließlich fand ich dort meine innere Ruhe und mein Glück wieder.

Als ich drei Jahre später zum ersten Mal nach Marokko zurückkehrte, war ich ein anderer Mensch. Ich war von Walter geschieden, die Ehe mit ihm hatte doch nicht funktioniert. Ich hatte einen kleinen Sohn – und war erwachsen geworden, selbstbewusst, stark. Eine Europäerin mit arabischem Herz.

An der Kreuzung zur großen Straße stand ein junger Mann und wartete auf unser Auto. Es war Mohssin, meine erste Liebe. Damit hatte ich nicht gerechnet. Ich war überrascht und gerührt.

»Ouarda«, sagte er. »Ich habe gehört, dass du unser Land verlässt. Ich wünsche dir alles Gute.«

Er gab mir einen Kuss auf die Wange. Dann wurde er aber von zwei großen schlanken Mädchen aus unserer Nachbarschaft zur Seite geschoben. Sie hatten Verwandte in Deutschland und warnten mich: »Du musst gut aufpassen, dass du dort nicht fett wirst. Die Leute in Deutschland essen ständig Käse und Wurst und Schweinefleisch, und wenn du dick bist, schickt dich dein Mann nach Marokko zurück. Das machen alle deutschen Männer so.«

»Stimmt das?«, fragte ich Walter erschrocken.

Er lachte: »Keine Angst. Du bekommst ein Jahresabonnement für ein Fitnessstudio. Ich sorge schon dafür, dass du schön bleibst.«

Die Nacht verbrachten wir in getrennten Betten bei deutschen Freunden von Walter. Es war ein ruhiger Abend, und ich hatte Zeit, über all das nachzudenken, was in den letzten Tagen passiert war. Walter. Die Verlobung. Das Visum. Der Stress mit Onkel Hassan. Das Geld, das seinen Besitzer gewechselt hatte. Meine Rolle in dieser Angelegenheit...

Vor allem der letzte Punkt ließ mich lange grübeln. Hatte ich mich falsch verhalten? War ich verkauft worden? Hatte ich mich selbst verkauft? Gab es echte Gefühle? Oder redete ich mir das alles nur ein? War das im Grunde nichts als ein schäbiges Geschäft?

Ich kam zu dem Schluss, dass ich mir nichts vorzuwerfen hatte. Ich fühlte eine starke Zuneigung zu diesem Mann aus Deutschland. Ich hatte meine Würde nicht verloren, obwohl die Umstände dazu geeignet gewesen wären. Ich hatte mein Leben in die Hand genommen. Und egal, wie groß das Risiko der Veränderungen war, die ich nun eingeleitet hatte, es konnte nur besser werden.

»Es kann nur besser werden.«

Dies war mein Mantra in dieser Zeit.

»Es kann nur besser werden.«

Mit diesem Satz auf den Lippen schlief ich ein.

Am nächsten Morgen fuhren wir zum Flughafen. Wir würden getrennt fliegen, falls der Onkel seine Anzeige noch nicht zurückgezogen hatte. Walter flog mit der Lufthansa direkt nach München und ich mit der Royal Air Maroc zunächst nach Frankfurt.

Ich trug das bordeauxrote Wildlederkostüm, das mir die Brüder von der Braut des Südens zum Abschied überreicht hatten. Es bestand aus einer geknöpften Jacke und einem engen Minirock, den Walter sich gewünscht hatte. Dazu trug ich geschlossene Stöckelschuhe und eine schwarze Handtasche. Ich kam mir ein wenig tussig, aber sehr europäisch vor.

Noch war ich nicht sicher, ob die Ausreise problemlos vonstatten gehen würde. Vielleicht war Onkel Hassan ja noch eine neue Bosheit eingefallen. Aber der Check-in verlief reibungslos, ich gab meinen kleinen Koffer mit den wenigen Kleidern auf, die ich nach Deutschland mitnehmen wollte. Außerdem hatte ich ein paar Fotos meiner Familie eingepackt – zur Erinnerung an zu Hause. Es gab kein Bild von meiner Verwandtschaft, aber ich hatte eine Aufnahme von Vater und Mutter dabei, die einige Zeit vor Mutters Tod entstanden war. Vater hatte ich mit einer Schere aus dem Foto herausgeschnitten.

An der Passkontrolle untersuchten zwei Beamte sehr sorgfältig mein Visum.

»Schade, schade«, murmelte der eine, »immer verlassen die schönsten Frauen das Land.«

»Schwester«, sagte der andere, »wir ahnen schon, dass du nicht mehr zurückkehren wirst. Bleib sauber in dem fremden Land, das du dir ausgewählt hast.«

»Alles Gute«, sagte der erste, »Allah möge dich schützen.«

Ich fühlte mich wie ertappt, aber es störte mich nicht mehr. Ich hatte mit der Vergangenheit abgeschlossen, jetzt begann meine Zukunft.

Im Flugzeug bekam ich einen Fensterplatz. Die Maschine beschleunigte auf der Startbahn, dann hob sie ab. Unter mir lag das Meer, das ich so liebte, und die Stadt, in der ich so viel Leid erlebt hatte. Wir flogen an der Kasbah mit dem Heiligtum vorbei, in dem mein Cousin Ali von den *gnaoua* hatte geheilt werden sollen. Bevor das Flugzeug im Dunst verschwand, der zu Ende des Sommers über Agadir zu liegen pflegt, erhaschte ich noch einen Blick auf das karge Feld am Fuße des Burgberges, in dem meine Mutter begraben worden war.

Dann umhüllte das Grau des Himmels unsere Maschine. Es kam immer näher, und ich fühlte, wie es nach meinem Herzen griff. Aber bevor die Melancholie des Abschieds mich verschlingen konnte, durchstieß das Flugzeug die Wolkendecke, und das grelle Sonnenlicht vertrieb meine traurigen Gedanken.

Gegen Mittag des 17. Juli 1993, einem Samstag, überquerte das Flugzeug der Royal Air Maroc das Mittelmeer. Ich schaute hinunter auf die Wasserfläche, über die das feine, zitternde Muster der Wellen lief. Ich sah die kleinen Schiffe, winzig wie Spielzeugboote. Und ich erinnerte mich an den traditionellen Glauben, dass die bösen Gedanken der Menschen und der Dschinn das Meer nicht überqueren können: Sie bleiben gefangen in der Heimat. Und auf der anderen Seite des großen Wassers beginnt ein neues, reines Leben. Diese Vorstellung des spirituellen Neubeginns gab mir ein Gefühl der Sicherheit, das ich bis dahin noch nicht gekannt hatte.

Ich blickte zurück nach Süden, wo Marokko im Dunst verschwand. Und ich richtete den Blick nach vorn, wo Europa am Horizont auftauchte.

Jetzt begann ich zu weinen.

Nachwort
Das Leiden der Kinder

Die Arbeit an diesem Buch führte mich zurück in das Tal der Tränen, das ich im Laufe meiner Kindheit und Jugend durchquert hatte. Noch einmal erlebte ich die Schrecken, die Ängste und Schmerzen meiner frühen Jahre, als ich die Erinnerungen aus den Tiefen meines Bewusstseins hervorrief. Alles war da, auch das, was ich vergessen wähnte. Nachdem ich das Tor zur Vergangenheit geöffnet hatte, konnte ich es nicht mehr schließen, obwohl ich es mir zwischenzeitlich immer wieder wünschte.

So wurde ich von den verdrängten Emotionen aus jener Zeit geradezu überwältigt, die sich jetzt endlich Bahn brachen und mich zu überschwemmen drohten. Auch meine Geschwister wurden in diesen Strudel der Erinnerungen hineingezogen, und meine Familie drohte sich schon wieder zu spalten. Einige meiner Geschwister unterstützten mein Projekt mit großer Energie, einige verhielten sich passiv, andere lehnten es zunächst aus persönlichen oder religiösen Gründen ab.

Ich musste das akzeptieren. Wie konnte ich auch erwarten, dass die anderen schon bereit dazu waren, den gefährlichen Weg der Vergangenheitsbewältigung zu beschreiten, den ich in der Sicherheit meiner deutschen Familie zu gehen in der Lage war?

Die Situation in Marokko ist mit der in Deutschland nicht zu vergleichen. Mein Heimatland befindet sich an der Schwelle von der Vergangenheit in die Gegenwart, aber es ist dort noch nicht völlig angekommen. Immer mehr Frauen kämpfen um ihre Rechte, aber gleichzeitig stelle ich fest, dass eine Vielzahl von ihnen nicht bereit oder in der Lage ist, an ihrer Situation etwas zu ändern. Die Gesellschaft in Marokko scheint auseinander zu driften. In einigen Orten, meist sind es die großen Städte, sind moderne soziale Strukturen entstanden, in denen Frauen auf dem Weg zur Gleichberechtigung sind. In anderen Teilen des Landes hat sich nichts Grundlegendes geändert. Noch immer werden Frauen unterdrückt, missbraucht, misshandelt. Und noch immer leiden vor allem die Kinder unter den Verhältnissen wie ich damals.

Besonders bedrückend ist die Institution der *petites bonnes*, über die ich in diesem Buch auch berichtet habe. Noch heute gibt es Tausende davon in meinem Land. Es ist eine Form des modernen Sklaventums. Betroffen sind Mädchen, oft erst sieben, acht oder neun Jahre alt, aus ländlichen Regionen, wo heute noch Menschen leben, die weder schreiben noch lesen können. Ich weiß das, weil meine Schwester Ouafa als Lehrerin in einem Projekt auf dem Land arbeitet, das das Analphabetentum bekämpft.

Die *petites bonnes* werden in wohlhabenden Familien als Dienstboten aufgenommen. Manchmal haben sie Glück, und ihnen öffnet sich ein Weg in die Zukunft. Oft haben sie Pech, und sie werden nur ausgenutzt, misshandelt und von den Männern ihrer Gastfamilien missbraucht. Wenn sie schwanger sind, werden sie verjagt und am Rand der islamischen Gesellschaft Marokkos ausgespuckt. Eine Konsequenz aus diesem Buch ist für mich, dass ich künftig für die Rechte dieser Mädchen kämpfen werde. Wenn Sie mich dabei unterstützen wollen, finden Sie hier Informationen: www.traenenmond.de

Dieses Buch basiert auf meinen persönlichen Erinnerungen und Empfindungen. Wo immer es mir möglich war, habe ich sie überprüft. Meine Schwestern Rabiaa und Asia waren mir dabei eine außerordentlich wertvolle Hilfe. Rabiaas ausgezeichnetes Gedächtnis und ihre Kooperation versorgten mich mit vielen unverzichtbaren Informationen. Ich ahnte es schon, aber jetzt weiß ich es: Sie war diejenige, die mich mit ihrer moralischen Autorität davor bewahrt hat, auf die schiefe Bahn zu geraten.

Asias Findigkeit und Hartnäckigkeit verdanke ich unter anderem, dass uns die Polizeiprotokolle übergeben wurden, in denen mein Vater und andere Zeugen die Tötung meiner Mutter schildern.

Aus den Protokollen ergab sich, dass meine Erinnerungen sehr genau sind. Trotzdem kann ich nicht ausschließen, dass ich mich in Details täusche oder irgendjemandem Unrecht tue. Diese möglichen Fehler habe allein ich zu verantworten.

In einigen Fällen habe ich die Namen von Personen, die nicht zur Familie gehören, geändert, da ich sie nicht dadurch kompromittieren möchte, dass sie in einem Buch vorkommen, das in Marokko kontroverse Reaktionen hervorrufen kann – insbesondere wenn man sich dort selbst wieder findet. Nicht jede Fatima heißt deshalb in Wirklichkeit Fatima. Und nicht jeder Mohammed ist tatsächlich Mohammed. Aber die Namen und Daten aller wichtigen Personen in meinem Leben sind unverändert.

Dass die nächsten Verwandten meines Vaters in diesem Buch nicht besonders gut wegkommen, hat einen einfachen Grund: Sie haben Jahre meiner Kindheit und Jugend zu einer schweren Prüfung für mich und meine Geschwister gemacht.

Andererseits sehe ich heute, aus der zeitlichen Entfernung, auch mit einer gewissen Milde, wie meine Tante und mein Onkel sich – aus welchen Gründen auch immer – in die nahezu unlösbare Aufgabe gestürzt haben, neben ihren eigenen neun Kindern auch noch mich und meine sechs Geschwister großzuziehen. Dass sie daran gescheitert sind, war zu erwarten. Für mich ist das kein Trost; dafür sind die Verletzungen und Demütigungen, die mir zugefügt wurden, zu groß. Aber es ist immerhin eine Erklärung.

ahlan	»hallo«
al hamdu li-ilahi	»Lobpreis sei Allah«
al khadama	Handwerker
allah'u akbar	»Allah ist groß«
almani	Deutscher
al-qadr	Nacht der Macht, wichtige religiöse Nacht während des → Ramadan
Amazigh	wörtlich: »freie Männer«; Berberstamm der → Sous-Region
Ammi	Onkel väterlicherseits
ana ji'aana	»ich bin hungrig«
a'oultma	»du, meine Schwester«, im Berberdialekt
Argan	Eisenholzbaum, dessen Frucht wertvolles Öl enthält
Bakschisch	Bestechungsgeld
Ben Sergao	Stadtteil von Agadir
bislama	»auf Wiedersehen«
bism'illah	»im Namen Allahs, des Barmherzigen«

Dar al hadhana	»Haus der Zuwendung«; soziale Einrichtung in Agadir
darbo-shi-faal	wörtlich: »wollt ihr euer Schicksal sehen«; Bezeichnung für Frauen, die die Zukunft voraussagen
Dirham	marokkanische Währung; zehn Dirham entsprechen einem Euro
Diwan	gepolsterter Sitz
Dscheira	Vorort von Agadir
Dschellaba	Kleidungsstück mit Kapuze für Frauen und Männer
Dschinn	Geist, kann gut oder böse sein
duaa	moslemisches Gebet
Eid al-Adha	jährliches Opferfest, bei dem Lämmer geschlachtet werden
Fakir	wörtlich: der Arme; frommer Asket, Bettelmönch
Frente Polisario	(Frente Popular para la Liberación de Saguia el Hamra y Rio de Oro) Befreiungsfront für die Westsahara
gandura	das blaue Gewand der → Saharouis mit kurzen, weiten Ärmeln und ohne Kapuze
gnaoua, gnaoui	Mitglieder eines marokkanischen Ablegers der Voodoo-Sekte
haba	Fangen (Kinderspiel)
Hamam	Dampfbad

Harira	nahrhafte marokkanische Suppe aus Linsen, Kichererbsen, Fleisch und Reis; wird vor allem im → Ramadan zubereitet
h'chouma	Sünde
Imam	Vorbeter in der → Moschee
imie	Mama, im Berberdialekt
inal din umouk	schlimmer marokkanischer Fluch: »Ich verfluche den Glauben deiner Mutter«
Inshallah	»wenn Gott will«
issaua	heilige Männer
jenoui	marokkanisch für scharfes Messer, Machete
Kadi	Richter
Kaftan	zu feierlichen Anlässen getragenes Kleidungsstück ohne Kapuze
Kasbah	Burg
Khali	Onkel mütterlicherseits
Khalti	Tante
Kuskus (Couscous)	traditionelles marokkanisches Gericht aus (Weizen-)Gries
la	»nein«
Lala	höfliche Anrede für fremde Frauen: »meine Herrin«
lilas	nächtliche Rituale der → *gnaoua*
Marrakschia	Frau aus Marrakesch
Moschee	islamische Kultstätte

M'semmen	in der Pfanne gebackenes hauchdünnes Fladenbrot
Muadhin	Ausrufer auf der → Moschee, kündigt Gebetszeiten an und spricht die Gebete vor
Nouveau Talborjt	Stadtteil von Agadir
Ouarda-ti	meine Blume
oueld al khahba	Schimpfwort: Hurensohn
Oum el banine	»Mutter der Kinder«; soziale Einrichtung in Agadir
pasha	hoher Gerichtsbeamter
petite bonne	junges Dienstmädchen, Sklavin
Polisario	siehe: Frente Polisario
Ramadan	Fastenmonat
sadakah	mildtätige Freitagsgabe, die wohlhabende Moslems ihren armen Mitbrüdern bescheren
Saharouis	Mann aus der Wüste
salam aleikum	Grußformel: »Friede sei mit euch«
salat al-djum'a	Mittagsgebet am heiligen Freitag
sallal laahu alaihi wasallam	»Allahs Segen und Heil sei über ihm«
shahada	moslemisches Glaubensbekenntnis: »Ich bezeuge, dass es keine Gottheit gibt außer Allah. Ich bezeuge, dass Mohammed der Gesandte Allahs ist.« Wer diesen Satz

	laut vor Zeugen spricht, ist Moslem.
Sh'bakia	wörtlich: Nest; mit Honig gesüßtes Gebäck
sherif, sherifa	Heiliger, Heilige in angeblich direkter Abstammung vom Religionsgründer Mohammed
Si, Sidi	Herr
sir f'halk	»hau ab«
sohor	Mahlzeit vor Sonnenaufgang im → Ramadan
Souk	Markt
Sous	Region bei Agadir, benannt nach dem Sous-Fluss
Sure	Kapitel des Korans
tagija	traditionelles weißes Käppi
Tajine	traditionelles marokkanisches Eintopfgericht, das in einem Tongefäß auf Holzkohle zubereitet wird
talib	Lehrer in der Koran-Schule
Tashl'hit	Sprache der → Amazigh
Terre des Hommes	internationale Hilfsorganisation für Kinder
ye	»ja«
zakat	Spende an Bedürftige am höchsten Feiertag im Ramadan
zamel	Schimpfwort: Wichser

Stammbaum der Familie Saillo

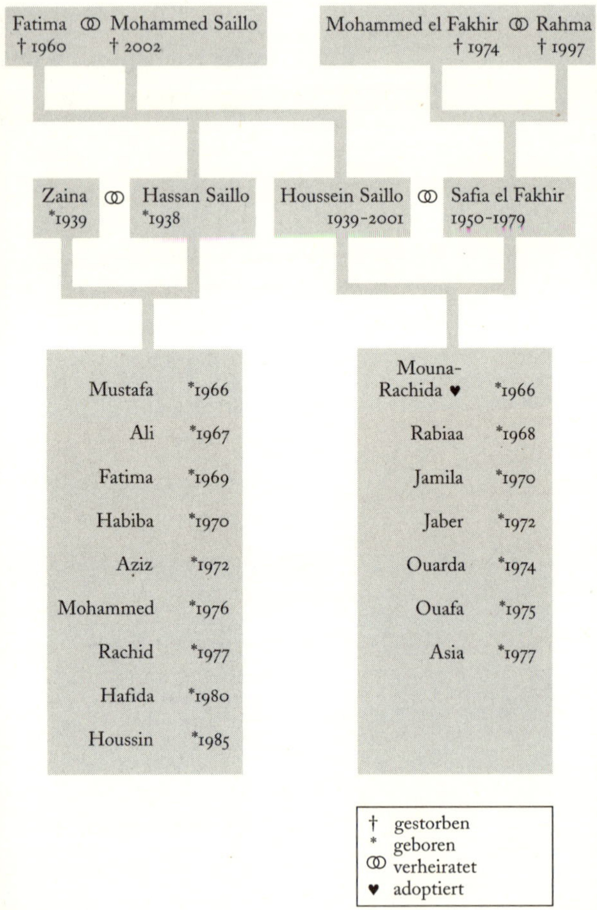